BUIBRI

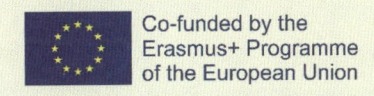

Co-funded by the
Erasmus+ Programme
of the European Union

本书获复旦大学社会发展与公共政策学院科研发展基金资助

编委会（以姓氏拼音为序）
　　顾东辉　郭有德　胡安宁　梁　鸿　刘　欣　纳日碧力戈
　　彭希哲　孙时进　王　丰　王桂新　周　怡

社会转型与社会治理论丛
主编 刘 欣

社会工作实习与督导
理论与实务

FIELD PRACTICUM AND SUPERVISION IN
SOCIAL WORK:
Theory and Practice

主编 赵 芳 〔芬〕尤哈·哈马莱宁

社会科学文献出版社
SOCIAL SCIENCES ACADEMIC PRESS (CHINA)

本书为欧盟"伊拉斯谟+关键行动能力"建设项目
"架起中国与欧洲之桥以加强社会工作专业教育(BUIBRI)"
(项目号:585758-EPP-2017-1-FI-EPPKA2-CBHE-JP)的阶段性成果。

前　言

本书是由欧盟委员会资助的中欧社工督导共建项目（又称 BUIBRI 项目）的部分研究成果。BUIBRI 项目是欧盟委员会资助的高等教育领域"伊拉斯谟+关键行动能力"建设项目，该项目研究团队由六所大学组成，其中三所来自欧洲，三所来自中国。三所欧洲大学分别为芬兰的东芬兰大学、英国的哈特福德郡大学和瑞典的哥德堡大学；三所中国大学分别为复旦大学、中山大学和南京师范大学。BUIBRI 项目的联合合作伙伴是中国社会工作教育协会和中国社会工作学会。

BUIBRI 项目希望通过教育促进社会工作发展，使其成为一种具有专业合法性的现代职业。作为一种现代职业，社会工作的发展必然依赖合适的研究和教育。高校和机构之间的合作是充分培训的关键因素。同时，高校和机构之间的全面合作对该职业的发展极其重要。

BUIBRI 项目的培训方案以及本书旨在促进高校与机构之间的合作。一方面，这涉及合作的制度体系，也涉及在实习教学中督导学生的学者与从业者之间的个人合作。所有合作伙伴——高校、机构和学生——都将受益于合格的督导。

对学生来说，实习不仅是其提高实用技术和技能的过程，更是实践专业方法和技巧的机会。在最理想的情况下，实习让学生有机会建立其职业身份，并反思他们所学专业的性质。本书基于督导的原则和工具，有助于学生成为可以胜任工作的专业人士。

尤哈·哈马莱宁（Juha Hämäläinen），BUIBRI 项目总监

东芬兰大学社会科学系教授

CONTENTS 目录

第一章　社会工作实习的构成要素　　1
　　第一节　社会工作实习概述　　1
　　第二节　不同利益主体关于实习的观点　　11
　　第三节　构建良好专业实习的要素　　16

第二章　社会工作实习的结构与过程规划　　22
　　第一节　专业实习的结构　　22
　　第二节　专业实习的过程　　27
　　第三节　实习课程规划　　40
　　第四节　各类模板表格示例　　43

第三章　实习中的督导　　48
　　第一节　督导的发展历史、督导类型与督导伦理　　48
　　第二节　学生在实习中的需求和督导的三种功能　　63
　　第三节　督导契约和督导工作安排　　76

第四章　督导者与被督导者的关系　　83
　　第一节　督导者与被督导者关系的实质　　83
　　第二节　督导者的学识、权力和权威　　89
　　第三节　关系视角下的实习督导示例　　92

第五章　通过督导的学习　　100
　　第一节　与学习相关的理论　　100
　　第二节　运用学习理论促进实习学习　　106

第三节	通过督导学习的实例	112

第六章　批判性反思实践　　127

第一节	批判性思维的内涵与步骤	128
第二节	社会工作实务中的批判性反思实践	130
第三节	吉布斯反思循环在社会工作督导中的应用	139

第七章　实习教育评估　　149

第一节	能力为本的实习教育	149
第二节	实习教育中的评估	155
第三节	实习教育评估的方法	160

第八章　与表现欠佳的实习生合作　　175

第一节	以后现代视角看实习生"表现欠佳"	176
第二节	表现欠佳的实习生可能的表现	183
第三节	与表现欠佳实习生合作的实例	187

第九章　同辈督导　　196

第一节	同辈督导的内涵与优势	196
第二节	同辈督导的具体操作原则与过程	200
第三节	同辈督导示例	207

第十章　实习中的研究　　238

第一节	研究对于社会工作发展的意义	238
第二节	以研究为导向的社会工作实习	241
第三节	以研究为导向的实习的督导	245
第四节	以研究为导向的实习与督导示例	249

参考文献　　258

后　记　　278

第一章 社会工作实习的构成要素

学习是一个满足个体需要的过程，当个体与他所处的环境发生互动时，是学习帮助他进行改变，以获得处理问题及适应环境的能力。

——Burton（1963）

根据社会工作的国际定义："社会工作是一门以实践为基础的专业和学科（IASSW，IFSW，2014），呈现应用性、实务性以及解决问题有效性的取向。"一名社会工作者，要实现服务弱势社群、增进人类福祉的理想，不仅要秉承社会工作的价值和伦理，有明确的角色定位，充足的专业技术和理论储备，还必须通过实践以及持续行动后的反思，将掌握的价值、伦理、理论与技术等内化为自己思维、认知的一部分，并在服务过程中转化为实际的行动，以发挥社会工作的效用。

第一节 社会工作实习概述

专业成长的过程不是一蹴而就的，必须经过系统的训练以及周密的安排。其中，专业实习是社会工作教育过程的重要环节，与之相配套的教育课程设计是否合理，是否贴近实务且具有可操作性；负责督导的督导者是否拥有充足的实务技能、较强的专业认同；督导者与被督导者之间的关系如何，能否有效发挥督导的功能等，都是社会工作教育发展中至关重要、值得仔细研究和探讨的问题。

一 多系统合作的专业实习

社会工作实习是指在意识上有计划的一组经验,在实务情境中,学生将基本的知识、技巧和态度转变为有自主能力的社会工作实务表现,从而获得成长。这些经验的积累过程需要满足以下条件:承担一定的专业角色,在组织和督导下开展有效实践,通过反思与批判性思考来规划服务系统的改变,以及注重服务对象系统的自我增能(empowerment,又被译为"赋权"),等等(Council on Social Work Education,1992)。在这个过程中,对于学生来说,他们可以通过"做中学",促进专业能力的发展、专业角色的形成,以及专业精神的培养(库少雄,2012)。专业实习是高校社会工作教育中提升学生实务能力的重要环节,在欧美国家及我国港台地区,已形成规范化、结构化、专业化的实训体系和模式,为专业人才的培养提供了持续、重要的保障(刘斌志,2006;何雪松、赵环、程慧菁,2009;赵芳,2012;朱眉华,2013;薛新东、雷琪慧,2015;贾博雄,2015;徐荣,2018)。

从专业成长过程来看,学生的成长是多系统互动合作的过程(见图1-1),整个过程包含了学校开设的实习教育课程、学生进入机构的实习、机构和学校合作开展的实训指导。其中最主要的系统包括高校系统、机构系统和服务对象系统。系统中存在多个主体,包括学生、高校教师、机构督导、机构管理者、服务对象等。多元主体决定了多元实习目标期待,既有教育性、管理性的目标,也有服务性的目标;既有学生个人成长性的目标,也有高校专业推动的目标,还有机构发展以及政府与政绩相关的目标。

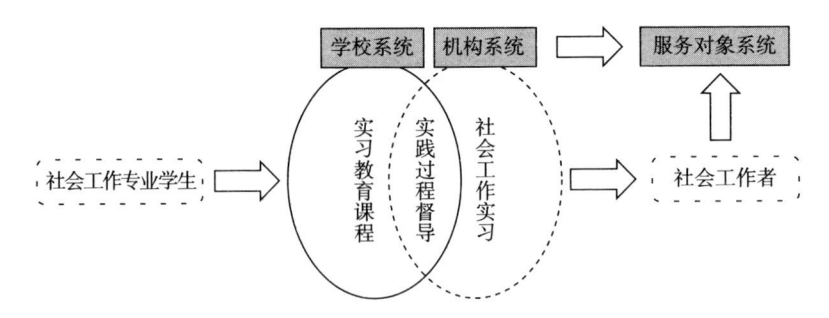

图1-1 社会工作者专业成长过程中的多系统互动

高校系统强调教育取向,区别于学生自身行为能力取向的社会工作实习,是指学校有计划、有督导地组织学生在机构或社区中接受社会工作价值观培养和实务技能训练的过程（陈秋红、张雪，2017）。根据国际社会工作教育协会的规定，社会工作专业本科生在校学习期间，在实务机构场域中实习时间不得少于400个小时，社会工作专业硕士生的实习时间不得少于800个小时。按照教育的理念和内涵，专业实习应有与之相适应的一套要素、方法、程序和评估体系（陈秋红、张雪，2017）。

机构系统强调实务管理取向，是指社会工作服务机构委派专门的工作人员（督导者）对该机构所接收的社会工作学生在实习周期内提供实践指导的过程。实习有严格的督导时间规定，以促进学生专业服务能力的获得与提升。督导者即开展实践指导工作、承担督导责任的人，是促进社会工作者专业服务能力提升的关键。根据实习任务的多少及服务提供的形式与需要，有时机构会安排多于1名的督导者负责学生的实践指导，如纽约大学的实习机构信息征询表向机构提供了5种督导角色，包括机构督导、部门督导、个案督导、小组督导、项目/任务督导等，机构根据学生实习期间的不同任务委派不同的督导者并给予相应的专业指导。

服务对象系统强调服务取向。界定服务对象的关键，不是看一个人是否能够成为服务对象，而是看其是否认同社会工作者的专业服务计划，成为服务的合作者。社会工作的终极目标在于提供高质量、有效的服务（童敏，2019）。因此，学生在提供专业服务时，应具备在实际服务场景中梳理社会工作服务逻辑的能力，同时明白实习过程中存在两种权利：一种是专业权利，是社会工作给予他开展这项服务的条件；另一种是合约权利，是服务对象给予他开展这项专业服务的机会（Pincus & Minahan，1973）。

社会工作实习是多系统相互合作，多主体互动，共同达成目标的过程。各利益主体的观点和期待并非个体利益间的冲突，而是由系统不同立场所决定的，各利益主体只是系统中的一部分，因此调和和促进系统之间的合作非常重要。

二 社会工作实习的发展历程

西方社会工作实习教育大致经历了从"传统学徒式训练"到"学校专业教育"这一过程，其中，"学校专业教育"经历了初建时期、发展时期、创新时期三个阶段（陈秋红、张雪，2017）。

实习一直是社会工作训练的主要内容，其历史可以追溯到19世纪下半叶的慈善组织协会（Charity Organization Societies）。早期的社会工作教育形式为传统学徒式训练，强调"做"，并从"做"中总结、积累社会工作的经验与知识，进行一对一、手把手地传授。由资深的社会工作者带领学生，即"徒弟"在"师傅"的带领下，通过反复的直接为服务对象服务的过程以及经验传递的方式获得社会工作的经验和技巧（Berhard，1977）。

19世纪末期，西方社会工作教育不再使用传统学徒式训练模式，认为纯粹的实践训练模式不能满足社会工作专业多层次知识发展的需求。传统学徒式训练虽然非常重视学生实际的服务能力和解决问题的技巧，但学生没有学习的自主性，完全依赖教师，对于专业知识的掌握过于技术化，对于知识创新和自我满足感提升的作用甚微（Merrifield et al.，1962）。

之后的近一个世纪，伴随着社会工作专业的蓬勃发展，教育者发现学术化的专业知识存在高度概念化、抽象化以及需要不断创新更迭的特点，学生崇尚学术学习，却在不经意间陷入了理论与现实脱节的困境，无法顺利地将理论及学术化的专业知识转化为实际的行为（Cree，2004）。因此，社会工作教育者开始不断尝试理论与实践相结合的有效途径，希望通过社会工作实习教育，学生能积极、有效地利用理论和研究方法，采取一种开放和敢于质疑的态度去发展所学到的知识，从而从课堂学习中推演（演绎）出实务工作方法，把理论知识转换为具体实践中的功能行为（Tolson & Kopp，1988）。

自20世纪60年代始，社会工作实习进入学校专业教育创新时期。这一阶段的特点是结合经验方法（experiential approach）与学术方法（academic approach），强调认知学习与经验学习之间的联系，把课堂教学、实习教学和学习目标结合起来，最终达到整合课堂学习于实习的目的。这种方法并不要求学生成为归纳或演绎的学习者，而是希望课堂教学与实习之间保持及时、密切的联系，最大限度地缩短两者之间的距离（Jenkins & Sheafor，1982）。

中国社会工作的重建与发展经历了与西方国家"实践先行"不同的发展路径，其主要特点是从"教育先行"转变为理论与实践互动的"互促性发展"。这种发展路径的主要优点是可以快速地引入西方的社会工作知识与经验，自上而下地推动全国性社会工作教育与实践的快速发展，使社会工作教育在短时间内达到繁荣。"教育先行"是前30年我国社会工作发展的主流形态，在人才培育、知识体系搭建以及理论发展上努力发出自己的声音。但也有学者指出，"过去十年，是社会工作教育与实践基本脱节的十年，是社会工作价值遭遇严重挑战的十年，也是社会工作学生不断投身又离开的十年"（郑广怀，2020）。学者们显然意识到，社会工作教育与一线社会服务之间已存在错位现象。

目前，总体来看，社会工作专业教育还处于恢复发展的初期，远远不能满足社会转型和社会现代化对社会工作的需求，而且我国社会工作专业服务机构仍不是很发达，这加大了社会工作学生开展专业实习的难度（王思斌，2006）。理论指导实践，从实践中发现问题，而后再从理论中找寻答案，或是将好的实践经验提炼成为理论再用于指导实践，这是互动互促的过程。好的理论一定是有效的，而如何证明其有效，这在未实践之前，所有的理论都只能是纸上谈兵（童敏，2006）。因此，"教育先行"在社会工作专业的发展过程中必然出现瓶颈与制约的问题；同时，这个过程中也会出现社会工作发展的一些特殊性障碍，如社会工作具体服务实践的本土化问题（黄耀明，2019）。相较于教育界，社会工作实践过程的本土性适应问题更多来自政府、社会乃至社会工作者自身的专业质疑与诘问。

正如笔者从高校社会工作专业毕业，参与实务工作的前三年，学会了个案、小组、社区等工作方法，却苦于找不到合适的服务对象，情绪一度萎靡，灰心丧气，甚至开始质疑社会工作专业的有效性。但后来沉下心，放下形式上专业的制约，秉持着以服务对象需求为本的初心，重新审视社会工作的价值原则并将其内化成自己提供服务过程中自动思维的一部分。就好比修炼太极剑法，将所学之武功招数悉数忘记，方能见招拆招，达至最高境界。学习社会工作伦理，亦是如此。美国的社会工作伦理守则有1082条，即使全文背出，照章出招，在社会工作实践中也很难有效地解决所有问题。因此，社会工作专业的发展必须是教育和实践的互促式发展。而社会工作实习则是实现教育和实践互促式发展的最佳平台。督导者在其中的作用则更为重要。

三 中国社会工作实习面临的问题和挑战

在本土社会工作专业发展过程中，以"实地""在场"为特征的实习教育将专业教育从学校场域拓展到组织和社会空间，促进了社会工作专业学生与督导、服务对象等多方主体之间的关联与互动。然而，不同空间转换的不适应，以及不同主体间碰撞的不和谐，为社会工作实习教育带来一些困难和挑战（叶鹏飞，2021）。

（一）学生对实习教育不适应

1. 专业认同度不高，缺乏积极性

相当一部分学生对社会工作专业缺少足够的认同和投入，这是中国社会工作实习教育面临的基本处境之一（徐迎春，2013）。很多学生"被"选择了社工专业，无专业认同，对实习缺乏应有的专业态度，把实习当成"走过场、完任务"，全程被动等待"安排"（杨恒，2020）。学生对社会工作专业缺乏兴趣和认识，认同感偏低，导致他们参加实习的积极性不高（徐莉、曾冰丽，2016）。

2. 易产生价值困惑

实习教育在学生的专业认同和社会认同上发挥了积极的作用，是使"师生获得对社会工作的自我承认"以及通过社会服务来"赢得政府承认"的关键因素（朱爱华，2015）。然而，学生常常在面对机构、督导者和服务对象的不同需求时，对自身所扮演的角色没有清晰的认知，不清楚在特定情况下应该采取什么样的适当行为；实习中不认可自己的价值，觉得自己从事的工作没有很大的意义（叶鹏飞，2021）。

3. 面临多重伦理困境

学生在实习过程中常见的困惑，包括个人期待与多元社会期待之间引发的目标冲突、单一角色与多重角色扮演过程中引发的角色冲突，由于缺乏较为系统的专业价值观而产生的与服务对象交往时的伦理困境，如保密、自主和自我决定等，非专业实习任务与专业实习任务界限不清，让学生单独提供直接服务会不会违背"案主利益至上"伦理原则等（蔡雨娟，2018；李树文、王丽云，2014；彭宁，2014）。

（二）高校实习教育管理不足

1999年以前全国开办社会工作专业的院校仅20余所，发展至今已有300余所，高职院校已逾百所，但在理论教育快速发展的同时，也出现了实习资源良莠不齐、管理不足、经费投入不够的现状（杨恒，2020）。

1. 主导角色的弱化

高校应是社会工作实习教育的组织者和管理者，承担制订和完善实习教学计划、遴选和确定机构、组织协调实习方面的工作，但由于学校不够重视、教师力量配备不足等，高校对实习教育的安排常常流于形式。同时，社会工作实习是一个持续性的学习过程，要经过评估、计划、介入和总结四个过程才能使学生体验到社会工作理论、实务在不同阶段的应用,从而更好地去实践社会工作的价值和原则。高校主导角色的弱化,使学生难以达到实习目的,学以致用也成为空谈(杨恒,2020;宗苏秋,2016)。

2. 学校督导配备不足

学校督导对学生的指导总体上还比较薄弱,存在学校督导的时间和精力有限、教师重理论轻实务以及自身实务水平不足等问题(杨恒,2020)。行业中,很多从事专业教学的老师都是从社会学、心理学等学科转行而来,未受过社会工作的专业培训,且缺乏在社会工作机构的实际工作经验(钟涨宝等,2010);专职实习督导人员配备不足,大部分高校并没有为学生安排专门的实习督导者,通常都是由指导老师兼任。一名学校督导往往要同时带两届学生,每届有3~5人,老师既要兼顾教学和科研工作,又要督导学生实习,很难有充足的时间和精力去做专业指导,很多督导工作停留在检查实习日记和实习报告的层面(杨恒,2020)。此外,专业教师存在只注重过程,不注重结果、忽略实习质量、不重视学生的实习状况等情况,认为只要安安全全地推进实习过程就算达到目的了(宗苏秋,2016)。

3. 对专业实习不够重视

因为各种条件的限制,学校在实习次数安排、实习时间要求以及实习形式和内容方面都有不同的做法,有的学校甚至将部分学生的实习安排在教室里,这与实务场所相差甚远。由于实习资源缺乏,加之学生就业压力等因素的影响,学生实习的实务性要求往往被忽视,一些院校在实习内容的安排上存在着非实务性的倾向。在某种程度上,实习仅成为社会工作专业教学的一种点缀和补充,人们更多地从实习是对课堂所学理论的验证和巩固这一任何学科都适用的角度去解读实习的意义,而不是从社会工作专业本质特征层面去统筹、指导实习的开展。这些问题都直接影响了社会工作实习教育的有效性,也影响了学生实习的动机和热情(刘春燕、李月,2009)。

(三)专业机构缺失

缺少专业性的机构,是当下中国社会工作实习教育面临的重要处境,这已成为众多学者的共识。

1. 数量有限,地域分布不均

目前各类社会工作服务机构不断涌现,但其总体数量有限,且规模较小,专业性参差不齐,真正具备社会工作专业理念的机构非常匮乏。专业机构的数量地域性差异大，在深圳、广州、上海、北京等经济发达地区，专业机构数量较多、专业程度较高。但在广大中西部地区，数量少且专业程度较低（杨恒，2020）。

2. 机构专业性较弱，实习投入不足

专业社会工作服务机构的不足直接导致学生缺乏实习机会，在当前大部分机构只能提供"准社会工作服务"的情况下，专业实习要达到其目的是比较困难的。因此，许多学校只好将学生安排在承担着当前中国社会福利和服务的一些政府机构和社会团体中实习，如民政部门、司法部门、工会、妇联、共青团、残联、社区服务中心等。这些机构的一个共同特点就是它们有社会工作的服务对象资源，但受这些机构的工作范围和运用的工作理论与工作方法的影响，学生在这些机构中实习时，大多数情况下其角色并不是社会工作者，而是机构的一般工作人员，他们实习的内容一般都是参与机构管理方面，很少能够运用到社会工作的理论和方法，也很少有机会扮演社会工作者的角色，专业实习计划和内容无法完成（宗苏秋，2016；朱眉华，2000；周丹红，2005；游洁，2007）。

不同机构的实习投入也各有差异，有的机构愿意投入经费、实习督导等资源来培养学生；有的则不愿投入，直接把学生当正式员工来使用。机构一般很少把带领社会工作实习当作一个专业成长的过程，而是当作一种额外的任务，或者视学生为免费的人力资源，完全淡化其专业身份（史柏年、侯欣，2003）。

3. 机构缺乏督导者培养的意识

督导者作为学生在机构开展实务训练的直接指导者，其实习指导工作并未在机构内得到足够重视，也几乎没有接受过"如何作为学生督导者，指导学生开展实务"的督导培训和学习（杨恒，2020）。兼任实习督导的一般都是机构资深工作人员或者行政领导，而他们一般工作繁忙，并无精力督导学生。而且，督导者指导学生既没有经费支持也没有制度规定，他们的积极性往往不高，以致实习中出现实习督导不到位、实习督导责任相互推诿等现象（曾冰丽，2015）。

（四）督导者缺位

1. 专业经验的缺乏

社会工作实习是一个有督导的学习过程，而在当前情况下，完全符合专业质素条件的督导者并不多，无法满足学生的需要（杨恒，2020）。一些机构的督导者不是专业出身，没有受过专业训练，对社会工作专业知识知之甚少，无法在专业上给予有效的指导（宗苏秋，2016）。有些机构的督导者虽然有专业背景且有一定的工作经验，但指导学生的方法是零散、随意的，欠缺指导技巧和意识，有效传给学生的经验有限（向荣，2000）。机构督导的专业能力弱及督导经验的缺乏，大大影响了学生的实习效果。在这种情况下，也无从谈起"专业操守和责任"等要求（杨恒，2020）。

2. 督导功能的缺失

尽管多数学校倡导建立与机构联合督导的模式，但由于机构性质的限制，机构对实习教育不够重视等原因，学生能遇到什么样的实习督导要看机构的安排，目前大部分实习教育过程中的督导仍只是纸上谈兵，未能发挥实质性的功能。此外，还存在部分机构重视督导教育功能，而轻其行政性、支持性功能的现象（曾冰丽，2015）。

（五）服务对象隐形化

作为服务的使用者，服务对象对学生的肯定、认同是学生自我成就感和价值感的重要来源。由于本土观念、求助习惯、社工的社会认同度不高等原因，学生常常难以找到服务对象；同时，服务对象对学生的能力持怀疑态度，导致服务无法深入推进。

社会工作服务对象是遇到自己无法解决的困难并愿意接受社会工作者帮助的人。当前服务对象资源稀缺，并不表明缺少需要专业服务的人群，实际上专业服务的"市场"是很大的，但这部分人群是潜在的，部分原因在于中国内地真正意义上的社会工作还处于起步阶段，其功能还未被社会普遍认同和接纳，大部分服务对象还没有形成相应的寻求专业社会工作者帮助的习惯。此外，一些服务对象即使意识到需要他人协助，但他们首先选择的大多是个人的初级群体（家人、亲戚、朋友或老乡），其次是政府，对社会工作者提供的服务往往比较排斥。中国内地这些社会工作实习过程中特有的服务对象缺失的状况，也成为社会工作实习教育中的一种障碍（吕青，2004；童敏，2006；肖萍，2006）。

童敏（2006）的研究进一步表明，即使督导者带领学生主动接触服务对象，仍面临着服务对象的需求呈现模糊、服务目标不明确的困境。在这些困境未被有效处理的情况下，在实习教育过程中，服务对象并没有实际参与，而是处于隐性状态。实习过程中不同利益主体各自按照自己的目标、节奏及对专业的理解，出现了诸如"机构摆布型""学生自主型""学校安排型"等实习模式，彼此缺乏持续的互动和沟通，无法形成合力促进实习的有效开展（童敏，2006；杨恒，2020）。

（六）资源及管理不足

1. 实习经费不足

社会工作专业本身所要求的实习时间长、要求高，必然需要一定数额的经费支持。开拓实习基地、定期座谈交流、探访学生、学生在实习中的交通及开展的一些诸如社会调查等活动，都需要有充足的实习经费做支撑。由于实习经费短缺，有些高校就采取缩短实习时间、简化程序或者减少实习次数等方法来降低实习经费的投入，这就直接导致了社会工作实习难以达到专业要求的效果（宗苏秋，2016）。有些高校转而把经费投入完全寄托在机构身上，让机构承担实习补贴、督导费、会议费等，结果实习变成了"机构说了算"，学生成长需要和实习目标被忽略，实习效果大打折扣（杨恒，2020）。

2. 实习制度不完善

（1）重制定、轻执行。高校的实习管理中存在"重文本、轻执行"的情况，如在实习手册中对于实习督导功能的界定、学生与机构的关系、学校与机构的关系、实习时间、内容、效果评估、督导分配及任务要求等都制定得非常详尽，但实习开始后却缺少监督管理机制，结果是各相关利益方只顾自己利益，学生难以实现成长（樊富珉，2003；杨恒，2020）。

（2）培养目标模糊。社会工作实践教育中的专业建设取向与就业取向之分早已引起了相关学者的注意。张曙（2012）指出，这种实习教学目标定位的模糊，不只来自就业的压力，还因为参与实习教育的多元主体有着多元的目标期待，常常带来彼此间的价值冲突，甚至造成大量实习教育目标的功利化、异化（吕青，2004；张曙，2012）。

（3）实习安排不规范。社会工作实习与督导作为社会工作专业教育的重要环节，应该有明确的要求、规范的程序和科学的评价体系。各高校社会工作实习教育的发展步伐并不一致，随着社会的发展，少数高校近年来在这方面逐渐规范起来，但许多高校仍不同程度地面临此问题（樊富珉，2003；费梅苹，2012）。这种不规范主要体现在：①缺乏全国性的统一的实习大纲和基本标准（吴洁珍、张文方，2003；许爱花，2008；李伟梁、库少雄，2012）；②在实习时间方面，相比国外和中国香港的院校，我国内地社会工作专业院校只有小部分能够遵循国际标准要求的800个小时实习时数，而大部分院校未能保证实习时间；③学校与机构并未就培养学生的目标达成共识、进行有效分工（张曙，2012）；④实习过程管理不规范，不少学校在实习中仅限于对学生的行政安排，而忽略了安排后的学习过程（樊富珉，2003；赵芳，2012）；⑤缺乏明确的考核标准和严格的考核制度，实习评估制度不完善等（李伟梁、库少雄，2012）。

（4）对督导者培训及评估不足。高校存在重学术而轻实务的倾向，加上对社会工作认识的不深入，对督导者的培养更无从谈起。机构对督导者的培训和行政上的支持也同样不足，导致督导者水平参差不齐。评估环节的缺位在机构督导层面也是如此，以致无法确定学生是否得到及时有效的督导（曾冰丽，2015；王源，2014）。

第二节　不同利益主体关于实习的观点

社会工作实习是多系统合作的过程，然而，如何合作？谁是互动过程中的核心主体？谁又是影响实习效果的关键因素？不同的学者有不同的观点。"学生主体论"认为，学生是实习教育的主体，甚至是实习的"主宰者"，学生对社会工作专业的了解和认同程度是影响实习教育效果的重要因素（史柏年、侯欣，2003）。"机构决定论"认为，机构是决定学生实习成效的最重要因素之一（王思斌，1999），机构的性质及其能提供给学生实习机会的多寡、学生参与工作的层次等，直接影响实习目标的实现（樊富珉，2003）。"督导主体论"认为，社会工作实习的质量主要取决于督导者的专业性，没有督导的实习不会带来专业的成长（樊富珉，2003）。"服务主体论"认为，社会工作服务实践是社会工作专业实习的核心要素，若服务对象处于隐性状态，一切实践或是学习行为都无法正常推进。

不难发现，不同利益主体的视角和观点对于社会工作实习过程都是重要的关键因素，因此，在现有体制环境下的实习教育开展过程中，将学生、高校教师、督导者、机构领导、服务对象等都视为实习教育过程的重要主体，积极发挥不同利益主体的主观能动性，动员他们参与实习全过程，倾听他们对于专业实习教育的观点，整合其中的异同，探索找寻合作共赢的途径等，是应对问题和挑战的有效途径。

BUIBRI项目实施过程中，我们收集了参与培训的不同利益主体对社会工作实习的观点与期待，如表1-1所示。

表1-1　不同利益主体对社会工作实习的观点与期待

利益主体	有关社会工作实习的观点与期待
学生	观点：实习是个体完成某些任务，获得专业技能的过程。 期待：通过实习，成为专业社会工作者。 1. 对实习过程的期待：在实习前，有实习需求评估，倾听实习生对实习的期待；实习过程有清晰的指引文本，如实习目标、实习规划、实习作业、实习评估指标等；在实习过程中实习生有权利且有机会发声，被尊重，自主平等参与；尽快适应机构环境，有专业方法的培训，可以提高专业能力，学习如何将理论转化成实践，顺利完成专业实习任务；希望实习的同时完成论文数据或资料的收集。 2. 对机构的期待：提供良好的与专业服务相适宜的办公环境，有相对独立的空间，如自己的工位等；机构本身具备规范的制度，涵盖机构运作、专业服务、实习教育等方面内容；配备专业的督导者全程指导、支持和陪伴；机构的服务内容与专业相匹配，能提供完成实习任务（个案工作、小组工作、社区工作）的机会；交通方便；提供实习补贴；获得就业信息或就业机会。 3. 对督导者的期待：平易近人，有足够的专业能力（MSW以上，且实务经验丰富）；对专业有很强的认同感；主动关心实习生；能为实习生提供频率较高的督导、支持和陪伴；有能力确保实习生在实习过程中是安全的。
高校教师	观点：专业实习是社会工作教育的一部分，是课堂教育的拓展与补充。 期待：通过实习，培养学生成为专业社会工作者。 1. 对机构的期待：能有专业服务，最好有专业的项目支撑；配合完成学校的教学安排；有良好的督导者；为实习教育提供合适的空间与场所；通过专业实习促成或加强机构和学校在专业服务研究方面的合作；提供实务机会，研究理论转化成实务的途径。 2. 对学生的期待：学生增强主观能动性，主动表达自己的想法，主动加强沟通，主动要求获得专业上的成长；学生实习前能在思想上做好充分的准备。 3. 对高校的期待：能减少其他教育任务，给予更多参与专业实习督导工作的时间；对督导工作有指引，并有合适的评估与奖励。
督导者	观点：专业实习是与高校合作，是共同促进机构/行业专业发展的重要过程。 期待：通过对实习生的培养，与高校教师合作，提升社会工作者的研究水平，探索理论转化为实践的途径。 1. 对实习生的期待：实习生本身能有意愿来机构实习；在实习开始前能对机构有基本的了解，想好自己在实习过程中要做些什么，想提高哪些能力；具备一定的专业知识和能力，尤其是需求评估、访谈技术及理论基本架构等；听从督导者的指导，不能私自行动，不为机构带来负面影响。 2. 对高校的期待：加强高校与机构之间的沟通，建立长效沟通合作机制；高校知晓机构对实习生的要求及准入门槛，能为机构创造面试学生的机会，建立双向选择的机制，并在实习生到岗前提供岗前培训（专业意识、伦理价值、基本的专业服务技巧、人际沟通技巧等）；在实习过程中能配备学校督导以提供持续的专业教育；学校能给督导者提供必要的支持，如提供继续教育培训、提供了解学校教学模式的机会、提供经费补贴或精神鼓励等激励措施。 3. 对机构的期待：重视督导专业实习生的工作，制定相应的规章制度，给予督导工作一定的激励与保障。

续表

利益主体	有关社会工作实习的观点与期待
机构领导	观点：专业实习是与高校合作，是共同促进机构发展的重要过程。 期待：通过实习生的培养，为机构补充专业人手，为服务对象提供更多专业服务。 1. 对学校的期待：和学校建立长效合作机制，签订正式的合作协议，定期沟通，凡事有商有量，在行动前双方能达成共识；资源共享，合作共赢；实习时间安排符合机构或项目的需要；实习生的实习时间相对稳定，并至少持续半年。 2. 对实习生的期待：参与机构的日常事务，为机构所用，听从机构的安排，实习任务符合机构发展的利益；具备主观能动性，并具备一定的专业形象、专业能力与人际沟通能力，以减少培训的时间与成本；毕业后有意愿进入专业实务领域，从事专业社会工作。
服务对象	观点：与社会工作者一样，实习生的服务水平较弱，但也是机构的员工。 期待：实习生也能帮助解决困境。 希望服务的提供者是专业人士，有丰富的专业知识、过硬的专业能力，能回应需要，有效帮助解决问题；希望能获得持续的专人服务；希望服务提供者平易近人，好沟通，说话算话，对自己的服务有所担当，懂得尊重，善于倾听。

上述不同利益主体在实习教育过程中呈现的观点及期待，切实反映了不同利益主体对实习教育的关注及对促成专业实习的良好意愿，同时也反映了当下本土实习教育中存在的问题及需要共同努力改进的部分。

第一，对于实习教育意义与目标的理解不同。高校系统视专业实习教育是课堂教育的重要组成部分，以培养合格的毕业生为主要目标。中国本土的社会工作于20世纪80年代恢复，实践经验并不成熟，高校在建立专业实习教育体系时以借鉴国外经验为主，难免流于形式。

与此同时，多数机构尚未建立本土服务模式，对于如何运用专业方法开展服务尚处于摸索阶段。机构的服务目标以服务对象的需求为本，运用专业的方法协助服务对象有效解决问题，因而创新性地建立与一般行政工作不同的专业服务模式，是机构生存与专业化发展的基础。

王思斌（2018）提出，我国社会工作教育先行的一个重要作用是其对社会工作发展的引领作用，包括发展方向、发展模式的指引性、带领性和促进性作用。在此过程中，机构期待与高校合作，加强实务研究，在专业上能有所发展，接收实习生便是合作途径之一。受过系统专业训练的学生可以为机构节省许多培训及人力成本。然而，现实情况是：一方面，专业教育理论与实践脱节，学生面对具体实务情境时常常手足无措，显现不出专业性，机构不满意；另一方面，机构的工作环境与薪酬待遇无法令学生产生专业认同，学生的投入感也不强。学生、高校、机构三方的目标均无法实现，动力不足，实习流于形式。

第二，对责任边界的理解不一致。与入职见习不同，在实习阶段，实习场域虽然是在机构，但实习生依然是高校在读的学生，教育及责任主体是高校。一般情况下，高校与机构签订合作协议，定期将学生安排至机构进行实习。根据协议规定，高校负责拟定教学计划和实习大纲，确定实习的时间、人数以及实习的要求；机构负责安排实习生在专业工作岗位上开展工作，并提供实践指导，包括安全教育、机构的规章制度指引、专业服务内容介绍等岗前培训，以及实习过程中服务计划的制订、服务方法的选择和伦理冲突应对的指导等，并在实习结束时对实习生表现进行评价。但对于实习生的能力建设如专业方法的运用、理论模式的选择等认知层面呈现的教育需求，并无清晰的责任归属说明。尤其是关于实习目标的部分，如需要完成个案、小组、社区等工作，但如何完成、在完成的过程中有哪些权利与义务则并未提及，唯一的要求是服从安排，如遵守机构的规章制度，按时按量提交实习任务作业等。这导致学生对于实习过程茫然无措，同时也为督导者增添了更多的管理责任及压力。例如，在一次为期三个月的实习中，督导者安排实习生小H负责一个出现偏差行为的青少年个案。小H对个案服务的理解是督导者会联系个案前来工作点，介绍实习生与个案认识，并且向实习生提供个案的基础信息以及服务方向，而督导者认为接案、建立专业关系以及信息收集的过程是社会工作专业过程中非常重要的一个部分，应由实习生自己实践，方能积累实践经验。小H尝试联络了个案后遭到拒绝，很沮丧，向学校老师抱怨督导者没有给他安排合适的个案，担心个案任务完不成。督导者认为，帮助学生完成个案并不是他的责任，获得专业体验才是重要的部分；实习生不同于志愿者，需要有一定的专业敏锐度，有发现问题并解决问题的能力。冲突和矛盾因此产生。高校教师出面做和事佬，但调解的主要方向是希望督导者能为学生完成实习任务提供更多的方便与指导。机构领导也认为带教实习生并非督导者的主要职责，无须花太多时间和精力。因此，在多重压力下，随波逐流是大部分督导者的选择。

第三，对于实习生的专业能力期待不同。实习是社会工作专业教育的一部分，实习生需要同时接受高校及机构的教育与指导。对于高校以及学生来说，实习过程是理论与实践相结合的关键环节，是学生提升实务能力的重要过程。换言之，高校与学生均假设在实习前，学生并不具备实务工作能力，需要通过实习过程的督导和训练方能获得成长，所以对机构提供资源协助学生提升能力有很大期待。而对于机构及服务对象而言，他们更期待实习生一旦进入岗位，就具备相应的职业能力。同时，由于目前机构尚在发展过程中，科班出身的社会工作者占比并不多，如笔者所在的机构共有800名一线社会工作者，社会工作专业毕业生仅占10%，专业发展并不成熟，服务标准也尚未形成，因此对接受过系统教育的实习生充满了期待，假设他们有很好的专业能力，不仅希望他们进入机构后能立即上手，补充原本人力的不足，更期待他们能够在服务中展现专业，发挥专业引领作用。两者期待差距较大。

第四，对于合作关系与合作方式的期待不同，且缺少沟通机制以及表达的机会。虽然各利益主体在实习过程中的角色与期待有差异，但对于实习在专业发展过程中关键作用的认同是一致的，并且都有调整与改变的愿望。因此，需要各利益主体根据所在系统的特点、需求以及利益，发挥各自的优势与功能，积极磋商，实现合作共赢。互动合作的前提是不同主体之间具有独立、平等、自由表达的机会。从目前的状况来看，不同主体间的互动合作并不充分。如学生通常被高校安排至机构实习，自己很少去做选择，在实习过程中也经常处于接受教育以及服从安排的状态，缺少平等表达的机会，有些实习生也会因为想得到好的实习评价而对不认同或非专业的工作选择沉默或隐忍。另外，高校负责拟定实习教育的目标和要求，但是大部分高校人才培养目标是"内在决定"的，而非"内外结合"，即没有太多考虑国家和所在地区社会变迁的需要以及社会工作专业发展的需要，而是从高校扩招或学生就业率的需要来设置课程（高万红，2009；张曙，2012）。在这样的高校教育体制状态下，高校教师可发声的机会也并不多；机构方面，与高校的合作协议一般3~5年签一次，随后就按照协议规定机械地开展相应的工作。机构领导与高校实习工作负责人几乎再无沟通，关于实习过程中所发生的问题也极少过问缘由，一般都通过行政化的手段进行处理了事。机构督导与高校教师类似，常常处于高责任、低权力的状态，对于高校拟定的实习任务、要求、评估方法甚至实习时间段都只是被动接受，一般无机会提出自己的意见。如为学龄儿童家庭提供社区支持性服务的机构，往往在寒暑假有较多的专业项目，可以为实习生提供更多的实习机会，但高校的实习时间段一般在学期内，有规定的评估时间，无法根据实务需要进行调整。服务对象方面，虽然机构一般会在提供服务时向其告知实习生的身份，但对于服务提供者的选择甚少听取服务对象的意见。而在专业发展以及实习生工作评价方面，也极少有服务对象的参与。

多元主体的不同期待导致实习教育中多重问题的存在，需要在价值理念、教学要求、专业发展、本土实践环境等协调与平衡的过程中建立多元化、本土化的实习教学目标与评估标准，通过社会工作实习过程的创新，听取各方声音，整合不同利益主体，提供合作机会，实现共赢。

第三节 构建良好专业实习的要素

系统理论将局部与整体整合为一个连续体（Anderson，1999）。换言之，它要求我们在任何社会情境中，在思考社会和个人因素的同时，要观察这些因素如何相互影响并结合为一个整体（Payne，2008）。

一 良好的社会工作实习的要素

Jenkins 和 Sheafor（1982）指出，良好的社会工作实习应注重学生能力的培养。学生通过实习应获得的能力包括：（1）明白如何将适合的理论知识带入实务工作的情境；（2）运用实务技巧所需的能力；（3）在社会工作价值观与伦理操守指引之下学习如何从事实务工作；（4）发展对社会工作实务的专业承诺；（5）培养与个人长处和能力切合的实务工作风格；（6）获得必要的能力，以便在社会组织中有效地执行各项工作。

罗观翠（2013）指出，实习构成要素包括实习工作坊、时间、责任、导向报告、专业技巧、机构选派、实习内容、实习契约、工作计划和实习评估。达成良好的专业实习，实习各利益主体首先应明确各自在社会工作实习中的位置，如学校承担最基本、最重要的作用，机构是实习的场地，实习生是实习教育的学习主体，机构提供的实习督导是实习生最直接的指导者、监督者以及模仿榜样。

张曙（2012）指出，建立多元主体实习教育整体性合作模式是促进良好的社会工作实习的关键，社会工作实习教育目标定位应清晰且多元化，兼顾个人、专业、机构和社会的发展。如高校与机构合作，应以我国社会工作发展的现实为基础，高校应努力承担更多的专业教育和服务示范责任，机构应不断增强能力以应对社会服务质量提升的诉求，政府应大力发展社会工作的政策环境，减少社会工作实习教育合作的体制障碍因素，促进高校和机构在理论研究、教育培训、专业服务方面的深度合作。

根据本土情境下的讨论结果，结合专家们的观点，从当下社会工作实习过程中各利益主体达成的共识来看，良好的专业实习构成要素包括：（1）良好的沟通、合作沟通机制；（2）清晰的督导制度，规范的督导流程；（3）实习生应具备基本的回应服务需求的专业能力;(4)实习开始前做好充分准备;(5)各方利益的观点应被充分看到。

二 如何构建良好的专业实习

目前,不同利益主体对于社会工作实习的期待虽然不同,但都呈现对实习教育的关注及对促成专业实习良好发展的意愿。制度建立与政策环境的改善虽然是最为有效的方法,但是改革并非一朝一夕能够完成的,从基层实务的角度来看,想要在短期内改变现状,找到突破口,需要从自身出发,以过程、案例为切入点,通过充分沟通与合作,找到共赢的方法。

总体而言,合理运用各利益主体达成的共识是构建良好的专业实习的关键要素,需在实习准备、实习过程、督导评估中持续运用,并通过书面的形式予以呈现与强化。对于不同利益主体的不同观点,也应注意加强沟通,可以改进的部分通过磋商、建立合作机制来达成共识,无法达成共识的部分亦应通过沟通加以规避。

在前述的讨论中,各利益主体提出了很多促成良好实习的建议。包括在实习过程中建立良好的沟通、合作机制,如定期开展案例讨论会、课程设计与实务进程相契合;各方利益的观点应被充分看到,如设立双向选择机制,向学生提供到机构参访或向机构提供到学校推广实务的机会;实习评估可包含服务对象的满意度测评;应建立清晰的督导制度与规范的督导流程,如规范督导频率、督导内容、实习合约、督导记录以及其他可供选择的督导工具与表单;实习生应具备回应服务需求的专业能力,如实习生在学校学习实务工作的基本知识与技能时可使用机构的真实案例,请机构督导参与实务课程的课堂教学,或是课堂教学与实习同时间段进行,如上海纽约大学 MSW 的实习周期一般是一年,其中三天为机构实习,两天为课堂学习,并且课堂学习的内容围绕着机构实习案例做重点讨论和分析,以与机构充分合作、共同培养实习生的专业能力。这些兼顾各主体利益需求的建议具有很强的操作性,同时,在同一场域下进行的思维碰撞,本身就促进了彼此的沟通与合作,友谊及持续的合作也就此形成。

实践中有一些各方都存在困惑的点,也在思维碰撞的过程中得到了进一步的梳理,逐渐清晰。

其一,关于机构接收社会工作实习生的动力。机构认为:"实习生既不是机构招聘的员工,实习内容和要求又不是机构制定的,学校也不会向机构支付培费，那么机构为什么要接收实习生实习呢？"这是各利益主体在讨论过程中的首要争论点。在目标及动力未达成共识的情况下，一切关于技术与策略的讨论均为徒劳。高校、教师、学生普遍认为社会工作实习应以学生为本，关注学生的成长需求，以培养和提高学生的专业能力为目标，专业学生的产出是社会工作专业发展的基础。而实务界的利益主体，包括机构、督导者、社会工作者以及服务对象等，对实习应以学生为本的定位并不认同，认为培养学生是学校的责任，与机构无关。实务界认为实务操作产出的专业服务才是社会工作专业发展的基础，因此社会工作实习教育应以专业发展为基础，实习生只是实现专业发展的载体之一，并非必然选项。各利益主体经过讨论，将问题呈现，而后共同商议了解决问题的方法。如明确"专业实习是学生专业成长的必经阶段，有利于促进理论与实务的综合运用，推动社会工作行业的深入发展"，提出"学生进入机构前必须先具备一定的专业质素，有明确的实习目标，且这个目标必须与机构发展相适应"等建议。从最初"以学生为本"的原则，进阶至兼顾"学生、专业、机构协调发展"的理念。

其二，关于理论如何联系实践的问题。高校和学生都希望能在实习过程中学习如何将理论转化成实践，但机构并不是不愿教，而是自身也不知道该如何在实践中有效运用理论，同时，在机构行政性事务繁多、大部分机构领导不具有专业背景的情况下，社会工作者选择将理论高高挂起的现象几乎成为常态。面对本土的困惑，BUIBRI项目负责人Juha Hämäläinen给了一些指引和启示，他认为：

> 理论作为思维的概念体系，可以帮助我们合理地提出问题，并寻求有意义的答案。在社会工作实践过程中不断反思并尝试有效地运用理论，这相当于开展了一次高智力旅行，既提高了社会工作者发展反思性工作方式的能力，又反映了社会工作作为一项专业的使命与理念。此外，这种反思激发了更深刻的专业上的自我认识和潜在的自我批评能力，这些奠定了专业政策和实践发展的基础。

在实践中切实有效地使用理论，需要注意以下几点：①理解理论对实践的重要作用，让社会工作者熟悉方法和技术而不熟悉它们的理论基础是荒谬和不切实际的；②厘清基础性理论与实践性理论的区别，并注重整理出清晰的从理论到实践的认知程序；③社会工作者应需要感知到社会工作是一门知识性很强的专业，理论的使用不应武断和冲动；④将反思理论与实践关系视为培养社会工作者职业认同、促进其职业发展的重要步骤。

在社会工作实习教育过程中，学校应在课堂上介绍理论对实践的重要性，并提醒学生在实习过程中理解理论的意义。督导者的一个关键职能是引导学生在专业活动中意识到并合理地运用理论和方法，支持学生将他们在课堂和教科书中学到的理论和学术技能与实践中所需的思维模式和工作技能结合起来，以提高学生专业的自我反思能力。[1]

各利益主体应逐渐达成共识，明白理论指引下的实践才是高质量、有水准的专业实践，在实习教育过程中持续反思理论与实践的关系，不仅仅是培养专业学生能力的需要，更是整个社会工作行业发展的必然选择，应加以重视。在后续的讨论中，各利益主体需要讨论并反思在日常服务过程中的专业元素，这些专业元素与理论之间的关系是什么，又是如何被有效呈现的。如开展社区宣传活动，与一般居委会干部的简单摆摊和拉横幅的做法不同，社会工作者会综合运用社区工作相关理论与方法，在活动前先进行社区分析及需求评估，活动中注重社区居民的动员与参与，活动后开展评估并促进优质活动的可持续发展等；又如开展困境儿童助学活动，社会工作者不只是关注儿童的学习成绩，而是将助学作为切入点，与困境儿童及其家庭建立专业关系，关注的是儿童心理行为健康状况、亲子关系、家庭监护能力、家庭对社会资源的利用情况等，提供的是以家庭为中心、儿童利益最大化的服务，活动过程中可运用的理论包括家庭系统、生命周期、心理-社会、家庭结构、社会支持、抗逆力等；再如，协助禁毒部门开展禁毒事务管理或吸毒人员管控服务，专业有效的服务包括本土政策分析、吸毒人群心理-行为特征分析、服务策略与服务方法的选择与设计、服务过程记录及评估指标的制订，以及阶段性的成效分析与相关报告的撰写，皆需要理论的支撑与指引。

各利益主体对于在社会工作实习教育过程中如何理解、指导理论在实践过程中的运用需达成更多共识，如在学生进入社会工作实习之前，高校应在课堂上介绍理论对实践的重要性，并提醒学生在实习过程中理解理论的意义；机构应鼓励学生参与机构具体的事务，并积极引导学生思考如何运用专业元素提高服务质量和效能；高校、机构应保持良好的沟通与合作，依托实习生实习的过程，加强研究，不断地讨论与反思，从实践中反思理论的适用性，从理论学习中探索方法与技术的操作性，共同努力，向着高质量专业服务的目标前行。

其三，关于能力为本的教学方向。良好的社会工作实习应注重学生能力的

---

[1] 摘自《中欧六校督导培训手册》。

培养。可学生应具备哪些能力？目前高校制定的实习要求中大部分只规定了实习任务指标，如完成一个个案工作、一个小组工作、一个社区工作，或是实习满800个小时等，这些任务完成了，学生的能力就能提升？答案似乎是不确定的。同时，这些任务完成的标准又是什么？在服务标准缺乏及督导能力不足的情况下，又该如何保证实习教学质量？这些问题在日常的本土实习教育过程中经常是含混不清的，借由这次各利益主体的讨论，大家商量出了一些策略。

首先，通过资料学习以及现场讨论，各利益主体需明确学生通过社会工作实习教育应获得哪些能力。一般而言，学生应获得的能力包括：（1）具有专业意识及专业敏感度，能在实务情境中觉察到专业角色定位；（2）合理运用恰当的实务技巧，有效执行各项工作；（3）具有伦理意识，能够觉察社会工作过程中的伦理困境，并思考解决问题的方法；（4）具有政治意识与文化敏感性，能结合本土政策与文化特征，选择合适的专业方法，制定专业策略；（5）具有良好的反思能力，能持续思考理论与实践的关系，并尝试在实践中运用理论；（6）有准确的自我认知能力，能发展出与个人的长处和能力相契合的实务工作风格。

其次，各利益主体需讨论培养和提升学生专业能力的方法与实现途径。（1）在社会工作实习开始前，制定清晰的实习规范、操作流程及评估指标，并且这些内容的制定应充分听取高校、机构、机构督导、学生等利益主体的意见。（2）学生的实习安排应采用双向选择，即学生在探访机构、充分了解机构的工作内容以及可提供的实习机会的基础上进行选择，而机构则可设立实习面试环节，或设立实习试用期，以有充分的时间考察实习生的能力水平是否适合在本机构实习。（3）在实习手册中规范定期沟通的形式与内容，如实习生在机构督导、学校督导的指导下制订学习合约（learning contract），明确实习目标、实习任务及评估方法；实习生与机构签订实习协议，明确实习过程中在机构应遵守的规定；实习生与机构督导商议制订督导计划，包括督导频率、形式、内容以及根据实习生的特殊要求进行的备注等。（4）机构与高校应加强互动，如学校督导定期至实习合作机构探访，机构督导积极参与高校组织的与督导相关的活动（如督导培训、机构介绍、实习报告会、实习表彰等），机构与高校在实习教育、社会工作培训、专业技术、理论与实践等议题上可合作开展研究，共同制定推动专业发展的政策、标准等。（5）高校可联合社会工作者协会建立跨领域专业机构之间的沟通与交流平台，促进机构间的资源整合与共享。

其四，关于督导工作的共识。督导者常常会有疑问："如何才能成为学生眼中的好督导？是严厉型的，还是温柔型的？是示范指导型的，还是开放讨论型的？"各利益主体对于督导者在社会工作实习中的重要性保持着高度的一致，虽然对于如何发挥督导者的作用可能有着不同的理解，但需经过讨论逐渐达成必要的共识。

首先，督导者的角色需要被确认。无论是社会工作者协会认证、高校的认定还是机构的认命，在社会工作实习开始前应给予督导者一个合适的定位，最理想的状态是协会、高校、机构三方协商后的认定。其次，督导者需要持续学习。高校可开展系统的督导培训课程，类似于中欧的BUIBRI项目或纽约大学的SIFI（Seminars In Field Instruction）课程；可通过社会工作协会搭建机构互动平台，促进督导者之间的互相学习；高校可开放培训及学术研讨的资源，给予督导者知识上的支持。最后，实习教育过程需要引入科学的符合成年学生心理特点的方式。对于成年人的教育培养，不应等同于面向青少年的九年制义务教育。成年人不希望被看作小孩，而是将自己视为有自主性的，并且认为自己与老师之间的关系是互惠的；成年人大部分都受过基础教育，可以积极地参与选择自己学习的内容和方法；成年人在学习的过程中，会带入大量个人的经历与思考，这些经验可被视为重要的学习资源（Knowles，1980）。因此，根据成人教育学的启示，学徒式或单纯示范式的督导方式并不能发挥实习生的主观能动性，反而容易压抑学生发现自己的特长与资源。

综上所述，现有社会工作实习教育过程中出现的冲突，大部分源自相关利益主体对实习教育目标理解与期待的不一致。找到了问题的症结，解决问题就没有那么难了。搭建合适的平台，营造真诚、平等、安全的氛围，促成各利益主体之间充分地交流与沟通，而后将讨论结果转化成可落地的行动，在实践中互相支持和鼓励，遇到问题共同商议解决，那么形成良好的社会工作实习是完全可以期待的。

第二章 社会工作实习的结构与过程规划

社会工作实习是一个将课堂理论与社会工作实务进行整合的阶段,更是学生将其自身价值和原则融入专业生涯的时刻。

——Garthwait(2015)

第一节 专业实习的结构

社会工作是一门实践取向的学科,实习在社会工作专业教育中占有极其重要的地位。国内外学者做了很多社会工作实习研究,但鲜有涉足实习结构的议题。不少人会将专业实习的结构与实习内容或安排混为一谈,实际上,实习结构是实习主体、实习周期、实习内容与安排的统一体。

一 实习主体

众所周知,专业实习是系统性、多利益主体互动的过程。影响社会工作实习过程的利益主体由高校、学生、机构、实习督导、服务对象等构成。其中,高校是实习生的输送方,机构是实习生的接收方,学生是实施专业活动的主要力量,服务对象是专业活动的合作方,机构和实习督导共同协作为学生提供实习中的专业支持、关怀。

二 实习周期

实习作为社会工作教育中的一门课程,具有学时要求。Spitzer(2001)等人提到，当前国际上社会工作专业本科生（Bachelor of Social Work，BSW）阶段和社会工作专业研究生（Master of Social Work，MSW）阶段的专业实习时间均采用国际公认的由社会工作教育协会在2000年公布的2年900小时的标准实习时间。目前，国内大部分高校社会工作本科采用800~1000小时的标准，而社会工作硕士也实行800~1000小时的标准，与国际通行标准并无多大差别（见表2-1、表2-2）。

表2-1　国内外知名院校社会工作本科生实习时间规定及安排方式

学校	本科生学制	本科生实习时间	本科生实习安排
香港大学	3年	800小时+200小时（实验室实习）	800小时分为两个阶段：第3学年上学期集中式实习400小时；第3学年下学期并行式实习400小时
伯明翰大学	3年	200天专业实习（按7小时/天计算），即200×7=1400小时	第2学年和第3学年各100天专业实习
圣路易斯华盛顿大学	不招收本科生	—	—
复旦大学	4年	800小时+200小时（实验室实习）	800小时分为两个阶段：第3学年上学期为250小时，28~30个工作日；第3学年下学期为550小时，48~50个工作日
华东理工大学	4年	1000小时	第2学年和第3学年下学期，为期16周400小时，属基础实习；第4学年上学期，为期10周400小时，属毕业实习；外加第2学年全年、第3学年上学期，社会工作实验室（成长小组）200小时

资料来源：罗观翠（2013）；复旦大学社会工作学系（2018）；徐荣（2018）。

表2-2　国内外知名院校社会工作研究生实习时间规定及安排方式

学校	研究生学制	研究生实习时间	研究生实习安排
香港大学	2年	800小时+100小时（实验室实习）	800小时分为两个阶段：第1学年暑假8周集中式实习400小时；第2学年下学期并行式实习400小时

续表

学校	研究生学制	研究生实习时间	研究生实习安排
伯明翰大学	2年	200天专业实习（按7小时/天计算），即200×7=1400小时	第1学年和第2学年各100天专业实习
圣路易斯华盛顿大学	2年	1120小时	无特别要求，按实习内容是否限定于某一特定服务领域分为：400小时基础实习；720小时集中实习
复旦大学	2年	800小时 + 200小时（实验室实习）	分两个阶段：第二学年第一学期和第二学期各400小时集中实习
华东理工大学	2.5年	800小时（研究生社会工作专业的学生）/1000小时（研究生非社会工作专业的学生）	分两个阶段：第一学年第一学期为基础实习（观察实习），至少200小时；第二学年第一学期为综合实习（毕业实习），时间为600~800小时

资料来源：同上。

三 实习内容与安排

国内有300多所高校开设了社会工作专业，各校围绕不同的实习周期时数进行了差异化的安排，也明确了具体的任务。国内外各高校社会工作实习的结构安排，大致可分为平行推进型、进阶发展型和多元模块型三大类。

1. 平行推进型

类似于香港大学、伯明翰大学和圣路易斯华盛顿大学的社会工作实习，有实习阶段的划分，而对实习具体内容没有特殊限定，学生可自行安排任务类别。国内不少高校属于此类型，以复旦大学社会工作专业硕士（MSW）项目为例，除了实验室实习，实习总时间为800小时，分两段（各400小时），需要完成3篇"我眼中的社会工作"（关于社会工作本质、任务、功能、价值的思考，关于中国社会工作发展，社会工作与中国社会的联结及与个人发展相关的思考）、1份个人实习合约（以能力为本，对实习期望、帮助自己完成实习的优势、障碍以及如何克服）、8篇实习日志（实习前两周）、若干篇实习周记（第三周开始至最后一周）、1篇社区（或机构）调查评估报告，以及至少1个个案工作、1个小组工作、1个社区工作。具体任务工作可以根据机构实际情况和督导者要求进行调整，可增加某项任务内容替代其他内容（如机构没有条件完成小组社会工作，可以通过增加个案个数替代），但在每 400 小时实习期内，直接服务时间不得少于 200 小时。直接服务指为机构服务对象提供的服务，包括但不仅限于个案工作（电话、面谈、会议等）、小组工作（招募、组前面谈、小组准备、小组活动、总结与讨论等）、社区工作（需求评估，招募、场地踩点、准备、彩排、活动、总结与讨论等）、项目开展（项目中活动的准备、实施和总结讨论等）。服务围绕实习中所遇的问题展开，讲求方法间的整合性，通过个案管理和项目整合所有方法，因此融合了需求评估、项目设计与执行、实务或者政策研究（研究设计、资料查找、撰写报告），学生可以在两个实习阶段根据个人兴趣、环境、机构/人群需要等因素安排具体的实习内容，并通过实习周记不断反思并获得成长，具有高度的个性化、自主性、灵活性、时效性，能够充分发挥学生的规划能力、执行能力和创新能力，有助于处在该阶段的学生发展出一套个性化的工作风格，为将来的职业发展打下基础。

2. 进阶发展型

这种类型主要是在实习时间切分的基础上，做了任务和目标的递进区分，使实习的结构性更加紧凑。国内很多开设社会工作专业的高校的本科实习和少数学校的 MSW 项目安排属于此类型，以上海大学社会工作专业硕士项目为例，该校将实习分为观察与了解、整合和提高两个阶段。观察与了解阶段（160 小时），主要是让学生在观察中以不同的身份角度（服务使用者、服务提供者、服务督导、理论与实务）去分析和反思现行中国的社会服务现况，并且找出与专业要求的差距。实习任务包括最少 1 个个案或家庭个案工作、最少 1 个多次性的小组工作（个人或与同学合作）、最少 1 次社区计划或活动（个人或与同学合作）。整合和提高阶段（240 小时），主要是希望学生在前期实习的基础上，进一步将专业知识、技巧运用到实习中，并将专业理论、价值问题的探索延伸至实习中，从而强化专业意识，感受专业自主，以专业自我与服务对象建立专业关系，能在不断变化的社会环境中促进自己的专业成长和个人成熟，并且继续以不同的身份角度（服务使用者、服务提供者、服务督导、理论与实务）去分析和反思现行中国的社会服务现况，找出与专业要求的差距，实习任务仍包括最少 1 个个案或家庭个案工作、最少 1 个多次性的小组工作（个人或与同学合作）、最少 1 次社区计划或活动（个人或与同学合作）。该类型按照学生一般化的学习特点推进，针对实习中出现的共性问题，学校可以集中回应，标准化的评估更好实施，有助于提高实习管理的效率，同时这样的安排也方便机构进行任务安排和管理。

3. 多元模块型

与传统的实习结构分类相异，这种类型将社会工作实习结构分为四个模块——自我成长（12小时）、实务研究（108小时）、项目化运作（120小时）和综合实习（760小时），涵盖了传统的社会工作三大方法，并兼顾微观、中观和宏观层面的实习目标与任务。目前，华东理工大学社会工作专业硕士项目已开始采用这种结构模式，并且逐步开始向本科生推广，具体内容如下（见表2-3）（蔡屹，2016）。

表2-3 多元模块型实习内容安排

模块	目标	内容	形式	小时数	学期
自我成长	实现过往专业经验的正向转化，确立能力基线，拓展专业学习的理念和策略	1. 确立基线：专业学习的起点； 2. 基线以上：专业学习的无限空间； 3. 自我实践能力评估； 4. 自我实践能力提升计划。	工作坊	12	MSW一年级；第一学期；第1~4周
实务研究	以实务研究为学习策略，在提升专业能力的同时丰富专业知识、反思理论与实务之间的关系等	1. 聆听生命的故事：志愿者服务； 2. 纵与横：社会工作的发展； 3. 交换人生：人群的PV研究； 4. 拼图：社会工作者可运用的资源。	工作坊、小组实践	108	MSW一年级；第一学期；第5~20周
项目化运作	以项目化运作为载体，在实战训练过程中提升专业技能，并鼓励创造性地运用相关知识和资源	成功运作1个项目： 1. 掌握社会服务项目的相关知识； 2. 成功运作项目：设计、实施、评估。	工作坊、小组实践	120	MSW一年级；第二学期；第1~20周
综合实习	通过直接服务和间接服务，巩固和再提升专业能力，成为胜任优质服务的准工作者	1. 直接服务 个案工作，1个； 小组工作，1个； 社区工作，1个。 2. 间接服务 研究报告，1篇； 项目设计，1个； 行政工作，若干。	工作坊、独立实践、个别督导	760	MSW二年级；第一学期；第1~20周

资料来源：蔡屹（2016），第15页。

此类型更加注重个人过往经历、实习内容、课程设计的紧密结合，对现有高校的实习课程设置提出挑战，如研究部分就需要增加新的内容（行动研究、干预研究等）以适应实习需要；在实际操作中，更需要经过前期沟通，取得利益相关方的共识，才能保障所有任务的顺利完成；繁多的实习任务，也对实习生能力提出更多要求。

合理、科学的实习结构有助于保障专业实习的有序进行，更是助人成长的源头活水，重要性不言而喻。首先，实习结构的设计要能回应社会现实需求，而不仅仅围绕传统的个案－小组－社区工作三大方法，比如新冠肺炎疫情发生后，出于防控需要，越来越多的专业服务经由互联网实现，原来面对面的服务变成了隔屏相望，如何与服务对象建立关系、采用何种干预路径、怎样增进学生的投入感等对社会工作行业都是巨大挑战。其次，实习结构的设计要能兼顾学生总体能力的提升和个性化的发展，而不能局限于培养同质化人才。社会工作专业的特殊性和生命力就在于对个体的充分尊重和信任，给予其成长和发展的支持，让每个人都有机会成为更好的自己。鉴于每个学生的专业基础水平、过往经历、兴趣爱好不同，高校在设计实习结构时需要充分兼顾一般性能力和个别化能力的综合锻炼与提升，做好个性化育人与共性化管理的平衡。

第二节　专业实习的过程

社会工作实习是高校通过多元主体合作，有计划、有督导地组织学生在实习场域中检视自己的课堂所学，将专业知识与技巧恰当融合，内化社会工作专业价值的过程（史柏年、侯欣，2003）。要顺利完成这个过程，有两个规划工作要做好：(1)理解专业实习：理解社会工作专业实习的过程内涵，厘清相关利益方（学校、学生、机构、实习督导、服务对象等）的职责范围和具体要求，促进合作共识的达成，为有效地开展实习打好基础；(2)完成实习课程的规划：引导相关利益方了解社会工作专业实习课程规划的重要性和必要性，帮助学生掌握实习课程规划的方法。

在实习开始时，借助图2-1（a）帮助学生思考：你认为社会工作专业实习的过程（流程）是怎样的？可尝试在方框中填写。回答上述问题，显然要明确社会工作实习是一个分阶段、分步骤、结构化循序推进执行的过程。一般来讲，它主要包括实习准备、实习执行和实习结束三个阶段。每个阶段都有各自需要完成的具体任务。

根据目前国内外的实习经验，可对实习过程进行归纳，如图2-1（b）所示。

(a)

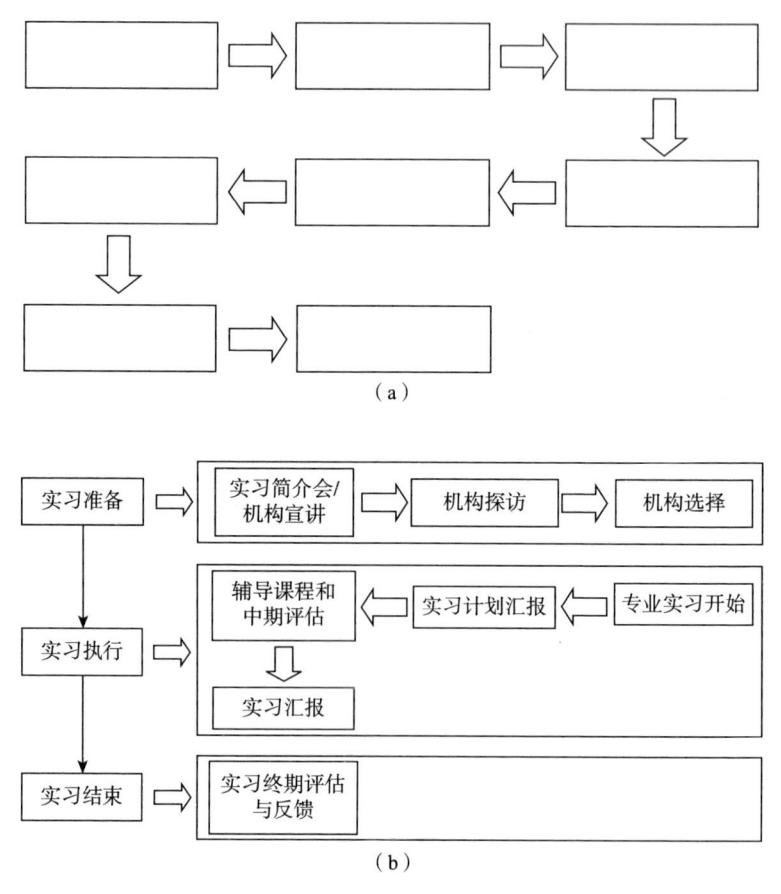

实习准备 → 实习简介会/机构宣讲 → 机构探访 → 机构选择

实习执行 → 辅导课程和中期评估 ← 实习计划汇报 ← 专业实习开始
↓
实习汇报

实习结束 → 实习终期评估与反馈

(b)

图 2-1　社会工作实习过程

一　实习准备期

开始专业实习前，高校会给学生一段时间做准备，包括明确实习方向、查找并对接机构、心理及其他事务性准备等；同时，专业机构也需要有所准备，面试并挑选实习生、确定实习生参与的项目、对接机构督导等。良好的实习准备，有助于后续专业实习的顺利开展和稳步进行。

1. 学校与机构事先沟通，确定有意向提供实习岗位的机构

机构是决定学生实习成效的重要因素之一（王思斌，1999），机构的性质及能够提供给学生实习机会的多寡、学生参与工作的层次等，影响着实习目标的实现（樊富珉，2003）。通常，高校会结合自身专业特色、培养方案，经由筛选、

评估等程序签约适合学生实习的机构。考虑到学生日常实习往返、高校与机构互动的便利性，实习合作多以本地机构为主。有不少高校的社会工作老师自己创办机构，为学生搭建实践平台，体现了我国社会工作发展的一大特色。目前，我国高校学生的实习机构主要包括各级医疗机构和精神卫生中心、政府部门、福利院、基金会、社会组织等。实习开始前，学校的实习负责老师会与合作的机构联络，确定具体的实习岗位、内容等信息，了解机构专业发展中的困难和需求，并寻求实习跟进的路径。

专业实习是社会工作学生走向职业化的重要一步，很多机构常年向高校开放实习岗位，这样不仅可以充实机构自身的专业力量、促进专业发展，也是其招揽人才的有效途径之一，北上广深等地的众多社会工作服务机构常采用此法招揽人才。高校的合作机构是动态变化的，学校会定期（每1~2年，通常不会超过一轮合作周期）依据学生的实习反馈、高校专业人员的评估、机构自身的意向而调整。设置准入和筛选机制有助于保留优质、专业的机构作为学生的实践平台，同时对于机构也形成倒逼机制，一些不完善的服务、项目、制度经由学生的专业实习获得改善。

2. 学校组织实习动员，搭建实习生与机构交流的平台

高校通常要组织学生开展实习动员会，负责专业实习的老师（实习督导）会给学生们讲解实习的规章制度、具体流程和注意事项。此后，学校会发一份更新过的机构名单，学生可从中了解不同机构的服务领域、服务方法、服务效果、制度规范、开设的实习岗位、培训学习、实习待遇等内容。由于学生对各类机构多半是陌生的，如何让他们在有限时间内更为全面地了解机构，是困扰高校、机构的重要问题。为解决此难题，机构需要梳理自身的使命愿景、服务宗旨、服务内容、督导配置、现有项目等，制定机构宣传手册或宣传单页，发放给学生；也可以在学校动员会中增加机构宣讲环节，让机构负责人或资深的实习督导与学生面对面沟通，为学生答疑解惑。

下面介绍一些来自BUIBRI项目的机构和督导介绍模板。当然，这些模板并非"唯一选择"，仅代表某种经验，我们还是鼓励机构的员工自己创建，以更好地反映本机构的实际情况。同时，机构介绍模板适合机构的中层及以上人员使用，相较于一线员工，他们对于组织的熟悉度更高，能够更加充分、恰当地展示组织的全貌；而机构督导介绍模板是由机构中实际承担督导工作的人员填写。

机构与督导介绍模板

机构介绍模板

请注意，此信息将与实习生、学校督导共享，适当的情况下还会提供给机构负责人。

关于机构

1. 机构名称：
   机构地址：
   联系人姓名：
   电话：
   电子邮箱：

关于实习生可能前往的实习团队/项目组

2. 请简要描述团队/机构/项目组的工作性质

3. 机构的工作方法（例如，个案管理、家庭治疗、团体治疗、社区外展、政策倡导、研究等）

4. 机构是否适合残疾人（如不适合，请说明限制因素）

5. 实习中需要注意哪些特定的安全问题

机构可为实习生提供的学习机会（对可提供的每种机会进行举例说明）

6. 为服务对象提供的直接服务
   例如：

7. 对文档和文件的访问权限
   例如：

8. 机构作息时间

9. 机构工作是否需要实习生必须具备某些能力或资质（如心理咨询师、驾驶证等）

10. 可到达机构的公共交通工具

续表

11. 需要实习生知道的其他事项

注意：
所有实习生都应遵守保密原则并保持理性，从而保持专业界限。
您提供的信息有助于构建大学专业实习数据库，并且在匹配实习生与实习岗位时非常重要。
谢谢！
请填写实习督导的详细联系方式：_____

机构督导介绍模板

请注意，此信息将与实习生共享。

机构督导详情

姓名：
职位/职务：
国籍：
民族：
性别：
其他相关信息

工作地址：（如果与之前机构介绍页不同，则需要填写）
电话：
电子邮箱：
直属领导姓名：

工作领域：

教育经历及专业资质：

接受专业培训的经历：

督导实习生的经验：

注意：
所提供的信息有助于高校学生进行实习，并且在实习生与机构配对时是必不可少的。
请填写实习督导的联系方式：_____

3. 学生经由机构初选、探访，最后确定实习地点

原则上，学生可根据自身条件及兴趣选择实习机构，国内高校的一些学生也会基于自己的毕业论文方向做选择，尤以高年级的学生居多。若名单中没有自己想去的机构，学生可提出新的机构，经过学院实习指导委员会审核后，如确定该

机构符合实习教学要求，学生便可正式提出申请。学生选好机构之后，可以通过高校，与机构约定时间进行探访。学生可以同时选择多家机构作为备选，但学校不鼓励学生在同一个实习周期内去两家及更多家机构实习，原因在于一方面不利于个人系统性开展专业服务，另一方面会增加学校和机构在实习管理上的难度。探访机构时，学生可以关注机构的服务人群、服务理念与价值、服务方法与技术、服务成效、社区融合度与社会认可度、实习督导等方面。成熟的机构或基地在这些方面都会有明确的呈现和积累，这些也是学生未来实习的重要资本。

如有机会，学生可以与机构督导进行接触。就目前来看，国内的机构督导通常是无薪酬的，督导工作也不影响日常工作考核，他们主要靠自己对社会工作专业的价值使命、热情将实务经验分享给学生，而他们的工作风格对学生的影响很大，甚至会影响到学生的职业选择。与此同时，机构也会借助学生实地探访的机会，通过交流互动，对潜在录用的学生的举止谈吐、专业素养、兴趣方向等各方面与机构的匹配度进行评估，为最后的选择做参考。有时候，机构会碰到选报的学生数量饱和的情况，这时就要专门设置面试环节，择优、按需录取。这个过程类似于职场面试，学生需要加以重视，在充分展示自我的同时，表达对机构的尊重。毋庸置疑，学校、学生与机构是一种合作的伙伴关系，经由探访过程，双方可以更加熟悉，了解各自需求，本着"双向互选"的原则，学生做出选择并获机构认可。之后，学校负责管理实习的老师统一汇总学生的实习意愿，如无异议，会给学生安排校内督导。该任务大多由本校社会工作专业的教师或专职督导担任，他们与机构督导会在未来实习中共同给予学生专业支持。

二 实习执行期

经过双向选择，在学生确定机构、明确实习开始时间后，实习便正式开始。按照每个学校差异化的教学计划，实习的具体安排会根据学生所处的不同年级而有所区别，低年级的学生实习周期短，侧重于观摩、感受社会工作的日常运转与全貌；高年级的学生实习周期长，侧重于理念、方法的亲身实践与创新以及社会工作的研究等。

1. 结合前期对机构的了解，围绕实习任务、机构需求制订实习计划

进入机构后，学生一般会接受机构的岗前培训，培训的目的是熟悉组织架构、发展历史、组织文化，学习岗位规范和要求，签订实习合同、保密协议、安全协议等，认识机构行政领导以及未来要合作的同事。这个过程一般会持续一到

两周,最长不超过三周,具体依机构实际情况而定。学校会规定学生在这个阶段完成实习日志、机构探访报告、社区环境报告等任务,尤为重要的是要拟订一份详细的实习计划。一次良好的实习经历往往需要精心的构思和设计,如能提前拟订一份明确的实习计划,实习的效率和成功率将会大大提高,同时也有助于学生抓住参与实习的机会(Garthwait,2015)。一般情况下,实习计划包括需求评估、目标人群、服务目的、内容设计与时间进度、中/终期评估等。

2. 向机构督导、学校督导汇报实习计划

高校、机构与实习生是利益共同体。实习生拟订好计划之后,需尽早向机构督导汇报,并利用学校的实习计划汇报会等方式向学校督导报告,寻求他们关于计划改进和完善的意见或建议。这个过程,实习生需要主动、积极地促成沟通,以确保计划可以兼顾高校、机构和实习生三方利益,并体现操作性、可行性和专业性。另外,实习计划制订后并非不可更改,随着实习生对组织环境、服务人群、服务内容等方面熟悉度的增加,他们也会不断地对实习计划进行检查和反思,如有必要,可以修改和调整,但需符合机构情况、自身能力、时间限制等方面的状况,并向机构督导、学校督导说明调整的缘由。当然,实习生不能仅因为一些自身困难,就想舍弃某部分实习计划,这会影响到实习的连贯性、整体性及自我的专业成长。"要努力尝试去想办法让自己获得各种有助于达成实习目标的经验"(Garthwait,2015),这点十分重要。

3. 开展辅导课程和中期评估

如果把实习当作一次全新的探索,实习计划就是指引实习生前行的宝贵"地图"。一旦有了这张"地图",实习生就可以全身心投入实践活动中。实际上,对于陌生、复杂而又多变的实习情境,仅有一张"地图"还不够,毕竟这张"地图"是最初概念化的框架,实际执行中还有很多不可控的因素,这就需要定期"续航"、纠偏,以保证前进方向的正确性,这个任务主要通过实习中的辅导课程和中期评估来完成。

(1)开展辅导课程。大部分实习生从课堂走出来,缺乏实践经验与技巧,直接参与服务,应考虑尽量减少对服务对象和服务质量的不利影响。为此,机构和高校应常态化地组织相关培训,包括实务工作坊、学习小组、各类培训班等;与此同时,定期的督导也十分重要,可以从行政、专业和情感三方面给予实习生帮助,原则上要求督导与实习生通过签订《督导契约》的方式明确双方的责任、工作要求和具体安排。实习生在日常工作中难免会碰到棘手问题——超过了自身所具备的知识与技术，无从处置，此时应该主动寻求机构督导的协助，或通过查找文献资料、与机构同事或同学交流寻求解决之道。尤其是在医院、精神卫生中心、监狱、强戒所等特殊的环境中，碰到类似于医患冲突、自杀/自伤、伤人等突发事件、危急情境时，实习生没有能力独自处置，需第一时间向机构督导寻求帮助。值得注意的是，尽管实习生大多只是扮演辅助性角色，但一旦向服务对象提供了相关服务，就会被对方视为专业人士，并且信任其所具有的知识与技巧（Garthwait, 2015）。如何能为服务对象提供专业性的服务，实习生需要不断提醒自己，充分利用各类学习机会，汲取专业营养，精进自身的服务能力。

每个人都有自己独到的学习方法或风格。实习生在制订实习计划的时候，应当考虑到自己的学习方式。若觉得身体力行是最好的学习方式，个人就会偏向利用各种机会直接参与服务；若自身最佳的学习方式是通过观察他人再实践，那么需要在采取行动前，了解某一工作背后的理论和原理。总之，实习生可以使用学习风格测试的评估工具，了解适合自己的学习方式，并让机构督导知道，便于后续的工作安排和专业指导（Garthwait, 2015）。Kolb 的《成人学习风格方式问卷》是一个富有指引性的工具，最新版本共计 80 道题，通过对填答信息的归类和统计，成人的学习风格被分为四种类型，即行动型学习者（activist）、反思型学习者（reflector）、理论型学习者（theorist）以及应用型学习者（pragmatist）。这种评估可以增强实习生选择学习方式的针对性和科学性。当然，任何的评估工具都有局限性，不能被其限制，实习生的可塑性很强，而且会受到情境的影响，学习方式的偏好存在波动情况。

成人学习风格测试

《成人学习风格方式问卷》

测试说明：适用群体为成年人，测试内容为学习风格。
测试方法：对下面的每句描述进行快速判断，如果符合自身特点，请标记为 A，如果不符合，请标记为 B。将标记直接写入最后的表格中。
1. 在我认为有理由的情况下，我往往采取合理的冒险行动。
2. 我认为正规的程序和政策对人的限制太大。
3. 我严肃率直的作风为人所知。
4. 我听完别人的观点后才发表我的看法。
5. 我有明确的是非观念，为人处世原则性极强。
6. 我希望以按部就班的方法解决问题。
7. 我习惯于简单、直接地发表我的看法。
8. 我判断一个建议的好坏的关键因素是看它实际上是否可行。
9. 我经常发现，根据感觉采取的行动和经过细心思考与分析而采取的办法用起来同样的理想。

10. 我总是积极寻求新的经历。
11. 我对得到的数据的分析处理往往小心翼翼，避免过早下结论。
12. 在进行问题讨论时，我喜欢观察别人的行为。
13. 我经常对他人的一些基本设想提出疑问。
14. 我注意自我控制，比如注意自己的体重、坚持锻炼身体、坚持某一个固定的例行程式。
15. 我听到一个新的想法或方法时，总是马上着手考虑要在实践中试试。
16. 对于既定的程序或政策，只要我认为有效，就坚持到底。
17. 我喜欢滔滔不绝地讲话。
18. 我喜欢努力解决与众不同的问题。
19. 在做结论之前，我特别注意一些细节问题。
20. 我对了解别人的想法特别感兴趣。
21. 我喜欢与逻辑思维强、有分析能力的人相处，不喜欢与容易冲动的人共事。
22. 我习惯把事情安排在固定的程序内进行，而不喜欢杂乱无章的事情。
23. 我喜欢开门见山进入谈论的主题。
24. 我总是急于在实施过程中搞清楚事情的可能性。
25. 我认为爱开玩笑、易于冲动的人比较可爱。
26. 一般情况下我愿意公开自己的情绪。
27. 我对工作总是有始有终。
28. 我认为消息来源越多越好。
29. 我认为，人的行为都是与某种普遍规则相联系的。
30. 工作中人际关系应该正当，保持一定的距离。
31. 我愿意做技术性的工作，如系统分析、设计流程图、业务扩充计划、随机规划等。
32. 我判断谁的主意对，是根据他的实际成绩。
33. 我情愿在随机、灵活的基础上对事情做出反应，而不是事先做好计划。
34. 面对冷静有思想的人，会令人感到不安。
35. 我在做结论之前一般喜欢仔细地权衡许多代替方案。
36. 如果必须在某一紧急期限内完成某项工作，我就会感到着急。
37. 我相信理性的、逻辑的思维应该取胜。
38. 做事轻率的人往往使我反感。
39. 开会的时候，我提出的想法往往是实用的、现实的。
40. 在工作中，我经常能发现更好、更实际的方法去完成任务。
41. 比起思考过去和未来，我认为，享受目前的时刻更为重要。
42. 在讨论的时候我总是即兴的提出一些问题。
43. 我不太喜欢那些急于成事的人。
44. 对一件事情做出判断，根据完整的信息与分析来做决定，比直接做出决定更好的多。
45. 我追求完美。
46. 我能经常发展他人观点中的不连贯之处和弱点。
47. 我认为，书面报告应当精练而且切题。
48. 我喜欢与重实际而不是重理论的人相处。
49. 再好的规则多半也会被打破。
50. 总的来说，我说多于听。
51. 我认为在考虑问题的时候，应该跳出某一环境而考虑所有的观点。
52. 我倾向于与人谈具体的事情而不是泛泛地讨论社会问题。
53. 我发觉冲动不利于思维。

54. 我喜欢通过逻辑思维的方法寻求答案。
55. 我反感在讨论中东拉西扯。
56. 我认为应该直截了当。
57. 我对神奇的、不平凡的想法,比实际的东西更感兴趣。
58. 如果事情办错了,我很愿意摆脱它们,使其成为过去。
59. 如果让我写报告,我往往需要写很多遍草稿才能定稿。
60. 在下决心之前,我需要考虑许多代替方案。
61. 在与他人讨论时,我经常是最不动声色的,而且客观。
62. 我喜欢能够把当前的工作与长远的、总体的情况联系起来。
63. 为完成工作任务,我不拘泥于用手段。
64. 我反对那些轻率的、异想天开的想法,因为它们不切实际。
65. 我觉得拘泥于具体的目标和计划令人压抑。
66. 我喜欢集体生活。
67. 在讨论中我更喜欢低调,而不愿意带头发言或滔滔不绝地讲话。
68. 行动之前最好仔细思考。
69. 我经常对于那些不按逻辑方法办事的人毫不留情。
70. 我常爱探究事物与现实赖以生存的基本条件、原理与理论。
71. 在大多数情况下,我相信结果能证明手段的必要。
72. 只要工作完成,我不在乎伤害别人的感情。
73. 我对程序化、具体化的工作很快就会厌倦。
74. 我欣赏危机的戏剧性的变化和激动人心的情况。
75. 总的来说我听多于说。
76. 我对很快下结论持谨慎态度。
77. 我希望开会能按既定程序进行。
78. 我一般避开主观或模糊的主题。
79. 在讨论中我经常发现自己是最现实的,我总是让人觉得一下子了解主题,避免陷入漫无边际的遐想。
80. 人们发现我经常对他们的感情无动于衷。

附表:

1	2	3	4	5	6	7	8
9	10	11	12	13	14	15	16
17	18	19	20	21	22	23	24
25	26	27	28	29	30	31	32
33	34	35	36	37	38	39	40
41	41	43	44	45	46	47	48
49	50	51	52	53	54	55	56
57	58	59	60	61	62	63	64
65	66	67	68	69	70	71	72
73	74	75	76	77	78	79	80
A		R		T		P	

统计方法：每两列合并统计，计算出标记 A 的数量，对应填在下面的空格中，分别得出 A（activist）、R（reflector）、T（theorist）、P（pragmatist）四类的总分数。画出一个直角坐标系，从 y 轴正向开始，四个方向按照顺时针分别标记为：A、R、T、P。按照累加数值在坐标轴上选取对应点，连成一个封闭的四边形。由于对应的 A、R、T、P 的分值不同，因此在四边形上也会显出形状的区别，进而看出不同的学习风格偏好。

分类说明：

行动型学习者：很充分地且毫无偏见地参与新的经历，享受当时当地的行为，并很乐于受直接经验的支配；思维开放，心无疑惑，常对新鲜事物产生热情，倾向于先行动再考虑结果。通过头脑风暴来处理问题，对某一活动的激情一旦消失，会马上寻求下一个目标；往往能成功地挑战新经验，但容易对实施过程以及长期的巩固过程感到厌倦。愿与他人交往，但在此过程中会试图使自己成为所有活动的中心。

反思型学习者：喜欢退后来反思经历并从不同的角度审视它们；收集数据，既有第一手的，也有从他处获得的；喜欢在做出任何结论前充分思考，所考虑的是缜密地收集和分析经历及活动的相关资料，因此倾向于尽早推延做出确定结论的时间。理念是谨慎的，深思熟虑，喜欢在行动之前考虑所有可能的角度及牵连的问题。喜欢观察他人行事，在形成自己的观点前倾听他人的意见，并掌握讨论的大意。常常行为低调，看起来有些疏远，宽容且从容镇定。

理论型学习者：调整他们的观察并使其融入复杂但逻辑完善的理论当中。以纵向的、逐步的逻辑方法思考问题直到找到解决办法，将不同的事实同化进统一的理论中。倾向于成为完美主义者，直到所有事情都整齐有序，纳入理性的框架才会停止。喜欢分析与综合，强调理性和逻辑，善于分析、冷静，致力于理性的客观而不是任何主观或含糊的事情，对待问题的方法一贯有逻辑性，而且坚决拒绝一切与此不相适应的事情。喜欢将确定性最大化，而且对主观判断、横向思维以及任何轻率的事情感到不安。

应用型学习者：渴望尝试新的想法、理论及技术以证明它们在实践中是否可行。积极探寻新的想法，而且希望尽早试验它们的作用。在管理课程结束后，头脑中充满了自己在实践中予以应用的新奇想法。喜欢与事物打交道，并且对吸引他们的想法反应敏捷且充满信心。常常对翻来覆去和无法取得一致意见的讨论感到急躁。基本上很实际，脚踏实地，喜欢做实用的决定并解决问题。对待问题和机会就像迎接挑战一般。理念是"总会有更好的办法"和"有用的就是好的"。

资料来源：https://ishare.iask.sina.com.cn/f/19xOCu4Sfyd.html。

（2）完成实习中期评估。从项目化管理的视角来看，开展社会工作实习中期评估的主要目的在于检视实习的执行情况，做好查漏补缺，尤其是对学生在实务探索中碰到的实际困难和问题做集中回应和解决，并对与实习计划不符的部分做调整，这是延续专业实习良好过程的有力保障，也是整个实习评估中的重要一环。正如足球比赛的中场休息，球员不仅可以获得休整，更能明确接下来的战术安排、攻防策略。中期评估主要围绕实习计划的执行情况展开，形式主要有口头汇报、书面资料查阅和督导。例如，复旦大学会专门组织社会工作实习中期汇报会，邀请资深的机构督导和高校老师担任评审，对学生逐一进行点评并打分；有些学校则由老师针对学生提交的阶段性实习资料做评估；定期的督导也能发挥中期评估的作用，目的都是总结、反思前半段实习，为学生扫除实习障碍，保证后续实习计划顺利实施。

4. 实习督导

实习期间，学生常常会碰到很多无法理解或者感到震惊、悲伤、无助的事。比如，他们发现不少服务对象缺乏改变的动机，有些服务对象的行为和思维方式让人很难接纳，社会政策的不健全让资源匮乏的服务对象长久处于困境之中；又如，在医院实习的学生反馈，由于服务对象受限于住院时间短、周转快的现实条件，医务社会工作的服务无法从医院持续到家庭，服务效果大打折扣；等等。针对这些问题，机构督导、高校督导会协助实习生审视现象背后的原因，帮助他们更加深刻地理解问题，寻求有效的应对方式，当然，学生也要主动向督导者分享经验与观察所得（Garthwait，2015）。特别是对于平日工作繁忙的机构督导或者学校督导，学生的主动性会帮助自己获得更多的专业支持和成长机会。原则上，督导的频率可以通过实习契约规定，但也可以随着实习进度的推进而调整，需要学生与督导者共同商讨确定。通常情况下，督导者在实习初期会花更多时间在学生身上，以保证他们理解机构的政策和程序，等到实习顺利步入正轨后，督导者就不太会较为密切地与学生接触（罗伊斯，2005）。一般情况下，督导的方式有多种，包括一对一督导、团体督导、现场督导、邮件督导、文档资料（服务记录、服务总结与反思、日志/周志）督导等。专业日志在帮助学生进步的过程中可以发挥很大作用，更是学生自我督导的良策之一。学生可以在日志中记录点滴成长、表达自身的困惑，反思自己的行为，并经由文献回顾、教材查阅的过程，进一步梳理自己的所思、所想和所悟，也让自己有机会对实习进行内在化的思考（Garthwait，2015）。目前，专业日志的撰写已成为国内众多高校实习考核中的必选任务。

督导是助人工作者为服务对象提供有效服务的核心保障（沈黎、邵贞、廖美莲，2019）。社会工作督导本质上是两个人之间的关系，督导者通过给予实习生行政、专业和情感方面的支持，旨在改善社会工作实践的品质和服务效果（Wonnacott，2015）。社会工作实习生接受督导，类似于服务对象接受社工服务，这个过程的稳步推进有赖于良好的督导关系（Garthwait，2015）。对被督导者在督导过程中的改变及督导结果的潜在影响意义深远（Inman & Ladany，2008）。复旦大学、上海大学等高校在各自编订的《社会工作实习手册》中都提到"积极、正向的督导关系有助于学生的成长和学习，还可以帮助学生修正态度，减轻焦虑"。同时，在应对督导关系的张力、紧张及冲突方面也提到具体的处理方法，如"督导中可以采用直接质询的方式探讨问题，把一些重要的问题或题目弄清楚""处理工作上的冲突矛盾时，必须以成熟和互相尊重的态度共处。任何的讨论、争议、针锋相对均应该对事不对人，也不应以为是人身攻击"。当然，督导者也非"百科全书"，存在服务领域不同、服务经验多寡等限制，无法解决实习生在实习中遇到的所有问题。"如果发现与实习督导的讨论不能解决在实习中遇到的问题，学生应该向实习督导主任咨询或提请实习指导委员会解决。"

5. 实习收尾与汇报

实习结束前，实习生需要预留 1~2 周时间做好收尾工作，比如根据实际情况，让服务对象知道结案时间，让他/她有心理准备；如若时间不成熟，还需要提供较长时间的服务，实习生需与机构相关负责人反馈，并转介；对于像个案工作、小组工作和社区工作等亟待收尾的专业活动，即使学生实习时数已经完成，仍需继续跟进工作（罗观翠，2013）。此外，实习生还要与同事、督导者做好告别，完成学校要求提交的各类文档资料。而实习汇报主要是围绕实习生所开展的专业服务与个人成长进行全面总结与深度反思，是整个实习的核心展现，并向机构、学校做汇报。以复旦大学社会工作专业硕士项目为例，每次实习结束前，学校会组织实习生进行实习汇报，并邀请机构督导、高校督导共同担任评审。一个好的实习汇报需要体现整体性、科学性、专业性、创新性，既有严谨的需求评估，又有恰当的服务方案和介入，以及科学的评估设计与执行，最后有深刻的反思，尤其需要将研究和实务相结合。目前，国内各高校也都将实习汇报纳入终期的实习考核，不少机构也借鉴此方法强化实习管理。以复旦大学附属儿科医院为例，每次实习结束前，机构都会邀请同期实习生、机构督导、机构相关人员以及学校督导一起听取实习生的实习总结汇报，回顾带教过程，评估学生的成长，并评奖鼓励实习生。

三 实习结束与评估期

实习结束期最重要的工作是实习评估（贾博雄，2015）。实习评估是社会工作实习中重要的组成部分，评估的主要目的是提升实习生专业能力，促进实习生专业成长。前文已提及实习计划汇报（初期评估）、中期评估，这里的实习评估也叫终期评估，是整个实习的结尾，由机构督导、学校督导和实习生三方共同参与。此阶段评估的内容包括：①服务评估，实际上就是效果评估，主要指与先前的实习计划相比，实习生的完成情况；②表现评估，侧重实习生的过程评估，如在日常工作中对机构纪律的遵守程度，提供专业服务中的投入程度，与同事、督导者、领导的人际关系；③其他可以展示实习生真实面貌的表现。这样评估有助于兼顾科学性和公平性（罗观翠，2013）。最终，实习评估会通过分数（百分制）或等级（等级制）呈现，并附有机构督导、学校督导的意见和建议。一般情况下机构督导的评分占较大比重，通常会占总成绩的40%~50%，甚至占60%~70%。实习生若对评估分数有异议，可以向学校、机构提出，督导者需做回应，必要时机构与高校共同处置；同时，实习生也会对机构督导、学校督导做出评价，主要是支持力度。很多高校也会在这个阶段组织召开学校、机构和实习生共同参与的实习总结表彰会或实习研讨会，为整个实习画上圆满句号。

第三节　实习课程规划

前文已对社会工作专业实习的过程做了阐述，本节主要是引导相关利益方了解社会工作实习课程规划的重要性和必要性，帮助学生掌握规划实习课程的方法。

实习课程是整合学生专业学习和实务之间的桥梁，也是港台地区社会工作师专业认证考试应考资格中十分重要的课程之一（何慧卿，2014）。实习课程设计需要将社会工作理论与实务有效整合，以系统性训练学生（罗观翠，2013）。规划实习课程应当融合三种不同的教育目标和期待，包括学校社会工作教育的目标、机构和机构督导的目标，以及学生的个人成长目标。这些目标大致可分为三类：知识、技巧和价值观，这些都有助于社会工作者能力的提升（Garthwait，2015）。因此，做好实习课程的规划离不开学生、机构督导、学校督导的共同参与。

传统的社会工作实习课程的设置和评估方式偏结果导向，忽视了学生在实习过程中呈现的能力和优势，不利于实习教育的发展和学生的自我成长。英美的社会工作教育已进入以专业能力为本的阶段，要求学校必须遵循社会工作专业能力教育的标准，使课程的教育目的符合社会变革的需要（沈黎、刘斌志，2011）。能力为本的实习课程作为创新专业实践的抓手，可以有效锻炼和提升学生学以致用的能力，改善机构的专业水准，促使机构发展、学生成长有机结合（蔡屹，2016）。因此，各学校应将能力为本的理念融入实习课程规划。

实习课程的规划，具体由以下几部分构成。

第一，实习目的。即实习的"总目标"，是对实习内容的较为宽泛的描述，通常很难测量。一般情况下，实习目的通常会用这类词语来描述，如学会、理解、探究、熟悉、分析、整合等，侧重于执行某一个计划的意图（Garthwait，2015）。

第二，实习目标。即实习的"分目标"，是指在实习过程中期待能够掌握的知识和拥有的能力，一般是具体的、可测量的。实习目标通常可以用这类词语来表述：安排、设计、执行、界定、演示、讨论、撰写和获得等（Garthwait，2015）。

第三，实习任务。针对分目标的再细化，即子目标，可以具体到某项工作。

第四，具体活动。即实习任务的具体拆解，是子目标的操作化。

第五，支持学习的资源。在开展具体活动的过程中，实习生需要使用到的任何资源，可以提前详尽、全面地罗列出来，就像实习生在每次开展小组工作之前，需要列出各个环节需要的人、财、物。

第六，能力要求及评估方式。评估方式通常是指检验实习效果的依据和方法。目前，国内高校的实习教育主要以"任务导向"为主，容易忽略对学生专业能力的挖掘和培养。专业实习是一项以能力为本的工作，而不能仅朝任务导向的单一化方向发展，完成实习任务只是第一步，基于任务完成而锻炼出的能力才是重点。制订实习规划的时候，需要关注哪些实习经历可以帮助实习生获得被广泛认可的专业能力。美国社会工作教育委员会（CSWE）提出的核心能力为制定课程规划提供了参考，其定义的社会工作者应具有的能力（Garthwait，2015）如下。

（1）能够认定自己是一名专业的社会工作者，并能以此来规范自己的行为。

（2）能够运用社会工作伦理原则来指导专业实践。

（3）能够运用批判性思考方式来表达和沟通各种专业判断。

（4）在实务工作中包容多样性和差异性。

（5）推动人权与社会经济的正义。

（6）参与以研究为本的实务工作（research – informed research）及以实务为本的研究工作（practice – informed research）。

（7）能够运用人类行为与社会环境的相关知识。

（8）能够参与和政策相关的实务工作，推动社会和经济福利，提供有效的社会工作服务。

（9）能够对影响实务工作的各种情境给予回应。

（10）对个人、家庭、团体、组织和社区提供服务，包括接案、预估、介入和评估。

国内有很多高校在以能力为本的社会工作实践领域做了不少有益探索，以复旦大学社会工作专业硕士项目为例，该校提出社会工作的专业伦理及态度、运用专业知识及技巧的能力、机构适应及行政能力、写作与记录能力、把握学习机会的能力五大能力并进一步细分，形成富有特色的能力框架，并以此为基础对学生实习后能力的提升做有针对性的评估。

复旦大学社会工作专业学生能力评估维度

1. 专业伦理及态度

（1）关注人类福祉，保有对改变的信念；
（2）熟悉、遵循并灵活运用专业价值和准则；
（3）成为专业社会工作的动力和能力。

2. 运用专业知识及技巧的能力

（1）了解社会政策、社会服务、服务对象系统及社区资源；
（2）将专业伦理、理论和工作方法批判性地、灵活地运用到实践中；
（3）实务技巧：建立关系和沟通，发现、界定和评估问题，设定目标及计划、实施及评估等。

3. 机构适应及行政能力

（1）理解、遵循及评估政策背景下机构的目标、功能、政策和限制；
（2）理解自身角色，履行职责，与同事建立良好的工作关系；
（3）独立工作，妥善安排工作优先次序，高效管理时间与任务。

4. 写作与记录能力

（1）清晰、准确、系统地书写工作记录；
（2）在作业中反映记录、评估、反思和分析能力；
（3）中英双语写作能力。

5. 把握学习机会的能力

（1）根据学习需求制订学习目标，并积极参与学习过程；
（2）持开放、积极的态度，发展对专业领域的兴趣；
（3）在督导和实践环节愿意表达自己的观点；
（4）充分准备并积极参与督导过程，分享感受及成长；
（5）在督导过程中学习和成长。

具体的评估方式

（1）反思作业：实习日记、实习周记、实习总结等；
（2）实习合约；
（3）社区报告；
（4）个案记录：接案报告、个案干预计划、面谈总结记录、面谈过程记录、个案总结评估报告；
（5）小组工作记录：小组计划、每节小组计划、每节小组记录、小组总结评估报告；
（6）社区工作记录：社区工作计划、社区工作总结评估；
（7）项目/研究记录：项目/研究计划书、项目/研究报告；
（8）会议记录、督导记录等；
（9）实习每周时间表；
（10）中期/终期评估报告；
（11）总结反思；
（12）总结评估报告（学生/学校督导/机构督导）。

资料来源：复旦大学社会工作学系专业实习手册（2018年版）。

第七，负责评估人员。一般指机构督导或者学校督导。表2-4是根据以上六大元素设计的实习课程规划模板，由BUIBRI项目组提供。此表可由机构督导、学校督导和实习生共同完成，有助于增进彼此关系，也鼓励使用者结合本地实际做改良。

表2-4 实习课程规划

实习目的：

实习目标：

	实习任务	具体活动	资源	能力	评估方法	评估人

第四节　各类模板表格示例

下文是关于实习课程规划中所用的各类模板表格的示例。

机构介绍

请注意，此信息将与实习生、学校督导共享，适当的情况下还会提供给机构负责人。

关于机构

1. 机构名称：H医院
机构地址：＊＊市＊＊区＊＊街道＊＊号
联系人姓名：张＊＊
电话：1234567890
电子邮箱：info@163.com

关于实习生可能前往的实习团队和机构/项目组

2. 请简要描述团队/机构/项目组的工作性质
通过医务社会工作整合医疗、护理、营养、康复、志愿者等多学科团队，为患者（以老年人为主）提供涉及生理－心理－社会层面的整合式健康服务。

续表

3. 机构采用什么工作方法

为前来就诊的病患（以老年人为主）提供"一对一"的支持性服务，也为病房患者（以老年人为主）提供个案咨询、支持性团体以引导他们做好心理调适、适应疾病与环境，鼓励病友之间分享应对疾病的经验，建立社会支持网络；利用节假日开展病房主题活动，调节病区气氛，和谐医患关系。

每年在不同社区开展大型健康外展活动，以提升大众的健康素养，以社区工作为主。

为医务社会工作服务的标准制定提供参考建议。

4. 机构是否适合残疾人（如不适合，请说明限制因素）

医院中有各类无障碍的通道，洗手间、盥洗室、食堂、休息间都专门设置无障碍设施，均对实习生开放；如有任何的疑问，工作时间内可向机构督导直接反馈。

5. 实习中需要注意哪些特定的安全问题

由于医院环境的特殊性质，建议实习生不要向任何人透露患者的有关信息。

机构可以为实习生提供的学习机会（对可以提供的每种机会进行举例说明）

6. 为服务对象提供的直接服务

（1）针对新入院的患者开展高危风险筛查、转介及心理社会评估；

（2）为罹患脑卒中、二型糖尿病、肿瘤、脑积水等疾病的患者和家属提供整合式健康支持团体服务，包括健康宣教、抗病经验分享、照顾者减压和增能等，如"棒棒糖"病友俱乐部、"爱照护"肿瘤患者照顾者支持小组；

（3）突发公共事件的危机干预、哀伤辅导及家属支持服务，如公交车事故、患者跳楼自杀/自伤等；

（4）针对社区民众的健康外展活动，如国际卫生宣传日、大型公益慈善义诊等；

（5）重要节日的病房主题活动，如"学雷锋日"、重阳节及迎新年的病房音乐会、公益剪发、手工坊等。

7. 对文档和文件的访问权限

大部分医院、社会工作部的规章制度、政策和程序都可以通过内部网、部门文档找到。不同的评估推荐表也可以在社会工作部档案资料中找到。因此，实习生一开始参加部门的岗前培训是很重要的，这样他们就可以使用不同的资源来促进实践学习。

8. 机构作息时间

工作时间：8：00—11：30 & 13：30—17：00；午休时间：11：30—13：30；当举办大型社区活动、外展活动时，实习生可能需要在周末工作，具体会有机构督导提前告知。

9. 机构工作是否有需要实习生必须具备某些能力或资质（如心理咨询师、社会工作师、驾驶证等）

无

10. 达到机构的公共交通工具

可乘坐公共汽车和地铁到达，如坐汽车 M 路，到 XX 站下车朝前径直步行，距离医院 200 米；如坐地铁 N 号线，在 XX 站 5 号口出，距医院步行 800 米左右。

11. 还有需要实习生知道的其他事情吗？

无

注意：

所有学生都应遵守保密原则并保持理性，从而保持专业界限。

您提供的信息有助于构建大学专业实习数据库，并且在匹配学生与实习岗位时非常重要。

谢谢！

请填写专业实习协调员的详细联系方式：＿＿021—XXXXXXXX＿＿

机构督导介绍

请注意，此信息将与实习生共享。

机构督导详情

姓名：ZX
职位/职务：督导
国籍：中国
民族：汉
性别：男
其他相关信息：无

工作地址：静安区延安西路221号
电话：021-6248****
电子邮箱：abc@163.com
直属领导姓名：GK

工作领域：
主要负责医院内分泌科、肿瘤科、普外科的个案管理；开展糖尿病患者自我管理、肿瘤患者照顾者支持团体；为高心理社会风险的患者提供出院计划；组织开展老龄友好病区的创建和推广项目等；志愿者管理。
每年督导1名社会工作者和6名社会工作实习生。
负责与医院其他部门的日常沟通和互动。

教育经历及专业资质：
社会工作本科（2007~2011年）
社会工作专业硕士（2011~2014年）
三级心理咨询师（2015年）、社会工作师（2016年）

接受专业培训的经历：
第四届复旦大学-圣刘易斯华盛顿暑期社会政策与社会工作研修班（2015年7月）
上海医务社会工作中级培训班（2018年9月）
上海市静安区督导人才培养计划（2017~2018年）
中欧社会工作督导共建（BUIBRI）项目（2018~2020年）

督导实习生的经验：
自2015年起，担任复旦大学、华东理工大学、上海大学、华东政法大学等高校的社会工作督导，截至目前已督导23名社会工作本科生、硕士生，累计督导时间超过500小时。

所提供的信息有助于高校学生实习，并且在将学生与机构配对时是必不可少的。
请填写实习协调员的联系方式：＿＿021-XXXXXXXX

实习课程规划示例（实习前四周）

实习目的

帮助社会工作专业学生了解有关医务社会工作的相关立法、政策，掌握在医疗机构环境中提供服务所需的技能、知识和能力，实习结束时，实习生应在督导等的支持下，展示自己对社会工作知识和技能的有效运用，并展示自己对社会工作核心价值观的承诺和投入，合作能力以及灵活应对复杂情况的能力。

实习目标

本次实习完成后，实习生将能够：
1. 在医疗机构中有效开展工作，并为其发展作出贡献；
2. 表现出医务社会工作者的形象，致力于个人职业发展；
3. 运用批判性反思和分析来做专业决策；
4. 利用社会工作价值观、知识、技能指导实践。

实习内容

星期	实习任务	具体活动	资源	能力	评估方法	评估人
1~2周	入职培训与教育	认识医院环境、医院各部门职能	机构宣传资料片、宣传册及其他资料	专业伦理与态度	对学生对医院制度的执行进行非正式观察	机构督导、学校督导
		医院历史回顾				
		全国及本地区医务社会工作发展历程回顾	文献资料与培训资料	机构适应及行政能力：理解、遵循及评估政策背景下机构的目标、功能、制度和限制；		
		认识医务社会工作的角色、职责、价值伦理				
		安全教育（健康、服务保护）	胸牌、工作服、办公机构已有文本资料	理解自身角色，履行职责，与同事建立良好的工作关系		
		讲解实习礼仪规范				
		签订实习合约（含保密协议）				
		实地参观	医院	书写与记录能力	实习机构探访报告/实习日志	

46

第二章　社会工作实习的结构与过程规划

续表

星期	实习任务	具体活动	资源	能力	评估方法	评估人
3~4周	确定服务方向	试点科室轮转，参与交大班/查房；观察医护团队协作情况及医患、护患、患患沟通模式	建立合作关系的科室及医护团队	专业伦理与态度：熟悉、遵循并灵活运用专业价值和准则；运用专业知识及技巧的能力（合作团队、建立关系与沟通对象）能力；机构适应及行动角色，理解自身角色、履行职责，与同事建立良好工作关系；把握学习机会的能力	实习日/周志；团体/个人督导；科室医护人员反馈	机构督导或服务科室医护人员，学校督导
		学习阅读患者病例、护理记录		写作与记录能力		
		积累医学常识/人群特征，范围及其意义；社会工作服务科室常见病及保护性政策（条例）；某人群体生心社灵特点；某人群的服务方法等	培训资料	运用专业知识及技巧的能力，社会服务、与同事建立良好的工作关系；了解社会政策与社区资源的能力	实习日/周志	
		观察社会工作开展个案、小组工作或其他服务	社会工作常态化服务及带教社工资料（服务文本资源）	机构适应及行动角色，理解自身角色、履行职责，与同事建立良好工作关系；运用专业知识及技巧的能力，社会服务、社区服务对象政策与社区资源的能力；将专业伦理、理论和实践方法批判性、灵活性运用实践中的能力	团体/个人督导；实习生观察记录	
		确定服务科室和人群，明确带教督导	相关协议文本资料			
		选定服务/研究方向/问题，与督导者拟定具体实习计划，督导契约		专业伦理及态度；具有专业社会工作的功力和能力；运用实务技巧；社会工作知识及技巧能力；社会工作目标与计划；书写与记录能力		

* 资料来源：华东医院医务社会工作部实习带教安排（2017年版）。

第三章 实习中的督导

实习督导是社会工作实务的一部分,包括独具特色、能被描述和学习的知识、价值和技能。

—— Bogo & Vayda（2011）

社会工作实习是学生带着理论知识走入现实,通过服务来提高专业能力的过程,是社会工作教育中的重要环节。在这个环节,督导者给予学生专业的引导,帮助其成为独立的、合格的社会工作专业人才,引导其为社会提供优质、专业的社会工作服务。同时,督导者尤其是机构督导,也为学生树立了榜样,这会影响他们对社会工作的专业认同和职业选择。因此,督导者对于实习教育质量的提升具有重要的作用。

实习教育的成功除了学生的因素,也取决于督导者遵循相应的伦理规范,并发挥出相应的功能,如行政功能、教育功能和支持功能等。督导者伦理的遵守和督导功能的发挥是督导者和学生持续互动的动态过程,这个过程的顺利进行需要一些程序上的保障,比如实习契约的商定和完善,以及督导时间、内容、频次、流程等的相应安排。

第一节 督导的发展历史、督导类型与督导伦理

一 督导的发展历史

督导的英文是 supervision，super 意为"在……上"，vision 意为"看"，supervision 原意为"从上面俯视、从上往下看"。所以，督导者被定义为一个监督者——一个有责任为了工作的品质而监督别人工作的人（陈锦棠，2012；张威，2015）。

从督导最初的形式来看，督导的内容和性质是从"行政性督导"开始的。比如在美国福利组织协会中，资深员工的主要职责是行政督导，如方案规划、向义工分派工作、评估服务输送的结果（如每个工作者应与几个服务对象联系，他们的工作过程怎样）等。当时较为典型的问题是：工作者在向服务对象分配钱款时该如何确保"公平"，或者工作者需要注意判断服务对象为了拿到钱款是否存在撒谎的行为等（Paris & Wallnöfer, 1992）。虽然有时资深员工也对遭受挫折的工作者提供情绪支持，但这种形式的督导效果其实非常有限，因为在行政性功能占主导地位的督导过程中，工作者和服务对象的心理因素常常被忽视。比如工作者工作时的感受与想法，是否会有担心或恐惧，与服务对象之间的关系距离是否合适；服务对象在接受服务时的认知是什么，"公平"的服务是否可以回应个性差异，是否有常年的负面经历或严重的心理问题等，这些都是易被忽视的问题（张威，2015；李晓凤、黄巧文、马瑞民，2015）。

20世纪30年代以来，美国将心理学的心理动力视角，尤其是精神分析引入督导领域，督导过程被视为由督导者为员工进行治疗的历程。后来，随着社会心理学的兴起，团队的视角也被纳入进来。督导开始从单纯的"行政监督功能"向教育功能转变。如《社会工作百科全书》（1965）将督导定义为"一个教育的过程，在这个过程中，一个有某种知识、技巧和才能的人负责培训缺乏这种才能的人"。对于很多社会工作者、心理工作者和精神健康工作者来说，督导开始逐渐成为他们工作过程中一种必要的"被助"或"继续教育""继续学习"的形式（张威，2015）。社会工作训练由机构转移至大学，督导成为正规教育课程，学生的个别督导则逐渐成为督导者普遍采用的形式（徐明心、何会成，2003）。

从20世纪80年代开始，督导融入了系统性观点和组织/机构知识。Kadushin在《社会工作中的督导》（第二版）中提出督导是一个关系到行政、教育和支持功能的过程，同时强调督导的这三项功能是互为补充的整体。Middleman 和 Rhodes（1985）则使用了一种不同的参照架构来定义社会工作督导，指出社会工作督导的角色需要发挥三项功能，包括互动功能、服务输送功能以及联结功能，同时有效的督导过程需要推动以下九项重要内容的落实与实现。（1）人性化氛围：督导的过程需要营造一个以人为本、尊重、关心的环境。（2）督导的过程需要有弹性：督导者需要有良好的心理弹性，并促使督导过程中保持这种弹性及适当的开放性。（3）催化性：督导和监督过程应简易化，具有较强的可操作性。（4）教授与示范：督导者应为社会工作者提供教育、培训与示范。（5）职业社交：相较于行政领导而言，督导过程是个相对非正式的职业社交场域，督导者可通过督导这一非正式的渠道了解社会工作者的想法，同时给予社会工作者积极的影响。（6）监管与评估：监督管理职业任务进行情况，并评定社会工作者在此过程中的表现。（7）管理：组织策划各项实施任务，以实现机构发展的目标。（8）调整与改变：督导是循序渐进的过程，并将持续整个社会工作的职业过程，因此督导者应注意评估当时的情景，提出调整与改变的建议，以促进社会工作者的工作达到预期的目标。（9）倡议：督导者应关注社会工作的服务与工作环境，包括可运用的资源以及可获得的支持等，必要时提出改进措施，推动优化与发展。

社会工作督导的发展是与社会工作服务的发展相伴而行的。首先是慈善组织时期，通过培养"学徒计划"以取代"友善访问员"，对贫困人群进行评估和服务，出现了最早的虽然有部分教育与培养功能，但更偏重行政管理的早期督导，也是在这个时期出现了第一篇在标题中用到"督导"的社会工作论文，即Brucket的《慈善事业中的督导和教育》（李晓凤、黄巧文、马瑞民，2015；童敏，2019：3；陈锦棠，2012：3）。在20世纪四五十年代后，因深受精神分析影响，社会工作的服务内容不再是贫穷救助，而开始承担个别化的服务，专注于个人的心理困扰。这个时期的社会工作督导焦点也从最初的评估、诊断和问题识别转向心理治疗的实践，督导者的角色更像是治疗师，他们的作用是帮助社会工作者关注和解决内心的冲突。后来，伴随"人在情境中"概念和系统理论的兴起，社会工作又从关注个人问题转向了关注个体与社会的关系，社会因素的重要性重新得到了认识。社会工作督导也呈现新的变化，如督导的形式、督导的焦点等。而在美国，里根时代的新管理主义又强化了社会工作督导的监督和行政管理功能（童敏，2019：6~8）。

社会工作从诞生之初就开始了社会工作督导在学校的训练。1898年，纽约慈善组织会社为27名学生提供了一个为期6周的暑期训练计划，该计划是现代社会工作教育计划的开始。在数次的暑期训练计划之后，纽约慈善学院成立。1904年，该学院开始实施为期一年的计划，指导学生实习，并在1911年首次开设了督导课程。1920年，因为社会人员训练从机构转移到大学，督导成为学生学习社会工作实务所需的价值观、知识和技巧的必修过程（徐明心、邹学银，1998）。

众所周知，中国社会工作发展有明显的"教育先行"的特点。社会工作实习是社会工作教育的重要环节，所以，实习教育督导在社会工作教育发展初期就应运而生。早期承担实习督导工作的大多是学校的专业老师。但因当时社会工作还是一个新兴专业，缺师资、缺教材，有些教师没有接受过社会工作的专业训练，同时囿于社会工作发展初期的现实状况，实务经验较为薄弱，督导学生将理论知识运用于实务存在诸多困难。

后来，随着社会工作的发展，尤其是一些专业机构的先后成立，督导的主体从学校拓展到了机构，越来越多有经验的一线社会工作者参与进来。高校的一些教师也相继创办了一些专业机构，更多地参与实务，学校督导慢慢成熟起来。这些发展部分得益于国外先进理念和实践经验的传播，如英美社会工作督导的理念和方法经由香港学者的介绍和应用进入中国大陆，和英美传统有较大差异的德国社会工作督导的模式也被引入并应用于实践（张威，2015），与此同时，港台地区高校社会工作实习模式及督导方式也逐渐被介绍到大陆（贾博雄，2015）。除了理论，港台地区的一些专家学者还到大陆将自己的经验传递给初学者（马丽庄、吴丽端、区结莲，2013）。这些社会工作督导的知识传播和经验分享推动了大陆社会工作督导的发展。

尽管如此，实习教育督导方面的实践和研究都还处于早期阶段，特别是在研究方面，聚焦于实习督导的研究还不多。有学者梳理了相关文献，发现与中国社会工作督导相关研究的数量很少，现有的研究包括实习督导与实务督导两种取向，聚焦于现状与改善、理论应用以及境外经验引介等关键议题（张洪英，2017）。学者们进一步分析了当前高校社会工作实习督导中存在的问题，发现联合督导形同虚设、督导者的理论知识和实务经验发展不平衡、高校和机构对督导者培训及评估不足等，并提出了相应的对策与建议，其中最重要的就是督导者的培养（徐莉等，2017；徐迎春，2013）。应如何加强对督导者的培养？有效的社会工作督导教师应该具备哪些条件？如何学习成为一名有效的社会工作督导教师？学者们以作为实习督导教师的身份对此进行了思考，认为应该进入社会工作督导教师角色，承担社会工作督导功能；了解学生情况，澄清实习与督导的目标；发展当地社会文化脉络下的督导模式；提升师生沟通与互动，建立良好的督导关系；在迷思中反思，敢于做一名新社会工作督导教师（刘斌志、沈黎，2006）。与此相对应，从实习生的角度来看，理想的督导者应该具备哪些特点？

有研究从后现代理论出发，从学生的视角分析了督导中督导者和被督导者的权力关系、实务知识的产生和理解等，认为督导教师应承担和扮演好适度距离的引导者、步调和谐的同行者、积极平等的对话者和公正包容的评估者等角色（陈茂、林霞，2019）。

从实践方面来看，督导的发展与各个地区的社会工作服务开展情况密切相关。在社会工作服务开展得较好的地区，学生有较多的实践机会，学校和机构的实习教育督导为学生提供基于实务的指引、带领和帮助，在学生取得专业成长和个人成长的同时，实习教育督导的理念和方法也在实践中得到丰富和发展。特别是在近年来得到长足发展的医务社会工作领域。随着医院医务社会工作服务的开展和学生在医院实习的常规化，作为督导者的一线实务工作者总结了在医院实习的学生所面临的困境以及机构督导的应对方法，为实务督导积累了宝贵的经验（孙振军等，2018）。

在学校实习教育督导方面，身兼教师和实习督导的老师们也做出了积极的探索。如有督导教师强调通过督导带给学生专业成长和个人成长，认为督导的核心功能和作用主要体现在两大层面：（1）心理支持；（2）技术支持和能力建设（张威，2016）。也有督导教师在督导过程中运用优势视角的方法，引导实习生与服务对象建立信任关系，运用询问辅导计划的方法，激发实习生的潜能，运用反思性学习的方法，引导实习生在实践中反思技巧使用背后的人文关怀，反思辅导策略的可行性与合理性，反思如何应对不断变化的辅导场景，反思不同理解视角下的不同辅导行为，使实习生的沟通能力、理解与认同感的能力、想象力和创造力、分析和总结能力不断提升，专业认同感和投入感也有相应提高（余瑞萍，2008）。

二　督导的重要性

督导是提高社会工作专业服务水平、培养具有实务工作能力的专业社会工作者的有效方法之一（童敏，2006）。如果说社会工作者是直接面向服务对象开展服务的专业人士，那么督导则是直接向社会工作者提供咨询和帮助，并对其专业行为进行监督和反思的过程。一般情况下，督导在社会工作者结束对服务对象的服务后进行，服务对象不在督导现场。因此，督导者向社会工作者提供的是直接服务，而向服务对象提供的则是间接服务。

"有效的督导是安全社会工作实践的基石，它无可替代。"（赖明勋爵，2003）

在一些助人职业中，如社会工作，通常人们所关注的是助人者如何助人，如助人者为了帮助他人所需掌握的专业知识、实践技能、价值观和职业道德标准等。但由于助人过程尤其是心理社会服务的工作过程并非一个单向、"开具处方"的"医疗"过程，而更多是一种双向的、双方合作、相互影响和相互作用的动态互动过程，因此工作效果取决于助人者、受助者以及双方互动状态等多种因素。而影响助人者与受助者互动过程的因素又有很多，其中包括"助人者如何自助"和"助人者如何被助"。"助人者如何被助"也涉及两个层面：一个是专业技术层面；另一个是心理支持层面。职业助人者在工作过程中，由于自身知识技巧的局限、能力经验的不足，或者由于内心的不稳定或不良状态，同样需要寻求外来的帮助或继续深造和学习。若此时助人者没有机会得到帮助或学习，不仅会影响助人者与受助者之间的互动过程，也会导致助人者产生心理困惑，甚至是心理危机（张威，2015）。

Kadushin（1985）认为，社会工作督导的重要性已越来越显著，因为它在回应专业特色上发挥了必要且重要的功能。（1）社会工作是通过机构向服务对象群体提供服务的，机构是个复杂的组织，所以协调与整合服务就显得十分必要。而督导是一种能够确保服务有效、可靠且高效运作的策略。（2）社会工作者可能需要一类具有行政、专业和协助功能的角色扮演者，以便与他一起分担决策责任，从他那里得到指引，并可以向他寻求支援，尤其是在社会工作干预目标不清晰、干预的效果不可预期、失败风险很大、可能有公众或法律谴责等忧虑的情况下。（3）为确保执行的是正确的政策，也要求机构对政策承担实质上的责任。（4）社会工作兼具科学与艺术的双重特征，所有的服务除了需要规范的流程之外，还需要关注服务对象的个性化特点与需求。因此，社会工作者在实务过程中经常需要以一种自主的方式开展工作，如果没有督导者给予指导、支持和把关，工作开展会更加困难。（5）社会工作者通常是在不允许直接观察的状况下履行其职责的，这种情况就导致需要一个能对社会工作者的工作表现进行督导和反馈的机制来作为保护服务对象的手段。（6）由于不良的服务带来的破坏性效果并不容易被辨别和清楚地观察到，因此要想保护服务对象，就要有一个对社会工作者的行为进行清晰的阶段性回顾的机制。此外，社会工作者在一个不必因表现不佳而直接面对责罚的机构工作，设置督导对于引导他们的行为具有很大的作用。对于机构来说，由于专业本身缺乏有效的控制，因此对于组织内服务品质的控制和督导的需求就变得更为迫切。（7）政府的驱动持续增大，导致基层大量冠以"社会工作者"头衔的人相应增多，但是这些人仅受过有限的培训，即使是经过完整训练的专业人士，其知识基础和可用技术也仍然有限。(8) 社会工作者一直在高情感度的情境里为了服务对象的利益而工作，这也使他们需要巨大的情感能量。

个案工作对督导的形式及结构有着巨大的影响，部分督导者甚至将督导看作一线社会工作实务的平行过程。其中，"督导者－员工"的双向关系、督导过程内容的保密等影响至今仍在起作用（Hege，1996）。依照精神分析的观点，社会工作者深信自己对服务对象的思想、感情及行为会受到潜意识的影响。相应地，督导被视作督导者为社会工作者提供精神分析的过程，以此提升社会工作者的自觉，这也是督导的个人化与情绪支持的原因（Bernler，1993）。不过，这种特殊的督导方法引起了很多社会工作者的反感，认为"个案工作者是服务对象"的做法侵犯了社会工作者的隐私。其实，个案工作的介入与个人督导是不同的，前者的主要目的是促进服务对象的个人成长，增强其能力建设及社会功能，社会工作为达成这些目的应进行社会心理诊断；后者的主要目的是提升员工的专业能力，促使员工获得稳定的专业身份认同等，因此，督导必须进行教育评估并引领员工的发展（李晓凤、黄巧、马瑞民，2015）。

三 督导者需要具备的能力

西方社会工作发展的经验告诉我们：督导者应具备两大基本能力——工作领域能力和咨询能力。工作领域能力是指督导者对接受督导的社会工作者的工作领域和工作内容的了解程度，如关于受助者、工作关系、机构、政策与文化环境等方面的知识。最理想的情况就是由该领域富有多年工作经验的社会工作者担任督导者，此类督导者了解该行业中经常出现的一些特殊问题，如社会工作者介于服务对象和机构之间的角色与位置、服务提供的合适时机、与社区资源的沟通与互动关系、新手社工常犯的错误、"近"与"远"之间的调节、机构行政性的工作流程等。此外，社会工作者的工作能力不仅受认知因素的影响，也常常受情感因素左右，这就需要督导者应具备的第二种能力——咨询能力。咨询能力体现在社会－感情层面的学习过程中。也就是说，通过督导咨询，督导者要找出社会工作者职业行为中精神层面的障碍（比如阻抗和移情），并和社会工作者一起对此加以处理或消除（Kreft & Mielenz，2005）。因而最理想的督导者既在社会工作领域拥有常年经验，又是具备咨询素质与能力的社会工作者或教育工作者（张威，2015）。

也有学者指出，一名优秀的督导者须具备五个维度的能力，即个人特质、职业能力、专业能力、督导能力和管理能力。个人特质包括工作态度、个人心态、个人操守、对社会工作的认同；职业能力包括职业伦理、对行业的了解、对政策的把控；专业能力包括社会工作知识和理论、实务能力、专业伦理；督导能力包括督导理论知识、督导实务能力、督导守则操守；管理能力包括自我管理、团队管理、机构管理（卢兆荣，2017）。

刘斌志、沈黎（2006）在社会工作督导反思的过程中发现，一个有胜任力的督导者不仅需要社会工作专业教育的背景，有丰富的实践工作经验、成熟的人格和乐观进取的生活态度，还必须能与不同性格的学习者相处，有教学的意愿和热情，有足够能力启发和促进学生在训练中改变，并与机构有良好的沟通和合作。

Tsang（1984）进行了一项关于社会工作专业学生在实务工作中学习方式的研究，就此界定了影响实务工作中学习品质的四个主要因素，即机构、学校、督导者和被督导者。他在结论中说道：这四个要素应该互相匹配，以尽可能地使学生在培训中获得学习机会。根据前文所述不同利益主体对于良好社会工作实习的观点与期待，我们得出了同样的结论：督导者在社会工作者专业成长过程的多系统互动过程中扮演着非常重要的角色（见图3-1），在整个社会工作实习过程中，需要同时与高校、学校督导、学生、机构领导、服务对象保持密切联系，进行合理地策划、组织、协调、安排，以促进多方利益主体的顺利沟通与合作，确保专业实习过程有序推进。

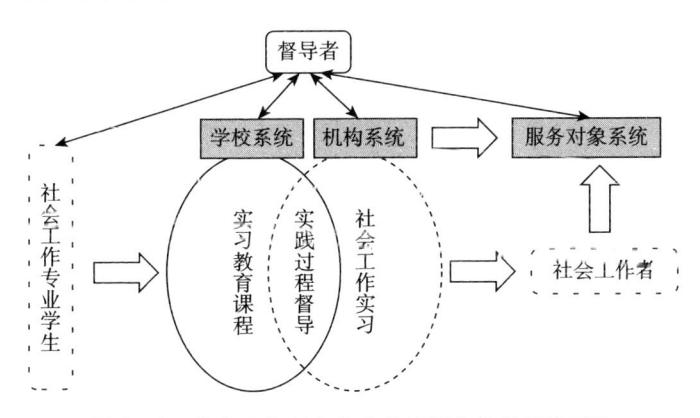

图3-1 社会工作者专业成长过程中的多系统互动

同时，我们重新梳理前述不同利益主体对社会工作实习的期待，总结提炼出促成良好的专业实习过程中督导者应具备的能力：其一，工作领域的专业能力，包括伦理、知识、技能、丰富的实务经验等；其二，个人特质，包括亲和力、专业认同感强、较强的学习能力、积极的生活态度以及良好的表达沟通能力；其三，督导及管理能力，包括为学生提供支持、陪伴、压力缓解、问题解决等咨询服务的能力，为实习过程提供指导、示范、培训、答疑、理论联系实际等发挥教育功能的能力，综合协调安排实习过程所需要的时间管理、资源整合、统筹协调、反思、应变、需求评估及服务配置、服务监测与行动研究等发挥行政功能的能力。

四 督导类型

专业实习中的督导，依据不同的分类标准有不同的类型。从人员构成来看，督导可分为学校督导和机构督导。从开展督导的形式来看，可分为小组督导和个人督导。其中，小组督导是面对一群有共同特征或共同问题的被督导者，如处在同一实习阶段的学生或者在同一领域实习的学生，他们有相似的经历或者共同面对的问题，通过小组督导不但可以高效回应大家共同关切的问题，还可以分享经验，使大家能够相互学习，而且督导小组还是个很好的相互支持系统。个人督导是一对一的督导，它能够针对学生遇到的问题提供更有针对性的讨论和适切的回应。当实习推进遇到障碍、想要尝试开展新的服务以及实习生情绪上有大的波动时，都适用个人督导。在督导实践中，将小组督导和个人督导结合起来能够更好地发挥作用。对督导来说，在一个实习阶段中，既应该安排小组督导讨论共同遇到的问题，也应该安排个人督导为实习生提供更深入、更具体的交流和指导。对实习生来说，他既可从小组督导中得到老师针对共同问题的指导及朋辈间的思想激荡、经验分享和相互支持，也可在个别督导中与督导老师有更坦诚的交流，对问题进行更深入分析，接受更具体的方法指导和更直接的情感支持。

除了以上两类督导外，有些研究者还根据督导所发挥的功能将督导分为行政性督导、教育性督导和支持性督导。这种分类有时会带来歧义，让人以为这是由不同的督导者担任的。在新管理主义盛行后的美国，督导的行政管理功能更加突出，以致出现了专门的行政性督导。但从实践来看，更多的情况下是同一督导者承担了这三种不同类型的工作，发挥三个方面的功能。《社会工作百科全书》（第19版）（1995）就特别指出，社会工作督导兼有行政、教育和支持三项功能，这三项功能相辅相成、不可或缺。唯其如此，才能达成督导的最终目标

(Kadushin & Harkness, 2008：16)。一些实证研究也证明了这一点，比如 Anat Ben-Porat 等人（2020）对以色列社会工作学生的调查发现，实习对于学生的成长非常重要，其中尤其值得肯定的就是督导在学生实习中起到的作用：帮助他们成长并且帮助他们处理实习中遇到的各种情绪上的困难，这就是督导教育功能和支持功能的表现。

对于社会工作实习来说，行政性督导可帮助学生完成机构和学校的要求，按照机构和学校的程序与规则开展实习和服务；教育性督导可帮助学生发展分析思维，促进实务与理论的结合，反思理论的适用性，解释工作技巧的运用，树立正确的服务态度，认识个人性格的强弱点与盲点，处理影响发挥个人和社会工作功能的因素；支持性督导主要是在情绪上提供支持，帮助学生处理工作上遇到的挫折感、焦虑、急躁等的负面情绪。发挥三种类型的实习督导的功能，对于学生接受社会工作价值观，树立社会工作认同，掌握社会工作的知识和技巧，提高实务能力等都有重要的影响作用。因此，如何发挥三种类型督导的功能，就成为实习教育督导的重要职责。

在实际督导过程中，三种类型的督导各有侧重。行政性督导更注重工作环境的构建，通过提供资源使实习生有效开展工作，教育性督导向实习生提供知识和工具性技能，支持性督导可帮助实习生处理与工作相关的压力，并培养那种能将工作做得更好的态度和情感。发挥这三种类型督导的功能所需要的能力是不一样的，所满足的需求和所对应的角色也是不一样的（见表3-1）。

表3-1 实习督导的三种类型

	行政性督导	教育性督导	支持性督导
目标	注重工作环境的构建，通过提供资源使实习生有效开展工作	向实习生提供知识和工具性技能	帮助实习生处理与工作相关的压力，培养能将工作做得更好的态度和情感
需要的能力	管理技能	技术性技能和传道授业的技能	人际关系方面的技能
满足的需求	功能性需求	功能性需求	情感性需求
对应的角色	管理者	教师	心理调适辅导者

资料来源：根据《社会工作督导》（Kadushin, 2008）中的相关内容总结而成。

就像工作环境、专业能力和心理压力总是相互影响一样，在实际督导过程中，行政性督导、教育性督导和支持性督导往往相互重叠，也是相互促进的。一方面，行政性督导的发挥会密切实习生和机构的关系，帮助实习生尽快熟悉并上手开展服务工作，教育性督导能帮助实习生更好地提高实务中的专业能力，而专业能力的提高会让实习生更加自信，也能更好地应对实习中遇到的不良情绪，事实上就发挥了支持性督导的作用；另一方面，帮助实习生解决不良情绪，可以使实习生以更轻松的状态去思考如何解决实务中遇到的专业问题，无形中就提高了专业水平。这样，支持性督导功能的发挥又反过来促成了教育功能的实现。下面是一个将三种督导类型融合在一起的例子。

在一家社区卫生中心，实习督导带领第一天到机构实习的社会工作学生进入服务场域，她除了给实习生介绍病区的情况（主要场所和设施、提供服务的内容和主要制度等）、将实习生介绍给医护团队，同时也将实习生介绍给服务对象。在这个过程中，让人印象深刻的是介绍给服务对象。实习督导首先蹲下来，用平行的视线跟一位住院老人打招呼，问老人：吃过饭了吗？感觉怎么样？这是我们新来的实习生萍萍，她以后会经常来看您的；明天下午我们在底楼有活动，您要去参加吗？在这个过程中，她对每个老人都那么熟悉，老人们对她都那么信任。带领实习生熟悉实习点的过程虽然是行政性安排的部分，但也是她向实习生展示如何与服务对象交流的过程，因而是个教育的过程，也是为实习生建立友好的实习环境和实习团队而给予实习生情绪支持的过程。所以，在这个过程中，行政性督导、教育性督导和支持性督导是结合在一起的，共同为实习生成为一个训练有素的社会工作者而发挥作用。

五 督导伦理

作为一门实践学科，就像社会工作实务需要社会工作伦理的指导一样，社会工作督导也有一套伦理准则需要实践和遵循。督导行为是督导者和被督导者共同在社会工作服务中探索伦理问题的平台，也是被督导者在伦理方面持续不断地学习和发展的体验过程。在社会工作发展过程中，除了研究者和一线督导者对督导伦理进行探讨和研究外，行业协会或管理部门也对社会工作督导伦理做了规定。

（一）关于社会工作督导伦理的探讨

在督导伦理的倡导和研究方面，Levy 作为先行者在 20 世纪 70 年代的一篇著名的文章《社会工作督导的伦理》中强调了督导的重要性。他认为，督导者对于受训中的社工和实习生成为一线服务人员具有越来越大的责任。他构建了社工作督导伦理的一些基本价值原则。首先，他认为督导行为不是建立在最佳的行动方案之上，而是建立在正确的行动方案之上；公平和对被督导者利益的关注应优先于实用性、效率和制度的维护。其次，他明确了督导者对被督导者最重要的责任，比如确保工作分配与被督导者能力之间的最佳配置，提供完成工作所需的工具，注意愿望和工作机会之间的关系，澄清期待和评价标准等，并强调应该在督导实践中运用这些伦理原则（Levy，1973）。

Levy 提出了社会工作督导的伦理原则"是什么"，但是他没有回答"如何做"的问题。Cohen（1987）在重新审视这些伦理原则的基础上，将这些原则操作化，即在督导者面对的现实工作环境中讨论伦理的选择，为督导者提供指导并促使他们思考那些"可以做的"是不是"应当做的"。

这些具体的操作性伦理原则包含以下几个方面。第一，督导者应该有权利挑选自己的被督导者，而不是只能接受被指定的督导对象。第二，督导契约。充分交谈后签署的督导契约是非常重要的，它为督导者和督导对象之间的助人关系设定了一个框架结构。它可以限制督导者随意地或不那么专业地发出要求，从而保护被督导者的权利。同时，督导契约也明确了双方的期待，厘清了双方共同工作的方式和目标，包括教育的成分。有效的督导契约应说明督导的时间、地点、频次、时长，商定双方的权利与义务，定期检视和修订契约的机制等。契约应明确在应对机构需求、被督导者需求和服务对象需求上以何者优先。契约应该用文字记录下来而不是口头约定。第三，知情同意。被督导者应该告知服务对象自己是接受督导的，即使可能带来麻烦，比如服务对象会要求见督导者等。督导者的伦理义务包括帮助被督导者公开地、诚实地、专业地处理服务对象的权利，这其中也包括服务对象有权知道督导是如何进行的。第四，评价和推荐。对于督导者来说，给予被督导者评价，不管是实习生还是新手社工，都是一件棘手的事情，特别是当这个评价或者打分会影响被督导者学业成绩或者加薪升职等方面时更是如此。但是，督导者应承担起这方面的责任，公正地对被督导者做出评价，不是给予被督导者一个"好的评价"，而是给予其一个"正当的评价"。督导者对专业的责任跨越机构的边界，所以，推荐一个不合格的被督导者去另外一家机构任职也违背了督导的伦理。总的来说，伦理行为要求督导者既要有服务人类的高尚理念，也要有处理这些细枝末节问题的能力（Cohen，1987）。

（二）社会工作督导伦理的行业性规定

作为社会工作的支持性、教育性工作，督导秉承社会工作的核心价值观，结合社会工作督导的工作实践，发展出督导的伦理规范。就像 Levy 所说的那样，当社会工作督导依据社会工作专业的价值观来开展工作时，它才是合乎伦理的。社会工作督导伦理守则是社会工作伦理守则的一部分。

一般来说，社会工作发展相对成熟的国家和地区，都会在《社会工作伦理守则》中严格界定督导伦理，如美国社会工作者协会在其伦理守则的第三部分"社会工作者在实务机构的伦理责任"中对承担督导和培训教育的社会工作者规定了以下的伦理要求。

3.1 督导与咨询

（a）社会工作者必须具备适当的知识和技能以提供督导或咨询，但应仅限于自己知识与能力范围内提供督导与咨询。

（b）社会工作者在提供督导或咨询时，有责任设定一个清楚的、适当的和具文化敏感度的关系界限。

（c）社会工作者不应该和被督导者发生双重或多重关系，以避免对被督导者产生剥削或潜在伤害的危险。

（d）社会工作者在担任督导时，对于被督导者的表现应予以公正与尊重的评估。

3.2 教育与训练

（a）社会工作者在担任教育者、实习督导或训练者时，应仅限于在自己知识与能力范围内提供指导，且提供的是专业中最合乎潮流的、有助益的咨询和知识。

（b）社会工作者在担任教育者或实习督导时，对于学生的表现应予以公正与尊重的评估。

（c）社会工作者在担任学生的教育者或实习督导时，若是由学生提供对案主的服务，则有责任采取行动确认案主已依程序被告知。

（d）社会工作者在担任学生的教育者或实习督导时，不应该和学生发生双重或多重关系，以避免对学生产生剥削或潜在伤害的危险，社会工作教育和实习督导有责任设定一个清楚的、适当的和具文化敏感性的关系界限。

3.3 绩效评估

社会工作者应以公正而周全的态度对其他人的表现加以评估，并依据清楚且明示的评估标准而为之。

以上这些对督导的伦理要求已成为许多国家和地区借鉴的对象，在我国香港地区有三条类似的督导伦理要求，即进修知识并在自己的知识范围内提供督导、不利用专业关系谋取利益、监督下属按守则办事。

在中国内地，民政部颁发了《社会工作者职业道德指引》，作为行业协会的社会工作者联合会发布了《中国社会工作者守则》，这些道德指引和守则都是用来规范社会工作者行为的，但相对笼统，更倾向于倡导性，严格的惩戒性的条例规定不多。与我国内地社会工作发展尚不成熟的阶段特征相对应，道德指引和守则尚没有专门的督导伦理的内容。但是在一些城市，如广州、上海、深圳等，则会通过一些督导的管理性文件，规范相应的督导行为。特别是深圳，社会工作督导的制度建设和实务运行已比较成熟。近年来，深圳市出台了鼓励社会工作督导发展的政策文件，《深圳市民政局关于进一步规范和加强我市社会工作督导工作的指导意见》提出，"社工督导人员应当发挥在践行社会工作伦理方面的示范作用和在开展社会工作服务中的专业引领作用。坚持助人自助、以服务对象为中心的工作宗旨，维护服务对象的合法权益，正确处理与社会工作者、服务对象之间的关系。严格自律，不利用服务之便谋取不正当的利益"。这些伦理要求，与世界其他国家和地区普遍认同的社会工作伦理的核心要求是一致的。

从前面列举的一些国家和地区的社会工作督导的伦理要求可以看出，督导行为在以下几方面受到社会工作伦理规范的约束，主要包括：（1）提供督导的督导者应具备担当这一工作所必需的知识和技能，并就自己的知识和能力所及提供督导；（2）提供督导的督导者有责任设立清晰、适当和具有文化敏感性的工作界限；（3）督导者不得与被督导者保持双重或多重关系，以免对被督导者造成剥削和伤害；（4）督导者应以公正、尊重的态度评估被督导者的表现。

但总的来说，社会工作督导的伦理原则尚未受到足够的重视。2018年，国际社会工作联合会（International Association of Schools of Social Work，IASSW）发布了《全球社会工作伦理原则》（*Global Social Work Statement of Ethical Principles*）。该文件强调并检视了社会工作实践中的九个重要原则，比如认识到人的内在尊严等。但是文件没有讨论社会工作督导的伦理原则，只在提到远程教育时才出现了"督导"字样（Kieran & Rebekah，2019）。

（三）与社会工作督导伦理相关的一些讨论

在与社会工作督导伦理相关的议题上，也有一些不同的意见或者值得进一步讨论的问题，主要有以下几个方面。

第一，社会工作督导伦理适用的对象。有学者认为，社会工作督导的伦理守则是督导者与被督导者共同遵守的伦理要求（童敏，2019：36）。但多数督导伦理的规定更倾向于认为，作为一种专业伦理，它是专业共同体协商达成的共识，以集体自律的方式制定的行为规范，它的适用对象应该是该专业领域内的从业者，而不是与该专业相关的人都受该规范的制约。所以，伦理守则所规范的应是督导者的行为而不是被督导者的行为。

第二，实习生成长与服务对象利益的关系。在社会工作督导伦理实践中，强调督导要将实习生的专业成长放在重要的位置。但有时实习生的专业成长会和服务对象的利益发生冲突，比如实习生会由于一些原因忽视了服务对象的利益，或者为了自己的利益而有意无意地利用服务对象甚至伤害服务对象。督导者如果发现这种现象一般会提醒和制止，小到提醒实习生在开展活动时不要频繁地对着服务对象拍照，大到阻止实习生运用有可能给服务对象带来风险的服务方式。但是在另外一些问题上就没有明确的答案，比如是否为了让实习生有更多的练习机会而放手让他处理有困难的个案。这既需要督导者有专业的把握，也需要督导者进行伦理考量。

第三，督导伦理和教师伦理的关系。督导既是社会工作实践的过程，也是教育的过程。因此，除了社会工作伦理守则对督导行为产生约束外，督导者还应遵守教师的伦理规范。

教师伦理的基本原则是公正和仁慈（檀传宝，2015：42）。这两个伦理原则对督导有两方面的促进作用。一方面是有利于建立良好的督导关系。在督导关系中，督导者和被督导者存在一定的权力关系，督导者是指导的一方，在专业知识、实务技能、价值认同等方面优于被督导者，是行使权力的一方。督导伦理中希望用一些具体的方法比如实习契约等来规范督导的行为，限制督导者滥用权力。如果督导者接受教师伦理中的仁慈观念，在督导中，对实习生表现出关爱和宽容的态度，则有助于建立起相互信任的良好的督导关系。督导者的信任和支持会推动学生更积极地从事社会工作实践，并勇于尝试新的服务方式和技巧，有时会带来创造性的社会工作实践，造福服务对象。但是，在这里也需要考虑：师生关系与督导者和实习生的关系之间有哪些相同或差异之处？同样是指导实习生，学校督导和机构督导在伦理规范上有哪些相同或差异之处？

另一方面，有利于督导者更公正地评估学习，教师伦理中的公正与督导伦理中的公正是一致的。在督导中，公正包含两方面的内容。首先是在实习生之间保持公正，用同样的标准分配资源并用同样的标准对实习生进行评估，特别是对会给实习生带来一定影响的评估。其次是对实习生表现的公正考察应严格依据实习生的行为表现，兼顾服务对象的感受和评价，不因为其他因素而有所增减。有些实务领域的督导者会因为给实习生评分而苦恼，因为不知道是否该如实地给实习表现不佳的实习生打比较低的分数，担心打低分会给实习生带来不利影响。但是如果不能公正地评估，就会损害其他实习生的利益，并且不能给实习生正确的指引。

第二节 学生在实习中的需求和督导的三种功能

督导的根本目的是促进学生的专业成长和个人成长，为社会提供优质的社会工作服务。督导功能的发挥是基于对学生成长中所遇到问题的回应和指导，每一种功能的发挥对应学生某一方面的问题和需求。对此，Kadushin & Harkness（2008：17）总结道："行政性督导的基本问题是如何正确、有效和恰当地贯彻实施机构的方针政策并按程序办事，行政性督导的基本目标是坚持机构的方针政策不动摇，并坚定不移地按照程序办事；教育性督导的基本问题是工作者在业务知识、业务态度和业务技巧方面存在蒙昧无知，基本目标是铲除蒙昧无知，掌握与时俱进的业务技巧；支持性督导的基本问题是工作者的士气和工作满意度，基本目标是提高士气和工作满意度。"这段话启发我们，督导应根据实习生在不同阶段面临的不同问题和需求给予有针对性的指导和支持，帮助他们取得专业上的进步，以便更好地为服务对象提供有效的服务。下面我们将分别从实习生的功能性需求、专业性问题和情绪性问题出发，分析行政性督导、教育性督导和支持性督导功能的发挥。

一 学生实习中的功能性需求和行政性督导功能的发挥

学生实习的顺利进行有赖于学校和机构的顺利沟通，以及机构所提供的有利于实习的条件。因此，在学生实习前，学校或机构需要进行一系列的准备工作，如对机构的介绍、实习生的安排和对接、实习生与机构进行接触继而双向选择等。在学生进入机构后，还需要机构提供相应的实习环境和办公条件、对实习生的工作进行安排和管理、向实习生开放部分资料查阅以及开展特定工作的权限、对实习生的工作进行评估等。在这个过程中，实习督导发挥着行政性督导的功能。

这里以一个提供精神健康康复服务的机构为例来说明行政性督导功能是如何发挥的。当机构和学校督导老师以及实习生本人就实习活动达成意向后，实习生会在约定的时间向机构报到。督导者首要的工作就是引导与安置实习生，给实习生安排办公地点，配备相应的办公设备如电脑、打印机、电话等，还要告诉实习生他（她）可以自由使用的其他办公用品或生活设施，如机构的锻炼器材等（如果机构提供午餐，告知午餐的时间、地点等）。其次是工作环境的熟悉，包括引导实习生熟悉机构所在的社区、机构的主要服务地点（如住院病区和阳光心园等，阳光心园是上海为进入稳定期的精神障碍康复者提供的社区日间照顾机构）、机构的设置和人员组成等。其中重要的一个环节就是介绍实习生和机构成员认识，如果有个小小的欢迎仪式是最好不过的，这会让实习生感觉自己是受欢迎的，在这里的实习是被妥善安排的。这些做法有助于实习生摆脱初进机构的惶惑和孤独感，更快适应实习环境。

接下来，督导者会对实习期间的主要工作内容进行简单介绍，有的督导者也会在这期间进行工作任务的安排，有的督导者则会在学生适应一个阶段后再安排工作，或者跟实习生一起商订实习计划，确定实习契约。比如，在一个实习周期内，需要完成哪些类型的服务；是更适合为康复者开展小组活动还是甄选出适合做个案的服务对象等。

在适应期或者学生实习的初期阶段，为了尽快地开展服务，督导者有必要为实习生提供相关的文献资料，如该领域的政策法规制度、机构的历史、机构的服务种类、一些服务记录等。其中比较重要的就是机构的服务记录，不同的机构对此有不同的操作方法，有些机构会毫无保留地向实习生开放，有些机构则出于对服务对象隐私的保护或其他一些原因，不同意实习生查阅这些资料，或者在经过一段时间的培训后再向实习生开放这些资料。另外就是对工作的授权，如实习生可以去住院部为住院病人开展工作吗？还是只能在阳光心园提供服务。他（她）可以开展个案服务吗？个案的遴选和安排有时也需要督导者做决定，并且在服务提供过程中进行指导和监督。在一些机构，督导者需要为实习生的工作承担连带责任（Kadushin & Harkness, 2008: 80），在这种情况下，如果实习生想独立开展工作或者有些创新性的工作方式，督导者就会比较谨慎。

在此期间还有一项较重要的行政性工作，是向实习生宣讲机构的纪律、工作规范等，比如工作时间、请假制度，哪些行为算是违背工作纪律的行为，有哪些奖惩制度等。比如有些机构对服饰有特别的要求，有些机构更强调其他方面的行为规范等。对精神康复服务机构来说，因为服务对象的特殊性，还要向实习生特别强调与服务对象相处时所应注意的一些事项，这既是为了更好地为服务对象提供服务，也是为了保护实习生的安全。

当然，整个实习阶段都需要督导发挥行政性功能，如实习工作的监督和检查、对实习结果的评估等。这些工作和前述提到的工作一样，都有一个共同的目的，就是确保正确、有效而恰当地执行机构的政策与程序。行政性督导功能的发挥也为教育性督导功能和支持性督导功能的发挥打下了良好的基础。

二 学生实习中的专业性问题和教育性督导功能的发挥

当学生进入实习，首先面对的问题是如何开展专业性的服务。如何发现问题，进行需求评估？如何证明自己是受过专业训练的，和志愿者有什么不同？如何将在学校学习的书本知识和每一个具体的服务机构与服务对象的需要联系起来？在开展一项服务时，能否找到在学校学习过的适切的理论和实务技巧？如何让自己的服务符合伦理规范的要求，以及在遇到伦理困境时如何抉择？作为督导者，需要回应这些问题，帮助学生顺利完成从学校到机构的过渡，以及从学生角色向社会工作者角色转换。下文将就这些问题进行具体探讨。

（一）摆脱专业性焦虑，从认识服务对象的需求开始，回到助人本质

学生进入实习伊始，常常为专业性的问题而焦虑，希望自己在工作中展现出社会工作的专业性，得到服务对象和机构的认可。但在开展工作时，有些学生会把专业性局限为"以方法为中心的专业性"，即强调使用小组、个案、社区的方法开展工作，进入一个机构，就想如何才能找到个案、开个什么样的小组，或如何开展社区社会工作。

在实习中，这样的思路会使学生面临很多困难，比如"很难找到合适的个案"。即使找到了个案，也不容易建立专业关系，有时会出现为了完成自己的实习任务而需要服务对象的配合和帮助的情况。服务对象也会感受到这一点，有时会有被利用的感觉，因此会反感甚至排斥，专业关系的建立更无从谈起。这样既不利于为服务对象提供服务，也不利于学生顺利完成实习任务。

督导的作用就是引导学生摆脱对专业性的焦虑，改变以方法为中心的专业性视角，将注意力放在认识服务对象的需求上。医院的病人、社区的贫困家庭、厌学的学生、遭遇了家庭暴力的流动儿童……他们的困难是什么？有哪些需求？机

构目前提供哪些服务？结合机构的项目，自己能为这些服务对象做些什么？从服务对象的需求出发来考虑专业性问题，会比先考虑用什么样的专业方法提供服务更容易得到服务对象的认可，从而更有效地帮助服务对象。下面是督导者对一位在精神卫生服务机构实习学生提交的周记的回复。

××同学你好，我看了你的两篇周记。虽然换了新的机构，但你适应得很快，已经可以给阳光心园开展活动了，很好！

为精神康复者服务，像为其他群体和个人服务一样，首先需要了解他们。这个群体有什么特点？他们遇到的困难是什么？他们有哪些方面的优势和能力有助于克服这些困难？他们对未来的期待是什么？（比如，是否像有的人说的那样，学员们最大的需求并不是走出阳光心园，而是放松一下，做一些开心的事情？或者"学员比较喜欢占便宜，不懂礼貌"？）这方面的工作你已经做了一些，比如观察他们的日常生活（很听话、有礼貌、精神状态参差不齐；有工作能力，也在接受电脑方面的培训）、看病历（了解不同服务对象的经历、需求与问题）、关注到特别的个体（不停重复自己话的人、像"贵人"的人）。可以把对他们的初步认识写下来，以后再修正和确认。

在对他们了解的基础上，根据机构的工作安排来主动设计自己的工作。这个步骤比较重要的一点是，要想想自己的工作目标是什么，希望通过自己的工作给服务对象带来什么样的利益和改善。比如，致力于让他们走出阳光心园回归社会是个目标，让他们在阳光心园更守秩序是一个目标，让他们的生活变得更丰富、更有趣是另一个目标。目标之间有交叉的地方，但指向可能不太一样。确定了工作目标后，结合服务对象和机构的情况，就可以设计自己的工作了。如选什么样的题目讲给他们听、开展什么主题的小组活动、鼓励服务对象自己动手动脑做些什么事情等，可以施展的空间很大。

另外，你注意到机构之间的区别（有的阳光心园严格管控、有的阳光心园松松散散），也可以有意识地做些比较研究，不同的管理方式分别会给服务对象带来什么样的影响。

当实习生接受了这样的观念，开始观察服务对象，从与服务对象的接触中了解他们的困难和需求时，展示专业性的焦虑就减轻了。在医院实习，曾经为找不到个案而苦恼的实习生经过观念转变后有了这样的感悟：

看着医院里所有的人行色匆匆，心里突然对患者、对医护都有了一些和以前不一样的理解。对患者来说，来到这里，就是一个不断在绝望和痛苦中重新定义人生价值的过程，他们需要理解、需要支持、需要将心里的能量幻化成面对苦难的勇气和一份内心的释然。对医生来说，他们见到了太多滚烫的鲜血和眼泪，他们看得久了渐渐就看透了一些事，不会再轻易地悲伤和难过，而是选择更理性、更专业的思考，对于生死，只能尽力而为。我们社会工作也许有所不同，我们在使用专业技巧介入患者内心的过程中，也许更多的是感情的陪伴和支持。也许正如老师说的那样，少一些功利性的个案，多一些真诚的帮助与关怀。我惊奇地发现，观念转变之后，医院里面到处都是我们的服务对象。

（二）对具体的社会工作方法的指导

发现问题，了解服务对象的需求后，实习生会进行相应的服务设计并开展服务活动，这个过程是学生发挥主动性，将学习到的专业知识运用到实践中的过程，也是学生专业能力提升的一个重要环节。在这个过程中，督导者可以在以下三个方面协助学生：首先是服务方案的制订、讨论和修改，其次是服务过程中的反馈和专业技巧的指导，最后是引导学生对服务过程进行反思。

1. 服务方案的制订、讨论和修改

如果服务目标已经确定，接下来就是服务方案的制订、讨论和修改。以小组为例，当确定了小组主题以后，跟实习生一起讨论选择什么样的理论依据，小组活动之间是并列的关系还是层层递进的关系，如何将小组深入下去、如何将小组的成果保持下去等。比如一个病友支持小组，是应该侧重在社会学习方面，强调病友之间抗病经验的分享，还是应该侧重在社会支持方面，让病友们经由对各自身心压力的袒露而建立起相互的理解、接纳和支持等。

这个过程需要实习生和督导者根据对服务对象的了解与互动进行一次次的讨论和修改。下面是一个安宁疗护方面的案例。

在社区卫生服务中心老年病房的实习生接触了一位临终女性病人，希望为她提供安宁疗护服务，但苦于不知道如何才能帮助老人。在医护人员的帮助下，她开始每天探访老人，和老人聊天，也通过医生、护士、护工来了解老人的情况。和督导者讨论后，她决定尝试用生命故事的方法来跟老人交流，在交流中她发现老人很愿意谈论自己的工作经历和孙子孙女，为自己在上海滩的坚强人生感到骄傲,也为孙子孙女的成才感到欣慰。同时,实习生在和老人交流时,发现老人很喜欢年轻志愿者的探访,就将大学生志愿者介绍给老人,老人以长者的身份为大学生志愿者提建议,鼓励他继续深造。在这个过程中,人和人的真诚交流以及相互影响得以实现。

服务过程中,方案进行了多次调整,如本来希望为老人做个小小纪念册,但老人比较排斥;又想要通过家属为老人提供更多的关爱,但家庭关系并不是很和谐。后来尝试采取的方法如生命故事的讲述、大学生志愿者的探访、请老人给年轻人提建议等,收到了较好的效果。

当初,实习生刚接触老人时,医生说老人随时都会去世,最好的情况是坚持到端午节前后。那时老人的情绪非常低落,不愿跟人讲话。但服务介入后,老人的精神状态有了很大改变,生命延续到了春节过后。虽然不能说这是实习生的功劳,但起码实习生在老人生命的最后阶段和老人进行了亲切的互动,让老人感受到关爱,并且通过讲述自己的过往工作经历和对孙子孙女的教育而对自己的一生感到满足和自豪,对大学生志愿者的引导也增加了老人的自我效能感。

服务方案的制订和讨论不仅仅局限于实习生单独为服务对象提供服务,有时也会涉及如何与其他助人者合作共同促进服务对象的改善。比如对精神疾病康复者的服务很明显表现出个案管理的特征,即实习生不像心理咨询师那样面对服务对象本身就行了,而需要像一个管理者那样进行统筹,了解病人的情况(困境、问题及优势),和病人讨论交流他的期待是什么,然后为病人制订可能的改善计划、目标以及达成路径。为此,督导者需要和实习生讨论,如何与其他专业人士结成一个团队,比如和医生讨论病人的情况,在治疗和康复等方面听取医生的意见,同时还要和社区工作人员联系,看社区或者政府能提供哪些方面的资源。如何在这个过程中,不断和各方交流沟通以推进服务非常重要。

2. 服务过程中的反馈和专业技巧的指导

服务过程的反馈有两个方面:一方面是及时对实习生的工作给予肯定,比如当一个实习生圆满地完成了一次高质量的智力残障者小组工作,在小组督导时请她给大家介绍自己的设计和带领活动的经验,督导者对其中做得好的几个方面进行总结,其他人可以得到经验和启发;另一方面是及时发现服务过程中的一些问题。比如在小组工作中,实习生按照书上的小组流程,在介绍了小组目的和社会工作者以后,就要大家一起订立小组契约。但此时小组成员往往面面相觑,不知道要干什么，也不知道为什么要这样做，在带领者的引导下勉强写下来的小组契约，效果也不是很好。所以，在督导时大家一起讨论，认为在以后的小组中可以尝试调整小组契约订立的时间，比如在第一次小组活动结束前，由带领者提出为了以后的小组活动能顺利进行并且大家都从中获益，我们应该共同遵守以下几点，这样就比较自然地把小组契约带出来了。这是一个把书本知识向实践运用转化的过程，也是社会工作本土化的一个小方面。另一个例子是一些社会工作术语的运用，在一个糖尿病病友的小组活动中，当带领者说"请您分享自己的经验"，组员没有反应，因为不熟悉"分享"这个词，改为"请您把自己的经验介绍给大家"，组员一下子就明白了。当然，在近些年的社会工作服务中，"分享"已成为大家的工作用语，也有越来越多的服务对象接受了这样的说法。

督导中的专业技巧讨论和指导也是非常重要的一部分，这个作用是通过每周的实习日志和面谈完成的。督导者会紧密跟进实习生的工作，并就了解到的情况与实习生讨论下一步的工作方法。

以一个大学生成长小组为例。小组目的是通过小组工作，让学生从自卑中走出来。在前两次的活动中，大家认识到每个人都有自卑的地方，而且自己很担心的东西别人未必关注，所以不用太在意别人的眼光。小组鼓励组员看到自己的优势，从而自信地生活。但在如何对待自己的劣势上，作为小组带领者的实习生认为，应该让组员觉得那些劣势如果你不在意它，它就像不存在一样。此时，督导者引导实习生思考，如果组员不敢或者不愿意承认自己的劣势，如何生发出真正的自信呢？通过督导，实习生发现，可以通过讨论让大家看到每个人都有劣势，但是可以透过劣势看到另一面，这样可能更好。比如一个贫困家庭出来的孩子，要承认贫困是个劣势，但贫困又给自己带来了磨炼，使自己具有比别人更强的抗逆力，也帮助自己形成了比别人更渴望改变的动机；一个男孩子相貌平平，成绩也一般，但很热情，有幽默感，因此也很受欢迎，说明他的品质吸引他人跟他交往。所以要通过另一个视角让组员看到自己劣势背后的另一面，从而增强自己的自信。在进行了这样的调整后，小组工作进行得非常顺利，而且效果很好。

在实习生提供个案服务时也进行了这样的讨论过程。个案对象是一位失业中的年轻女性。在初期接触时，这位年轻女性说到以往当过服务员，但现在觉得自己学历低，所以就没有再找工作了。在督导时和实习生讨论，应该以此为契机了解更多的没有就业的原因。提醒下次见面的时候要一点点具体地问：当服务员是在什么饭店？做了多长时间？情况怎么样？后来是什么原因就没有做下去了呢？

有没有找其他工作？这些工作类似的过程是什么？又是什么原因没有做下去了呢？家里人对找工作、放弃工作等这些问题的态度是什么？

实习生邀请一位年轻女性到机构举办的烘焙班学习，在这个过程中也跟她交流：在目前的学历下，自己有哪些就业机会，是不是可以尝试先干起来？学习了烘焙，自己打算怎样找一个能发挥作用的工作？在学之前，是不是可以先到蛋糕店打工积累一些经验？……通过对这些问题的回顾，服务对象对自己以前的工作经历有一个梳理，慢慢想清楚了影响自己就业的原因到底是什么，也让实习生对服务对象的情况有更多的了解，形成下一步的服务方向和方法。

在督导中，督导者也会提醒实习生注意一些问题。最常提醒的就是不要在服务时频繁使用专业术语，而要尽可能使用日常用语。对于有较深家庭矛盾的住院病人，提醒实习生不要为了给病人提供家庭支持而涉入其家庭纠纷。当实习生反映服务的中风老人拒绝吃饭并且反复说"还不如死了算了"，提醒实习生注意老人是否有自杀倾向并及时通知其家人和医生。对于希望跟实习生有工作之外的社会交往的服务对象，也会提醒实习生保持一定的距离，等等。

3. 引导学生对服务过程进行反思

每次的督导时间都有一部分内容是对刚刚过去一周实习工作的复盘，督导者也会作为观察员参与实习生的服务工作。通过复盘和现场观察，督导者会引导实习生对工作进行总结和反思。反思既有总体性的，如对服务过程及其效果的反思，也有细节性的，如对具体实施方法的反思。比如在小组工作中的某一环节，组员的反应比较被动，或者某一个组员发言太过积极以致带偏了主题。当时的应对有哪些是可取的，存在哪些问题，都在总结和反思中得到探讨。在下面一个案例中，督导者在现场观察了实习生带领的病人家属减压小组后，在对小组充分肯定的基础上提出的一些意见。

小组顺利开展，达到了目的，但有些地方还可以提升，主要是：

（1）在开始前的等待时间可以放一些轻柔的音乐作为背景，这样等候的病人家属不会觉得尴尬。

（2）一些说法，比如"我是这次活动的主带"。"主带"不好理解，可以说"我是社工某某，由我来主持（或带领）这次活动"。

（3）在叙述中，有的家属话题跑偏了，不是分享自己所遇到的压力，而是在说终于找到可以治疗自己女儿疾病的医院后的欣喜和感谢。此时，应该通过摘要他前面的一些表达把他重新拉回来。

（4）在家属们分享了自己的压力后，带领者突然觉得连自己也找不到应对的方法。应该在前期做好准备，比如查文献或通过其他方法了解一般应对压力的方法，也可以事先学一些减压小技巧。

（5）最后的总结可以更具体些，比如在说到病人志愿者的经验分享时，不光说她的分享对我们有益，而要具体说她分享的哪些方法是有益的。概括一下这些方法。

这样的总结和反思也是下一步开展服务的基础，通过这个过程，实习生不断改进自己的服务方式，积极主动地根据服务对象的反应加以调整，往往会收到良好的效果。有一个实习生在周记中这样写道：

> 周四我去机构开了第五、第六节自我管理小组，主要是和组员一起探讨了康复愿景和生活目标。这次小组给我最大的感受是，组员对小组的投入程度更深了，当我邀请他们分享时，他们都愿意主动地分享，能够很真诚地自我表露。我对他们进行回馈，鼓励他们尝试改变，帮助他们获得更深的自我认识。令我感到欣慰的是，有个组员第一次是自己来的，第二次她带来了自己的照顾者——妈妈，这一次她不仅带来了妈妈，也带来了同样患病的妹妹。这让我看到了小组存在的意义和价值，在这一过程中，老师多次提点让我用心做好每节小组活动，不断地帮助我反思小组带领技巧。我也是在用心设计和开展小组，希望每月一次的小组活动能够带给他们改变。

（三）与社会工作伦理相关的问题

作为一门道德实践的学科，实习生在实习中常常需要如何应对伦理问题的指导，实习过程也是实习生加深对社会工作伦理了解并将其运用于实践的过程。但由于伦理议题和选择情境的复杂性以及价值观的多元性，在实际运用过程中会遇到伦理难题，甚至伦理困境，即基于伦理道德上的冲突而在行动上难以取舍的困难境地。在这种情况下，督导者会帮助实习生分析面临的问题，指导他们根据伦理原则和准则，整合实务经验与具体的伦理情境做出判断和抉择。

以双重关系为例，在一个重视人情的社会，当人们对社会工作专业还不甚了解时，服务的开展很难避开、有时甚至要借助非社会工作专业的关系。比如，服务大学新生的社会工作实习生更愿意以"师兄师姐"的身份招募组员和开展活动；服务对象对实习生的接纳更是如此，信任关系的建立不是基于"社会工作和服务对象"这样的专业角色关系，而是"这个大学生"和"这个老人家"这样的私人关系，甚至在服务过程中服务对象对实习生产生了感情，要求建立专业服务之外的联系。有的老人家希望实习生能给自己当干女儿，有的要将实习生介绍给自己的亲属，也有的服务对象向实习生开口借钱等。对实习生来说，接受这样的提议违背了社会工作伦理，但拒绝则意味着信任关系会受到影响，后续服务的开展和服务效果也会受到影响。

对此，督导者会和实习生一起讨论如何应对双重关系的问题。首先对这个伦理议题本身进行深入讨论。双重关系是否一定是负面，且需要被严格禁止的？可否接受服务对象的礼物或者在专业服务之外有私下的交往？通过阅读和分享资料，帮助被督导者了解到，目前业界对双重关系并没有统一、确定性的认识，虽然有人认为应该坚决摒除社会工作服务中的双重关系，但也有人认为，双重关系是无法避免的，有些时候甚至是有建设性意义的，因而不应刻意拒绝所有双重关系（Dolgoff，2005：132）。有了初步的认识后，接下来和实习生讨论不同选择对服务对象产生的影响。专业之外的关系如果是对专业服务有益，实习生就可以酌情接受。但面对这样的双重关系应该是非常小心的，因为要警惕可能的潜在的剥削和伤害（对实习生来说，一般不会有意伤害服务对象，但也许会无意中给服务对象带来伤害，比如谈话时给人居高临下的感觉）。而且，私人关系会给服务对象带来超出工作之外的期待（或者与工作不同的期待），而这些是社会工作者不能够提供的。比如如果有工作之外的接触，有可能一步步由专业关系发展为熟人关系甚至朋友关系，服务对象就会期待社会工作者像熟人或者朋友那样提供一些帮助或者一起做一些事情，但社会工作者常常并不能或者不愿为服务对象提供专业服务之外的服务，这样最终还是会使服务对象感到失望，甚至感觉受到伤害。

通过这样的一些讨论，实习生对双重关系的问题有了进一步的认识。虽然并没有给实习生明确的答案，但实习生会结合自己遇到的具体情境，经过谨慎的思考做出选择，并对选择可能带来的影响有所准备。

（四）回应实习生的其他困惑

在实习中，实习生还可能遇到的一个问题就是对机构的做法有不同的认识。受过专业教育和训练，实习生希望按照严格的专业要求来提供服务，但在实践过程中却看到了不一样的景象。比如有的机构管理人员对服务对象不够耐心，服务对象的需求没有得到及时的回应，在服务方式上也有不尽如人意之处。其中实习生感受最多的是机构工作中的形式化问题，机构将过多精力放在易拉宝和条幅的制作、参加活动的人数的统计、台账记录等方面，甚至会出现无中生有的活动记录。有一次，在社区实习的学生遇到了这样的问题，开展活动时服务对象的人数较少，项目经理要求实习生把人数操作成评估要求需要满足的最低参加人数。实习生对此很不适应，觉得违背了社会工作服务的初衷，在周记中问：出现与自己伦理价值观或者与书本理想化目标不一致的情况该如何处理？

在学校督导中，除了肯定学生对社会工作服务原则的坚持，帮助他们在自己的工作范围内坚守专业性要求之外，也要提醒他们在方法上的合作和适度的妥协，还要引导他们思考背后的原因，比如项目制运作中出现的问题。在项目制运作中，发包方为了对服务质量进行监督，便细化服务过程，通过对看得见指标的测量进行评估，而项目承接方为了应对评估，就机械地按照项目书的要求开展活动，有时候在活动中不是看服务对象的参与度以及服务对象是否真正从中受益，而是看是否能留下足够应对评估的资料，如活动的影像、服务对象的签字等，以便在被评估时达到要求。这就偏离了社会组织提供服务的初衷，投入了大量的人力、物力，但服务对象的获益却有限。认识到背后的原因，实习生就不再把工作中感受到的不足单纯归咎于机构工作人员。在这个基础上，督导者继续引导实习生如何在现实环境中争取开展专业性的工作，并思考如何才能改变这样的机制或者设计出更有效的项目运作和评估方式。

三　学生实习中的情绪性问题和支持性督导功能的发挥

实习既是学生专业水平提高的过程，也是学生不断认识自己、看到自己的局限和不足之处，进而超越这一局限而成长的过程。在这个过程中，像遇到专业困难一样，学生也会面临精神上的压力和情感上的困惑。对此，督导者可以提供情感性支持，帮助学生处理工作中遇到的挫折感、焦虑、急躁等负面情绪，从而以更好的情绪状态投入实习工作。

（一）帮助学生度过实习初期的惶惑阶段

前面已经提到，实习初期，特别是第一次参加实习的学生，会急切地展示自己做的是专业的社会工作，现实却使很多人觉得自己"碰了一鼻子灰"，因为不适应而深感沮丧，甚至对专业本身产生怀疑。首先是对机构的不熟悉，从交通到区域，从组织架构到服务领域都有一个认识的过程；其次是工作方法的不适应，比如同样是服务老年人的机构，服务失智老人的机构和社区的为老服务机构是很不相同的，更不用说每一家社会工作机构都有自己的服务模式和方法。对此，学校的督导要起到引见和陪伴的作用。在实习前就把机构的相关情况介绍给学生，也可请前期实习过的学生介绍经验。同时，把学生的情况介绍给机构督导，大家一起交流学生实习期间可以做什么、用什么方式提供服务和完成相关作业。这样，学生就能较快地熟悉环境并着手开始工作。在这段时间内，机构探访和充分的交流是非常必要的。

实习初期惶惑感的另一个来源是实习生不知道从何入手开展工作，特别是在"以方法为中心"的思想指导下更是如此。对此，督导者会引导学生从接近服务对象、认识服务对象的需要入手。比如服务残疾人的实习生就需要首先了解不同类型残疾人的状况是什么，智力残障和精神残障各自面临什么样的困境。只有接近服务对象，通过和他们的互动，才能建立相互情感上的联结，他们才会愿意表达真实的情感，社会工作的服务也才会真正起到作用。对实习生来说，这个过程也是感知服务对象的困境、明晰他们的需要并在此基础上为他们提供服务的过程。更重要的是，这也是感受自己专业价值的过程，看到自己的工作给服务对象带来的改善，会给人带来内心的满足感，也许这就是以后投身社会工作的起点。

（二）在学生遇到特殊的实习情境时给予情感支持

在实习中，有的学生会遇到特殊的实习情境，情绪受到很大冲击，出现应激反应。进行安宁疗护服务的学生或多或少会出现这样的情况，但每个人遇到的场景不同，反应的程度也各不相同，其中需要督导者特别关注的是反应相对激烈的学生。

有个学生在宁养医院实习，为晚期病人提供安宁疗护服务。当服务的病人突然去世时，这位学生情绪上受到很大刺激，在为病人感到悲痛的同时也深深自责，总在想如果当时自己做了什么或者不做什么是不是对病人会有不同的影响。这样的情绪折磨着她，使她很难回到平静的工作和生活中。注意到这个情况后，督导者选择了个别督导的方式，听她倾诉自己的困扰，也跟她讨论她给这位病人提供的服务，引导她思考如果她做了另外的选择会是什么样子。通过对比让她认识到，她已为病人提供了尽可能好的服务，她的关注和照顾减缓了病人临终的痛苦，让病人得到了安慰。至于更多的遗憾，比如病人和家属没有最终和解的问题，在那么短的时间内，并不是她能改变的。学生很快调整了自己的心态，在以后的服务中不再容易受到困扰，除了关注老人的需要，还开发出了为老人提供帮助的服务手册，做出了有意义且富有成效的工作。

（三）帮助学生度过实习中的倦怠期

在经过了一个阶段实习后，有的学生会进入倦怠期。比如有个学生说，"我感觉这一天都没有状态,做事的时候老容易走神"。以前例行做的工作,跟着医生查房、对患儿家长进行访谈,都没那么有吸引力了。在小组督导时,督导者发现了这一问题,并让大家围绕问题进行讨论,介绍自己的情况,也分享自己面对这些问题的做法。大家讨论的问题集中在以下几个方面。

对实习的期待和想象:希望学到什么?有哪些方面的成长?想象中的工作环境、工作内容和工作关系是什么样的?

实习中的哪些方面和自己想象的是一致的?在哪些方面有较大的区别?

实习中感受到的压力主要是哪些方面?不能开展专业工作、和服务对象的关系、和机构其他工作人员的关系、工作强度太大等,还是其他原因?

为了克服这些困难和压力,有哪些资源可以利用?

你所了解的机构和同学、同事对你的实习是如何评价的?经过前一阶段的实习,你觉得自己有哪些方面的成长?

通过讨论和分享,大家发现这是个普遍性的问题,并不是某个人独有的。同时重新审视了自己的工作状态,对自己面临的压力有了更具体的认识,也了解了其他学生在实习中遇到的困难,并从他们的分享中学习到了应对压力和倦怠感的经验。

(四) 帮助学生和机构建立良好关系

良好的实习环境对实习生的专业成长是非常重要的,督导者需要做的一项工作就是帮助实习生和机构建立良好关系。有些学生在实习时很快就能和机构的督导老师和同事熟悉起来并愉快地投入工作,但有的学生适应起来会困难一些,对机构的规章或者运行方式有一些抵触,有的学生还会和机构发生矛盾。

督导者在这种时候需要及时介入,以促进和学生的交流,有时需要请求机构包容学生的一些行为,如稍显独特的服饰和发型;同时也要求实习生严格遵守机构的规章,逐步适应机构的运行方式。学校督导、机构督导和学生一起讨论,逐步明晰各自对对方的期待以及可被接受的行为方式。还有一个重要的方面是通过讨论,将学生的实习内容进一步具体化,尽量将机构的工作和学生的兴趣结合起来,通过细化的工作安排保证实习工作的饱满和具有一定的挑战度。在这个阶段,督导者的作用非常重要。

(五) 帮助学生更好地认识自己,促进人格成长

实习过程也是学生更好地认识自己、提高自己的过程。通过实习,学生认识到自己性格的多个方面，比如踏实认真的学生可能比较羞怯、拘谨，跟人打交道时易紧张。督导者会有意识地提醒学生如何自如地与他人交流，与学生演练面对服务对象的不同反馈自己应该如何回应，让内向的学生有更多的主带小组之类的锻炼机会等。因为幼时住院而对医院心生恐惧的一名学生在校内外督导和带教师姐的帮助下，克服了长期以来对医院的恐惧，愉快地完成了在医院的实习任务，还成功设计并主带了病人的康复小组。有个性格内向的女学生，在老年照护机构实习一段时间后变得活泼开朗，连发型和服饰打扮都显得充满了青春活力，爽朗的笑声让大家都能感受到她内心的快乐。在这个方面，督导的两种不同方法即"以案例为中心的方法"和"以被督导者为中心的方法"，后者比前者更关注被督导者的情感与感受（陈锦棠，2012：81），因而会对学生的自我认识和人格成长起到更大的促进作用。

当然，督导时根据实习情况适度引导学生进行自我认知的探讨也非常有意义，比如为什么对某些服务对象有更多的同情？为什么在某些情况下忽然有很大的精神压力？为什么在面对服务对象时总是担心自己会说错话？为什么在老师的提醒下还要跟服务对象有专业关系之外的来往？等等。对这些问题的探讨不但有利于实习任务的顺利完成，也有利于实习生深度认识自己，改变一些自我认知上的偏差，获得进一步的成长。

第三节　督导契约和督导工作安排

实习督导三种功能的发挥是通过督导者和实习生之间的一系列互动过程展开的，这个过程包括督导关系的建立，督导协议的商定和签署，对督导的时间、地点、内容、方式和其他环节的安排，督导者对实习生工作和成绩的评估等。

一　督导契约

在督导关系确立后，接下来的第一项工作就是督导契约的商定和签署。督导契约是督导者和被督导者基于相互了解，特别是督导者对被督导者了解的基础上，对于督导的目标、工作安排、权利与义务关系、双方需要遵守的规则、督导方式等的规定。督导契约对于后续督导工作的开展有一定的指导作用，对双方的行为也有一定的约束作用。

（一）督导契约的商定和签署

督导契约有两种，一种是实习生有更多参与的督导契约。这种契约需要实习生先做些准备，比如对机构的了解、对服务对象系统的了解、学习的目标和任务、对督导的要求和期待等。这样的契约要求实习生有较多的参与，可以说，需要实习生自己前期对此次实习有一定程度的了解，并在自己此前的知识积累和实务经验上为自己设定计划和目标。在督导者认可这些内容后，就可以签订成为督导契约，并以此引导学生在实习期间的学习进度。

在实际运用过程中，特别是在第一阶段实习时，督导者会要求实习生在实习几周后再设计并签署督导契约，这时实习生已对机构、服务对象系统、服务内容有了一定的了解，也可以对自己接下去的实习计划和实习期待做出规划。认真的学生会通过督导契约的签订而提高自己的主动性和责任感，对实习任务和督导时的交流有更明确的准备和期待，从而更好地从督导和实习中获益。一般来说，学生会因为这个过程而对实习和督导有更为自觉的意识。

在督导契约中，除了对机构的认识、对服务对象系统的认识、对被指派工作的认识、实习结束时期待获得的知识和技能，以及评估规则和督导安排之外，还会有一条：实习生的特殊学习需要。在这一部分，实习生会从自己的优势或弱点出发，告诉督导者自己在哪些方面感到压力以及希望督导者给予哪些支持等。这部分往往是实习生最真诚表露出来的个人特质和对督导的期待，督导者应该对此特别重视，对这一部分的回应是签署实习契约以及长期的督导过程中需要付出努力的地方。

另一种督导契约相对形式化，不需要实习生有更多的参与。这种契约偏重于跟督导有关的工作安排、督导关系的性质、权利与义务关系、督导记录以及出现争议时的解决方法等。除了形式化的条款外，至多根据自身情况对其中一些条目的内容做一些调整。

督导契约[1]

机构督导	
学生社会工作者	
日期	

---

[1] 摘自《中欧六校督导培训手册》。

1. ……和……将每周定期会面，进行正式督导。每次督导持续时间为一个半小时到两小时。

2. 会面将在约定地点的私密环境中进行。

3. ……和……将按时积极参加督导，尽量不取消。如果任何一方必须取消，应给出令人满意的解释，并尽快重新安排会面。

4. 仅在必须立即反应的情况下才可中断督导会议。

5. 督导应该是开诚布公的双方互动过程。与机构政策相一致，双方应尊重保密原则。

6. ……和……将各自准备一份议程，这将在每次督导会议开始时优先考虑。

7. ……和……将努力确保所有工作都以反歧视和反压迫的方式进行。双方将公开承认并解决权力问题。

8. 将在督导期间讨论……执行的工作或任务。这可能包括工作的截止日期，以及对迄今为止已执行工作的评价。

9. ……应参考自己的实习日志（可选）为督导过程中的工作事宜提供信息。

10. 督导将是一个讨论的过程，其间确定并审核……的学习需求。……将确定机会来弥补学习中的任何差距，以此支持……

11. ……将在督导期间使用各种教学方法协助他/她的学习。机构督导将作为机构、教师督导和大学之间的联系人。

12. 督导会议期间需要确定并记录评估框架内各方面情况的证明资料。讨论将有助于评估，并将为最终报告/档案提供证明资料。

13. 讨论之后，如果双方无法就某个给定问题达成一致或做出让步，则会向适当的第三方即直属上司和教师督导寻求建议和指导。

14. ……和……将轮流正式记录督导会议。记录将打印成文并由双方检查或签字，并保留副本。如有争议，可能需要提供督导记录。这些记录可作为双方商定并采取行动的证明资料。

签名：

机构督导：

实习生：

（二）督导契约的作用和评价

督导契约在当前中国大陆实习督导中使用的还不是很普遍，特别是那种条文式的契约，如示例中的督导契约更是少见。这虽然反映出在督导安排上不够规范，但也有好处，就是避免了繁文缛节和文牍主义。督导过程是个动态的过程，督导产生的效果表现在学生专业水平的进步和服务质量的提高，而督导契约的签订和每次督导会议的记录、指标大全式的评估条目，虽然看起来一切都非常规范，但并不见得就对学生的成长起正面作用。事实上，在学校督导、机构督导、实习生工作量都非常大的情况下（这是目前很多督导和实习生的现状），一味强调督导契约、督导记录、评估细则等文本工作，反而加大了督导者和实习生的工作量，使他们不能把更多精力投入成长和改进服务这个根本目的上。

即使最早倡导在社会工作督导中制定督导契约的西方国家，对督导契约的作用也存在质疑，认为"没有研究来支持它的有效性"，"尽管合约和制定合约的概念已被广为接受，但也有人对其持批评态度。有些社会工作者担心向实习生描述可衡量的行为目标明显违背人文价值。人文主义者关注的是人类行为的复杂性、多样性和人性动态变化的不可预知性。学习，这种人类的勤勉刻苦行为，必须要适应人经验的独特性，不能以行为准则的方式放入督导单元中，否则这个过程可能会变得机械和只集中在对单独的行为技能的表现上"（Bogo & Vagyda, 2011：48~49）。这应该是对督导契约最为有力的批评了。

在实习督导过程中，督导者可以根据具体情况来决定是否使用督导契约，或者在督导契约里有选择地放入哪些内容。如果督导契约可以增加实习生的参与度，使实习生对将要开展的实习工作更主动，更能明确自己的目标，也更明白督导中要遵守的规则，那么督导契约就是有帮助的。对于一个对实习工作充满热情，有自己的动力和想法的实习生，这样的督导契约就不一定是必要的。或者根据实习生的不同实习阶段来决定是否需要签署督导契约，比如在实习的第一个阶段，督导契约的商定和签署过程可以使实习生对自己将要开展的实习工作有更多的了解，对督导者的指引和帮助也有更明晰的认识，但是到了第二、第三个阶段，也许还需要对督导契约进行调整，根据实习生的进步调整目标和期待，也许就已不需要签署实习契约了。

二　督导工作的安排

督导工作的安排主要有以下几个方面，首先是督导会议的安排，其次是在督导中进行现场观察，最后是对实习生的评估。现场观察和实习评估在本书的另外章节有专门的论述，这里主要谈谈督导会议的安排。

督导会议的安排包括参与者、督导时间和地点、频次、督导会议的内容或主要议程等。

当督导关系确定后，督导会议的参与者就确定了。在机构的话，被督导者是在同一个机构实习的学生，由机构遴选出年资高、经验丰富的社会工作者作为实习督导。如果是在学校，则一般会安排同一实习领域的学生，比如医务社会工作领域的实习生、精神健康方面的实习生、老年社会工作方面的实习生、平台社会组织的实习生等，各自在一个督导小组，这样可以更聚焦于所实习的专业领域。但在实习初期，也会安排不同实习领域的学生在同一个督导小组，这样虽然督导内容不太集中，但可以让学生了解不同领域的社会工作服务内容和方式，有助于开阔视野、博采众长，对下个阶段的实习领域选择也有帮助。

督导时间和地点的要求是稳定性和私密性。督导会议应该周期性进行，比如每周一次；在同一个时间，比如周二上午10点；时长一样，比如2个小时；在同一个地点，比如某个访谈室或者会议室。时间和地点确定后，一般不要随意更改，这样可以给被督导的实习生一个稳定的预期。实习生也会不自觉地建立一种稳定性，在督导会议进行一两次后，组员们往往会保持稳定的座位安排直到实习结束。私密性是指保证督导可以在相对独立的空间，自如地谈论实习中涉及的问题，不会有人中间打扰，或者因其他原因被迫中断，也同时保证督导中涉及的机构和服务对象的隐私不会被泄露。稳定性和保密性带来安全感，使双方都能更放松地进行讨论。

跟时间有关的另一个因素是实习周记的提交和回应。一般来说，应该把督导会议的时间安排在实习周记提交后，并尽可能在督导会议开始前给予回复。这样有利于在督导会议时进一步确证双方对于周记中的问题和回应是否有共同的理解，在哪些方面还需要补充或者进一步讨论。这是督导会议的主要内容，也是发挥督导功能的重要环节。

督导会议一般会有以下几个部分。首先是督导者根据大家在周记里对上周实习工作的叙述和反思做个简单介绍，如果有共同的问题则对这一问题进行回应。然后是每位实习生口头介绍自己的工作，和周记的内容类似，包括看到什么做了什么、专业认识和反思、想要跟督导讨论的问题三个部分，并对督导者在周记里的回应做出反馈，是接受还是反驳，是否有新的信息需要补充等。督导者和其他学生可以在这个时候提问、质疑、建议等。有时，督导者会特别针对实习生的工作进行表扬或者批评。在这里需要注意的是，这是个平等交流的过程。"督导过程不是一个督导者向被督导者进行知识或经验传授的单向过程，而是在尊重并认可被督导者以往经验与能力的基础上，通过督导者和被督导者之间的互动，如提问、对话、分享信息等方式，促进被督导者对过往经验与行动的反思，从而达到督导者与被督导者一起去解决问题或发展新知识的双向过程。"（吕新萍，2019）督导会议是实习生学习的过程，也是督导者学习的过程。督导者可以从实习生那里获得多方面的信息，了解实习生在一线服务领域实务工作的情况，有时候还可以学习到实习生的创造性想法和实施过程。

在每位学生都经过了描述、反馈、回应、建议等多个回合的讨论后，由督导者对本次会议进行总结，并提出下周实习工作的内容、方向或者注意事项。下周实习工作的内容、方向或者注意事项一般和实习阶段相关。

> 以实习初期为例，这个阶段对实习生的工作安排要求大家在前三周聚焦于认识服务对象系统。在下次督导会议上，大家介绍各自所认识到的服务对象系统，往往有新的发现。比如为大一新生提供服务的同学说，现在的大学生新生和以前不一样，由于是自由选课，且分散居住，所以他们处在一个分散的状态中，很难开展集体活动，不容易形成班级观念，也很难真正发展出对一个群体的认同感，这是近年来大学生的一个特点。在自闭症服务机构实习的同学也发现了自闭症儿童家长的一些特点，比如不像在其他培训机构等待孩子的家长那样爱相互交流，自闭症儿童的家长不是很愿意跟别的自闭症儿童的家长进行交流，也不愿意自己的孩子跟别的恢复程度比自己孩子差的孩子玩耍，等等。在督导会上，在肯定实习生对服务对象系统认识的同时，也建议他们通过和服务对象的交流进一步加深认识，比如用人类学的阐释方法看服务对象如何理解自己的生活，如何认识自己生活中遇到的困难，会不会他们所感受到的困难与短暂的观察所认识的不一样呢？在本科生实习的第一个阶段，引导实习生认识服务对象的特点，了解他们的困境和需要，才谈得上服务目标是什么，以及如何为他们服务。这样的安排和指导就是通过督导会议进行的。

以上是关于社会工作教育中督导的阐释。就像前面提到过的那样，社会工作督导的发展是和社会工作的发展相伴而生的。近年来，随着社会工作服务领域不断扩展，专业性不断提高，督导也得到了很大的发展。不同的社会服务机构，比如医院、精神卫生中心、老年服务机构、社区服务中心、社区矫正事务所、禁毒服务社、青少年服务中心等机构在各自服务实践的基础上，也在自己的专业领域积累了督导实习生的宝贵经验，发展出了各具特色的实习督导模式。当然，各个机构除了自己的督导特色，也体现了一些共同的特点，比如，很多机构督导都关心学生的毕业论文，愿意帮助学生将实习和毕业论文结合起来，这使实习生的实务练习和论文研究共同促进，相得益彰，也使机构的实务具有一定的"以研究为导向的社会工作"色彩。另外，在一些医务社会工作领域，出现了跨学科或者跨部门的督导，实习医院的督导会定期邀请学校实习督导、医护人员或者学校某个领域的专家一起参加督导会议，有时参加督导会议的学校督导和实习生还会来自不同学校。这样的跨学科、跨学校的督导交流可以使实习生听取不同方面的意见，博采众长，以促进自己的专业成长。

对督导者来说，督导也是个不断学习、不断成长的过程。刚开始进行督导时，可能会按照书上的介绍亦步亦趋，但有了一定的经验后，就可以自如地采取自己认为更合适更有效的督导方式。就像实习生刚开始带小组一样，拘泥于社会工作方法的教条和形式，满口术语，有时会让组员不知所措。但是到了后来，真正以服务对象为中心，直接面对服务对象的困难和需求，摸索出解决问题和提供服务的方法，这才是真正意义上的技能提升。督导者也是如此，应该不断超越形式的约束，围绕实习生的成长和服务的改善这一目标开展工作，探索出行之有效的工作理念和方法。当然，在这个过程中，督导者也要不断反思并意识到自己的局限，通过各种方式的学习和交流丰富自己的督导知识和技巧，以及不同领域社会工作的理论知识和实务技巧。

督导过程是个学习的过程，也是个收获的过程。仍然以实习生的获得感为例，当实习生在毕业以后知道自己以前服务的那个几乎要退学的被家暴的女孩子现在打算在上海读大专，这个家庭的情况在向好的方向发展时，她非常高兴。督导者也是如此，看到学生的成长和服务对象的改善，觉得这是很有意义的工作。

第四章 督导者与被督导者的关系

有效的督导工作源于一个持续且共同参与的督导同盟关系，唯有健康、开放的督导关系，才有助于被督导者学习专业知识与技能，提升工作能力。

——Holloway & Neufeldt（1995）

第一节 督导者与被督导者关系的实质

督导关系是影响督导质量的重要因素，是促进被督导者个人专业发展的核心要素。正向的督导关系能塑造出成功的督导，促使被督导者学到专业知识、态度和技能，并将其用于专业服务中。在一项对被督导者的调研中，当谈及督导实践中什么最影响被督导者的发展时，被督导者最关注的就是督导关系的建立，这说明督导关系在很大程度上影响督导效果（高艺多，2017）。此外，需要说明的是，督导关系和督导技术对督导效果的影响是相互独立的，无论督导的经验或发展水平如何，督导关系的建立均是促进督导工作健全发展的第一步。

一 督导关系的实质

督导关系的实质是一种同盟关系，包括督导者与被督导者之间的情感纽带以及对工作任务和目标的认同。Bordin（1983）将督导同盟定义为三个核心元素的变革协作：督导者与被督导者对督导目标的共识与理解、督导者与被督导者对督导任务的共识与理解、督导者与被督导者之间的情感联结。

督导同盟中主要的特征是联结（bond）。这种联结对督导者和被督导者而言是彼此之间的相互信任、尊重和关怀。督导者和被督导者对目标与任务的一致程度增强了这种关怀、尊重和信任。

二 实习教育中的督导关系

学生实习的顺利进行在很大程度上依赖良好督导关系的建立,督导同盟可以为实习生提供一个安全的环境,让他们在与服务对象合作时能够处理焦虑、恐惧等负面情绪以及其他可能出现的问题。与更有经验的社工相比,实习生可能仅在较低水平上发挥服务的作用,因而对于实习生来说他们更需要一个结构化(即以关系为中心)和支持性的督导关系。

完整的实习督导关系包含实习生、高校督导、机构督导三者之间的关系。以本土社会工作实习为例来说明这种督导关系(见图4-1)。

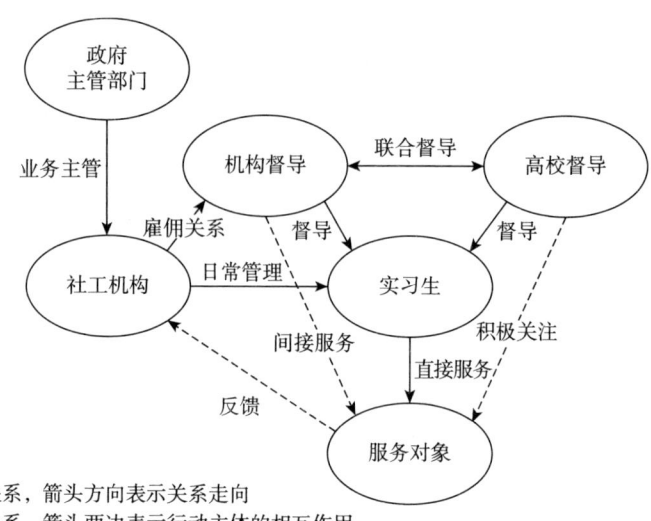

⟶ 表示强单向关系,箭头方向表示关系走向
⟷ 表示强双向关系,箭头两边表示行动主体的相互作用
--▶ 表示弱单向关系,箭头方向表示关系走向

图4-1 实习教育中的督导关系

1. 高校督导与机构督导的关系

高校督导和机构督导之间是一种联合督导的同盟关系,也是一种相互学习的促进关系。高校督导和机构督导应由有具备督导资质的人员担任,以保证实习生实习各环节的有效性和流畅性。机构督导作为机构的工作人员,有着较为丰富的实务经验和职场经验,同时也拥有该机构服务领域所需要的其他专业学科的背景(比如医学背景、特教背景、法学背景等);而高校督导则有较强的理论基础和研究能力,比较熟悉实习生的个人性格和专业优劣势。

在实习教育中,高校督导与机构督导之间的同盟关系尤为重要,相互学习可以说是联合督导模式带给双方的一种福利。联合督导模式由高校与社工机构签订正式实习协议(同时在个人层面,也建议机构督导与实习生签订实习督导协议)、经双向选择后安排学生到机构实习,并由高校与机构共同为学生提供实习督导,高校督导与机构督导应始终保持互动,维护良好的同盟关系。这种联合督导的模式能够发挥高校和机构的优点,双方的合作可以帮助学生更为充分地整合专业理论和实践,也能更好地兼顾学校的实习教学目标和机构的工作目标。

2. 督导者与实习生的关系

督导者与实习生的关系表现为两条线:一条线是外显性督导,即高校督导和机构督导对实习生的联合督导,外显性督导是三者之间相互知晓的督导行为;另一条线是内隐性督导,即高校督导和机构督导各自对实习生的督导,内隐性督导行为受督导者所处视角的影响。在联合督导模式中,高校督导与机构督导的互补合作并不总是天衣无缝的,当存在问题时,督导者可能经意或不经意地单方面对学生进行内隐性督导。

在实习过程中,高校督导和机构督导因所处视角的不同,督导的目标往往既有重叠又有差异,比如高校督导侧重从完成教学任务的角度出发,机构督导则侧重从完成服务目标的角度出发,高校督导和机构督导各有偏重,但可以发挥1+1>2的效果。高校督导通过定期组织督导会议、走访机构等形式针对学生在实习中出现的问题及时调整督导计划,帮助学生顺利完成实习任务;机构督导则通过定期和学生开展督导工作,协助学生拟订服务计划,引导学生在实践中进行专业反思,强化学生对社会工作专业价值观的认同,为学生将来走上社会工作专业化、职业化道路做好引路人。

在督导过程中,督导者一方面给予学生支持,分享个人的经验和知识,鼓励学生坚持专业认同,对学生的服务方法给予指导;另一方面督导作为权威,需要监督考察学生的实习表现,提出方向和建议,发挥评估者的角色,这种权威可能会让学生感受到压力,这种不平等的关系在一定程度上是会引发情感矛盾的。当学生没有理解自己与督导者之间关系时,可能会因为督导者的权威及不理想的评估结果而产生抱怨情绪。督导者因同时作为支持者和评估者,既要求和学生之间建立良好的情感联结,又需要对学生有严厉的考核要求,这两者之间难免有所冲突。如何协调好这种冲突,就需要督导者在督导工作开始时向学生说明自己在评估时所持的方法及标准,以此让自己和学生都明确评估工作是督导过程的一部分。这样双方都能为实习结束后的评估做好准备,当评估真正到来时也会有所准备。

3. 督导者与服务对象之间的关系

任何督导内容和督导形式都离不开服务的本质,离不开以服务对象为本的原则。高校督导与服务对象之间的关系表现为积极关注;机构督导与服务对象之间的关系表现为间接服务。高校督导需要通过了解、关注服务对象本身的需求和情况,给予学生更准确地指引。而机构督导作为服务提供方,督导的根本目的是更好地为服务对象提供专业的社会工作服务,实现机构提供服务的专业性以及为服务对象提供个性化的服务。

此外,在实习教育中掺杂的其他关系也需要加以关注,平衡好各方利益(如其他机构、政府、基金会等)也同样重要。本章重点探讨实习生与督导的关系。

三　对督导关系的期待

建立安全、支持、开放、包容的督导关系对社会工作实习而言非常重要,特别是在督导关系的形成阶段,督导者能够示范开放的关系尤为重要。督导者的支持、鼓励、同理、非批判,以及督导者愿意做适当的自我表露,并创造一个容许犯错误的气氛,这些均有利于促进良好督导关系的建立。

作为被督导者,大部分学生的实习过程往往伴有焦虑,因此他们期待督导者能先表达肯定,再提出不足与建议。督导关系如能处在安全、支持、开放、包容的环境中,学生的焦虑水平就会降低,他们能以更开放的态度面对挑战、积极学习,督导成效自然提升。当然,也有一些发展阶段层次较高的学生则倾向于有条件地依赖督导,这类学生希望督导者能把他们当作即将成为同事的成人学习者。

一名 MSW 实习生说她的前任督导者对待她像"新手"一样,她觉得前任督导者没有很好地理解她或者说并没有充分考虑她的个人经历(她在读 MSW 之前曾在机构任职多年)。她主张与其花几个小时在准备和讨论上,不如多参加直接的实践。

像上述案例中的学生,比较自主,对自己有清晰的认识,这类学生更期待打破传统师生关系的束缚,与督导者建立平等、可对话和交互的关系,他们对督导者的依赖相对也较少。他们认为在督导关系中,尽管督导者拥有权威,但督导的过程是双方一起发掘探索、一起寻求解答、一起商榷的过程,这类学生更需要被平等地对待。但无论是焦虑的学生,还是追求平等对话的学生,他们都期待与督导者建立支持、信任、包容的督导关系。

四 督导关系的演变

自20世纪初西方开始在提供社会服务过程中运用督导角色以来，督导角色及功能是伴随着社会工作专业发展过程中的需要而发展的。早年社会工作服务过程中存在行政监督需要，所以重视督导的行政功能，督导的角色主要是方案规划者、任务分派者、监督者及服务效果评估者。而后社会工作行业逐渐开始重视专业技术性服务，因此督导的角色开展转向指导者、教师、培训师，实习督导、督导培训课程等供督导发挥教育功能的平台日益兴盛，督导的形式、内容也日益丰富，督导正式成为社工教育的一部分。再往后，社会工作从业者发现专业服务是生命影响生命的过程，社会工作者个人的能力、情绪状况也是服务提供过程中的关键因素，因此督导的支持性功能也开始发挥其积极的作用。

从督导功能及角色的演变来看，督导的目标一直是明确的，即促使机构或一线社会工作者输出高质量的专业服务。而督导者与被督导者之间的关系则发生了巨大的变化，从单向的服务输出转向双向互动以及整合各利益主体间的平衡，从自上而下到平等交互以及联结同盟，督导者的权力、权威存在着逐渐弱化的过程。

我国的社会工作发展比西方晚近百年，学习借鉴了西方先进的理论与经验，但实践和发展途径却截然不同，尤其是社会工作职业化的推进，呈现出本土的特点。如王思斌（2006）在《体制转变中社会工作的职业化进程》一文中指出，我国社会工作职业化过程支持身份转换型与专业支持型两种职业化途径，因此《社会工作者国家职业标准》中明确要求社会工作行业发展既要重视身份转换型职业化——对合格的实际社会工作者赋予新的合法身份，又要重视专业化支持职业化——使那些大专院校的社会工作专业毕业生获得职业的期待。这同时也对本土社会工作督导角色与功能的定位提出了双重要求，强调在督导过程中应同时关注实际社会工作者的实践经验及职业的专业要求，兼顾身份转换型职业化以及专业支持职业化的特点及需求。

然而，综观目前本土督导模式的发展现状，督导的功能定位始终处于模糊不清的状态，这直接导致督导者与被督导者的关系边界不清，有时甚至出现断裂。笔者参加过不下10次系统的督导培训课程，大部分是从督导的行政、教育、支持三大功能展开，而回到实务工作或实习教育系统中，则发现此三大功能都没有有效发挥作用。如行政功能层面，机构一般都有行政性领导，实习生的教育管理权在学校，督导最多在项目、考核评估中承担部分行政职能，无论是人事录用、工作晋升还是在工作团队组建方面，基本没有决定权；教育功能层面，目前本土社会工作行业基本处于崇尚技术实用主义却缺乏本土实践经验的阶段，督导者亦处在探索、积累经验且渴望被教育的状态，权威式的教育无从谈起，也基本得不到被督导者的认可；支持功能层面，不少学者在与实习生或一线社会工作者的访谈中了解到，支持功能与教育功能是目前本土社会工作者对督导的主要需求，但既无权力又无权威的督导者能提供的只能是情感上的支持而已，较常见的做法是聆听抱怨、疏导情绪或组织团队活动等，对于提高专业服务质量则无任何帮助。督导者对于此类纯情感的支持性工作常常觉得不知所谓，缺乏价值感与意义感，与此同时，被督导者也觉得毫无帮助，或对督导产生类似于"心理治疗过程中求助者对于咨询师"的错觉（张威，2015；沈黎、王安琪，2013；童敏，2006）。从上述现状中可以发现，督导的角色、功能乃至重要性都不是从需求过程中产生的，而是通过政策自上而下来推动的。

BUIBRI 项目为督导的角色定位以及关系，提供了很好的思路。一是提出理想的督导者与被督导者的关系应是亦师亦友（master/teacher/friend 三种角色的融合），强调良好的实习教育的过程必须有各利益主体的参与与合作，包括期待充分地表达、形成持续平等沟通的机制、明确各利益主体的角色与作用等，形成联盟与合作，共同发挥实习教育中督导的功能。二是明确了实习教育督导模式中督导功能的有效实现途径，如明确了实习教育中督导的行政功能应发挥督促实习生正确、有效及适当地实施机构政策和规程的作用，教育功能应发挥向实习生传授其开展工作所应具备的知识的作用，支持功能应发挥确保实习生与工作相关的压力得到有效应对，并设计相关机制来管理这些压力的作用；同时，引入了反思性学习的教育模式，强调实习教育督导应侧重过程而非结果，以及4×4×4整合型督导模式，强调实习教育督导过程应充分考虑各利益主体的需求与观点，增加了调解（调和各利益主体需求，促成各利益主体达成一致）的功能。三是在实习过程规划、学习理论、批判性反思、与表现不佳的学生相处等环节，均将督导关系定位在平等、互动、结盟的状态，如机构与实习生的双向选择、实习合约的拟定、督导契约的签订、发现和理解表现不佳实习生的处境等，充分展示了以被督导者为中心的督导工作开展过程，并通过本土案例情景的讨论与练习，指引督导者感受督导关系的重要性以及如何发挥其积极的作用。BUIBRI 项目的督导课程强调督导者应谨慎地使用权力，认可和尊重学生，把他们当作即将成为同事的成人学习者来对待。

第二节 督导者的学识、权力和权威

一名合格的督导者被描述为是能够保护被督导者的专业认同、具有扎实的理论基础、丰富的实务经验和督导经验、能够与被督导者发展积极的支持性关系的专业人士。他们需要传达社会工作的价值与理念，在复杂的环境中激发被督导者的最大潜能。

一 督导者的学识

督导者的学识是督导者所拥有的知识、专业技术和实务经验。学识的获得和保持并不容易。知识是多元的，理论和专业技术也在不断发展和变化，这些知识、理论和技术需要不断得到验证和更新。在美国及欧洲，督导者至少应具备三种能力，即丰富的社会工作实践能力、专门领域精深的工作能力以及化解被督导者疑惑的能力（黄耀明，2019）。

扎实的理论基础、专业的技术和丰富的实务经验是有效督导的必备条件，督导者只有不断学习以掌握最新的专业理论和技术，并有意识地和被督导者拉开知识差距，以保持自己在学识上处于优势，因此每一名督导者都需要保持终身学习的习惯。

机构督导还需要具有较为丰富的社会资源网络或资源链接能力，他需要比其他人更多掌握来自本机构特有的政策、程序和工作方式。督导者拥有比较丰富的机构间和机构内的工作经验，对机构的运作更为了解，在获得管理层的信息方面具有优势，所以他对机构政策和规章制度的内容也有更好的把握，这些都构成了督导者的学识。督导者的学识以及其在机构中的特定角色使其拥有了权力。

二 督导者的权力和权威

在督导关系中，督导者的角色被明确赋予权力和权威，督导者的学识和特定角色，包括评估者的角色，都使其拥有较大的影响力（王择青，2005）。从这个意义上讲，督导者是权威的。尽管有些人不喜欢权力和权威这些词，但它们是督导工作中所固有的东西。

为确保工作效率和服务成效，督导者对督导服务的实施负有最终的监督和评估责任。美国社会工作者协会（1997，1999）制定了督导工作指南和伦理标准，在对提供给当事人的服务进行督导时，一名合格的社会工作督导者应具备必备的知识和技巧，并严格地在他们的专业范围之内开展工作（Kadushin & Harkness，2008：67），它们包括以下12条。

- 提供信息让被督导者征得其当事人的知情同意。
- 指出被督导者的错误。
- 对社会工作者依照周密计划开展的干预工作进行监督。
- 知道什么时候被督导者的当事人应该被重新分派、转介或终止服务。
- 知道什么时候被督导者需要得到辅导。
- 定期对被督导者进行督导。
- 对督导工作进行记录。
- 避免与社会工作者发生双重关系。
- 监控社会工作者的行为能力，指出其工作中的缺陷与不足以及伦理上的失误。
- 监控社会工作者与当事人之间的界限。
- 审核社会工作者的方案以及个案记录。
- 对社会工作者给予及时和内容充分的反馈，并对他们的工作表现予以评估。

以上内容显示出督导者被明确赋予了权力的角色和意义。在督导关系中，督导者比被督导者要负起更多的责任——督导者具有评估的权力，有监督被督导者专业服务质量的责任。有研究者认为，督导者对被督导者的指导、检查、评估以及必要的处罚，使督导者负有管理的义务，同时拥有管理的权力。

（一）督导者的权力

权力是一些人对另一些人造成他所希望和预定影响的能力。英文的"权力"——power来自拉丁文"potere"，意为能够，具有控制、指挥等影响的力量。

权力的获得往往和职位相关，是一种被职位所赋予的权力，特定的职位就具有相应的权力，它通过命令、指示、安排等强制手段产生，带有强制性和不可违抗性。有研究发现，在等级关系中，拥有更大权力者常常比拥有更少权力者更少意识到权力层级的存在，督导者常常忽略或不承认在自己督导关系中拥有更多的权力，因为有些督导者意识到自己拥有更多权力时会感觉不自在。Holloway（1995）指出在助人职业中，权力常常被看作含有贬义，因为控制与支配似乎与社会工作相互平等的信条是相悖的。这样的观点限制了在建构能相互增能的关系中权力的作用。权力就像硬币的两面，一方面权力给被督导者带来控制、压迫、支配和命令，另一方面拥有权力的督导者也可以更好地发挥影响与助人的能力。只有承认并觉察督导中的权力，才能善用它。督导关系是不平等的，但是追求关系的平等是督导的目标之一。

督导者拥有更大的权力和更大的责任，恰当使用权力而不滥用权力，是督导者始终不能忘记并肩负的责任。督导者如何使用权力和被督导者对于权力的反应都将会影响督导的进程和督导关系。对于督导者来说，能够意识到其拥有的权力，且能够用一种恰当、有效的方式使用权力将有利于提升督导的效能。

有学者建议使用权力最有效的方式是最少地使用权力，不断使用权力会拉大与被督导者的距离，使督导关系变得紧张，扩大督导者与被督导者地位上的差异，阻碍思想的自由交流。那么如果要最少地使用权力，又要最大限度地发挥督导的效果，则需要权威发挥影响力。

（二）督导者的权威

权威是对权力的一种自愿的服从和支持。人们对权力的服从可能有被迫的成分，但是对权威的服从，则属于认同。权威就被认为是一种正当的权力，也可以说是极具公众影响力的威望。

权威主要来源于个人的影响力，督导者的权威取决于督导者本身良好的专业素养、学识和能力，是督导者个人所具有的威信和感召力。权威作为一种非强制性的影响力，使人们在心理上认同，从感情上接受。从本质上讲，督导权威是督导者的知识、品德、涵养以及人格魅力等非权力因素的影响力。

形式上的权力取决于督导者的职位，而执行权力则取决于督导者的专业、经验和处理问题的能力，它需要督导者本人来建立，并且需要不断维持。在影响层面，督导者的权威是通过督导本身的影响力来体现的。一旦督导者得到被督导者的认可，包括专业知识得到被督导者的敬慕和尊重，督导者的权威就能自觉地被接受，不论督导者说什么或者要求什么，被督导者都会认真地对待。督导权威带来的影响力能让被督导者自愿去遵守要求、接受建议，承担督导者交付的任务，他们愿意接受督导者的指导和影响，他们感觉是得到了指引，而不是被人指挥。

有权力的督导不一定拥有权威，权力和权威在某种程度上呈正相关关系，具备权威的督导在一定的权力基础上能更好地实现督导的目标。如果一个拥有权力的人在学识、工作经验上不如被督导者，那么可能得不到被督导者的尊重，其处境可能会十分艰难，被督导者也不会接受他的职权，从而削弱了督导影响力。

Acker（2005）指出"督导关系是不平等的双方之间的关系，它的目标是建立平等。这似乎是一个固有的矛盾，一个荒谬的说法，同时也是督导关系中的一个挑战"。督导者应谨慎地使用权力，认可和尊重学生，把他们当作即将成为同事的成人学习者来对待。

从权力的角度来看，督导者和学生之间存在权力差异。在有些学生的观念中，机构的督导权力如此之大，令他们在督导者面前显得如此弱小。他们可能会花费很多精力去讨好督导者，努力让自己的行为跟督导者的期待一致，而督导者可能无意识中默许这种立场，这种形势削弱了公开、自由和促进学习的气氛。关于这一点，每一位督导者都应用心觉察。

另一些学生努力确认自己和自己的专长，他们可能会对督导表达不同的意见，这是一个好的现象，这些不同意见的表达能够激发和建立一个互惠的反馈机制与共同成长的督导关系。如果将这些不同意见的表达看成是对权威的挑战，督导者可能会因此产生情绪，表现为督导关系无法推进。这种冲突可能难以外显，但内在不舒服的感受却是有的，继而学生放弃自己的发言权，不公开自己对某些问题的关注或表达不同的意见。在这种情况下，督导在很大程度上将难以发挥积极作用。

督导者的专业能力和评价者角色决定了督导关系本身的不平等，在不平等关系中使被督导者感受到平等，是建立督导关系的一大挑战。

第三节　关系视角下的实习督导示例

安全、支持、开放、包容的督导关系是督导工作的核心与灵魂。督导关系对被督导者在督导过程中的改变及督导结果的潜在影响意义深远。本节将通过两个在实习督导的案例向读者展示关系的建立对督导工作的影响，同时，借鉴成人教育学的理念，探讨在实习教育过程中促进督导者与被督导者建立积极的同盟关系的一些途径。

案例 1

小宇是一名即将本科毕业的社会工作专业学生，做事特别认真，有着非常高的自我要求。第二次的 400 小时实习，小宇被分配到某青少年机构，需要独立完成一名青少年个案服务工作和一个小组工作。小宇接手的第一个个案是关于亲子冲突的青少年个案，当青少年家长询问小宇是不是机构的实习生时，他感受到了巨大压力，觉得根本无法给青少年带来改变，也帮不了家长，这让他对自己产生怀疑并感到失望。在督导过程中，当督导者指出小宇面对自己信心不足时，小宇再次表露出对自己专业能力的怀疑，他觉得自己没有经验，也没有足够的理论基础，没有资格独立做个案辅导，希望督导能够直接介入个案，为其做示范。

案例 2

小龚可能是机构近年来"接待"的实习生中最不受欢迎的一位了。机构工作人员普遍对她的印象是"太高傲了，总说'这个不适合我做'"。一次机构开展项目活动，督导者安排小龚负责协助开展招募服务对象的工作，小龚以"这不是专业工作，和学校的实习任务没有关系"为理由而拒绝。小龚性格比较内向，与机构内的其他社会工作者很少主动交流。有一次因借取机构内部资料未按期归还，还与机构内其他社工发生口角，其他社工把这件事投诉到督导处。小龚也因实习中遇到的种种问题而感到焦虑，担心自己没法完成实习任务，毕不了业。

上述两个案例在实习教育过程中并不少见。我国社会工作的发展受传统师生关系思维定势的影响，人们常常认为实习生进入机构的主要任务是跟着督导者学习实务技能，实习生类似于"学徒"，督导者则是高高在上的"师傅"，学徒应聆听、服从师傅的教诲，师傅应将所学的本事倾囊相授。因此，在实习教育过程中，学生经常处于被动接受教育的状态，他们的需求也常常被忽略。笔者认为，督导者专注地聆听、启发式地提问是建立支持、信任、真诚、开放的督导关系的必要条件，将实习生视为"有独立思考能力"的成年人，对方才能真正感受到被听到、被关注，焦虑和抗拒亦随之降低，也才能促使实习生以更开放的态度面对挑战，从而获得成长。

一　成人教育学对实习教育中督导关系的启示

成人教育学者认为"随着一个人的成熟，他的自我概念会从依赖转变为自主，会积累越来越多的经验，拥有越来越多的学习资源，学习意愿会更多倾向于发展其社会角色，时间观从延迟应用知识转变为直接应用知识，同时，他面向学习的方式会从以学科为中心转变为以问题为中心"（Knowles，1970）。

据此，反观本土实习教育过程中遇到的困境，一些解决问题的方式可供借鉴。

1. 实习教育应重视学生的自我概念，学生应充分参与整个过程

孩子的自我概念是依赖他人的。随着孩子长大成人，这种自我概念从依赖转变为自主。对于成年人来说，"能自我主导的、具有自主性的学习过程是人生最有价值的资本"（Elias & Merriam，1980）。假设社会工作实习生是自主学习者，意味着实习教育的学习环境必须是支持性的、合作的，让实习生感到被接受和尊重，实习生学习需求的呈现需要有实习生的充分参与，如开展自我认识、自我评估等。

案例中，小宇被分配、被要求独立接个案，小龚被要求完成实习任务，都显示出两名学生在实习教育过程中自主性受到了压抑和限制，导致学习动力不足。若实习生能在实习教育过程中获得表达自己创造力、个性和潜力的机会，则自尊感可得到有效提升。如实习前可自主选择感兴趣的机构、对实习安排及实习任务的分配有知情权及一定的自主性，实习过程中有机会充分表达自己的所思所想并得到督导者的积极回应，实习结束期有自我评估的部分，最理想的状态是在与督导者平等互动的过程了解到自己实习过程中的表现以及需要改进的地方。

2. 学生是实习教育实施的主体，学生的经验应被视为资源

传统的教育学倾向于把儿童的经验视为教育过程中无足轻重的东西，认为教育是单向交流的过程，即教师将知识传授给学生，学生通过学习将教师的知识和经验转变为自己的想法和经验。而成人教育学方法指出利用成年人的经验作为学习的资源，并强调体验式参与学习，所有参与者的经验都被用作学习的资源，学生既是教师又是学习者（Ingalls，1973）。

案例中，小宇是即将毕业的大学生，并且在这次之前有400小时的实习经验，已具备了社会工作学科的基本知识以及一定的实务经验；小龚说的"这个不适合我做"，潜台词是"我有能力做更专业的事情"，显示她是个很有自己想法的学生，并且具备能力和自信，而困惑于"怀才不遇"。若机构或督导者能引导学生将自身的经验视为学习成长的资源，则可事半功倍。如请小宇介绍之前的实习经验，讨论总结其中成功的部分，并结合小宇的年龄、能力及性格特点，讨论

在亲子冲突个案中合适的干预角色、切入点以及遇到质问或困难时可以运用的对策；请小龚表述她对专业工作的理解与期待，引导其将关注力从实习任务本身转移至完成任务所需要的能力上，与其讨论当下在机构工作中可能的学习机会，并邀请其参与决策与方案设计。这样，小宇和小龚将在学习的过程中持续保持主体角色，无论是挫折、困惑还是质疑，都是一种可以帮助其学习和成长的资源，让他们获得面对挑战的勇气以及有效处理问题的信心。

3. 学生的学习准备需要与其人生发展特有的任务相关联

传统的教育学处理的是学科和技能的排序及其相互关系，同时，通过组建一些活动帮助学生获得完成课程并成功毕业的能力。整个过程由学校或教师来决定学习的内容和过程，学习者按年级和班级分组，接受学习。成人教育学认为，成年人的学习准备与他们生命中特定阶段特有的发展任务相关联，当知识和经验被成年人认为与他们人生阶段的发展任务毫无关联，则成年人不会主动去学习，并且即便被放置在学习的环境中，这些知识和经验也不会被成年人吸收为自己的知识和经验。成年人的需求和兴趣使其产生了内在的学习动机，学习者根据自己的兴趣将自己分组，学习者决定自己想学什么。在这种情况下，教师成为促进者，帮助学习者诊断学习需求并达到目标。

案例中的小宇和小龚显然只是看到了课程规定社会工作一定要完成实习才能毕业，或实习督导提出的实习要完成个案工作、小组工作、社区工作等任务，并没有思考、明白社会工作实习教育与自己能力及成长之间的关系与意义，因而感到困惑、沮丧。若在实习开始前，学校或机构的督导者能深入了解两名学生的需求，引导他们思考实习与人生发展任务之间的关系，如小宇需要更多的自信来应对人生中的难题，而小龚则需要觉察人际关系在专业服务中的重要性。当学生明白了实习教育对自己人生发展的价值与意义，其内在的学习动力会被激发，成长则是必然的结果。

4. 以问题为中心的学习

在传统教育学观念中，教育是"为未来做准备的"，教师是知识的管理者。沟通交流通常是从教师到学生的单向过程，教师的知识与经验被视为学习的主要资源。在成人教育学中，学习的关注点是"顺利进行当下的任务"，学习是以问题为中心而不是以主题为中心展开的，学生在学习的过程中重点关注发现问题、解决问题两个部分。此时，沟通交流在教师和学生之间是开放的、双向流动的过程，双方的经验都被视为学习的资源。"发现'我们现在在哪里'和'我们想去

哪里'是成人教育学的核心。"(Ingalls, 1973)

案例中，小宇和小龚与很多本土社会工作专业的实习生一样，对督导者的知识和经验有很高的期待，希望督导者能帮他们安排符合学校实习任务的工作，希望督导者能示范推进实务的技巧，希望督导者能帮助他们处理实习过程中碰到的难题。这种将督导者的知识和经验视为学习主要资源的认知和期待，不仅仅给督导者施加了重重压力，更重要的是不利于学生自身的成长。若小宇和小龚能将学习的重心放在自己的需求及成长上，将督导者视为学习过程中的合作者，通过相互规划和设计学习活动的过程，找到最适合自己需求和风格的学习技术，并将其运用到问题解决中，那么他们将获得能力的提升与人格的成长。同样，在双方的经验都被视为学习资源的过程中，督导者也能够选择以最适合他风格的方式来促进这个过程，从而更有效地实现实习教育的目标。

综上所述，在实习教育过程中，督导者应视学生的经验为资源，协助学生参与整个实习过程，将学习准备与其人生发展任务相关联，这样有利于形成良好的督导关系，在这种良好的督导关系下开展的实习教育活动，不仅可以提升学生的创造力，挖掘其潜力，提高其自尊，促进其职业成长和发展；而且，如果督导者高度投入督导的教育功能中，致力于教育过程，并从教育者的角色中获得满足，这种方法也会给督导者表达自己创造力、个性和潜力的机会，并增强其自尊。

二 实习督导中的迷思

通过督导工作，督导者和被督导者之间能够相互增能，被督导者能够从督导中学习工作的技巧和方法，解决工作中遇到的困难，提高工作效率和服务成效；督导者则可以在督导工作中收获反思、持续进步、积累督导经验。对于督导者来说，每一次督导带来的收获都是不同的，如果及时总结、积极反思，那将是专业发展上的一笔财富。由于篇幅所限，督导关系中的示例不可能一一呈现，但督导关系中确实会有一些迷思，希望能够引起督导者和被督导者的觉察与思考。

迷思1：关于依赖

与中国文化崇尚权威和对权威的理想化有关，很多学生将督导者视为专家，认为他们在专业能力上胜出一筹，因此许多学生表现出对督导权威的依赖，期待督导者能够直接给出建议、指导和正确答案，更有甚者直接把问题推给督导者去处理和解决。而部分督导也认为，自己作为督导者就必须帮助学生解决问题，给出具体的解决方案，只有快速解决学生的问题、协助学生更快完成实习任务，才是一名合格的督导者。

在督导的过程当中，需要避免学生对于督导的依赖，注意培养学生的独立创新能力和反思能力，相较于直接解决方案，提升学生解决问题的能力显得更为重要。

相关研究发现，虽然许多被督导者期待督导者能够直接给出建议、指导和正确答案，但仍有一部分被督导者认为启发式的督导更好，这一部分被督导者期待有更多的空间可以容许自己探索和选择，期待自主和独立。也有研究指出，督导首先应作为支持性资源促进被督导者的成长和独立。在督导关系中，督导者有必要给被督导者提供一定的空间，这对被督导者的专业发展是重要的（周蜜、贾晓明、赵嘉璐，2015）。就如同母亲对孩子的放手有助于孩子的个体化成长一样，适时为被督导者留白能够促进被督导者的改变与成长。

迷思2：关于冷场

有些督导者害怕督导过程中长时间的沉默，为了打破僵局，就会一直主动地说，这会导致被督导者被动地听却没有互动；也有些督导者会一直在问，而没有给被督导者深入思考的时间。督导者沉浸在自己的滔滔不绝中，他可能并没有意识到被督导者是否能够吸收，以及吸收了多少。这其实是因为督导者害怕冷场造成尴尬而将关注点放在"教育"，而不是被督导者身上。这种情况往往令被督导者感到参与感不足。

教育是社会工作督导的功能之一，但对于成年的学习者而言，可以在方法上做一些改变，采用互动的方式可能会更好地达到传授知识的效果。如何解决督导者害怕冷场的情况，打破"尬"境？笔者试图回忆自己早年被督导的经历，希望能够给到读者一些启发。

早年笔者的督导来自香港，是一位资深督导，最初的几次督导开始时，督导者往往会花5~10分钟的时间闲话家常，或者简单了解近期的状况，甚至乘坐什么样的交通工具等，经过5~10分钟的"暖场"再开展督导工作；在督导的过程中，督导者常常通过开放式的提问，如"你觉得呢？""你有什么想法？""你怎么看待这个问题？""你做过什么样的尝试吗？"引导笔者深入思考，参与讨论。有时候督导者还会邀请笔者反馈上一次督导的后续情况，让笔者说说后续情况以及自己的反思，在这样的轻松、安全的督导氛围下，笔者觉得自己有足够的参与感和被重视的感觉。

迷思 3：关于一致性的态度

对于督导者来说，在工作中维持一致性态度也是重要的部分。被督导者常有的困扰来自督导者态度的不一致，因此督导者宜在关系建立的开始，即说明可能经历的状况、明确要求和评估标准。例如，原本认为很宽容自由的督导者，到督导中后期却开始指出被督导者在实行过程中未投入之处。虽然这些变化可能来自督导者本身的工作压力，或随着与被督导者的逐渐熟识才发现被督导者需要被约束，但若能将工作视为督导结构化的一部分，提前告知或以督导协议的形式让被督导者提前知晓，将有助于督导工作的进行与良好督导关系的维持。

迷思 4：关于被督导者是否一听就会

在督导中经常会遇到此类的情况：之前出现过的情境又再次出现，上次已解决的问题这次又出错了。很多督导者都会面临这样的苦恼，从而有这样的疑问"究竟是自己的督导能力不足，还是被督导者不认真呢？"事实上，很多问题并不是督导一次就能够达到理想效果的。一般来说，督导时间每次 1~2 小时，督导中涉及的议题又很多，被督导者并不一定一次就能够完全吸收，督导者应接受有些问题可能要反复督导的现状。处理的建议是：每次督导结束前留有一些回顾和澄清的时间，可以由被督导者来完成，以检验或保证督导的效率，以及督导者所要传递的理念是否被接受。

学习是不断积累、不断更新知识的过程，学习的本质是改变原有的概念，形成新的概念的过程，督导者也需要改变认知，对于反复说的现象要分析原因，找到症结，对症下药，而不是简单归因。

迷思 5：关于有计划的定期督导

尽管督导者和被督导者在同一个空间工作，可以随时有机会进行督导，但定期、有计划的督导仍是必要的。一方面，如果督导者没有计划，无法将自己对督导结构的设想、过程安排、督导时间频率等与学生达成共识，会让学生感到无所适从，阻碍关系的建立。另一方面，督导工作如果总是无计划，也会降低督导的重要性。

此外，没有计划的督导通常会比较仓促，容易受到外界干扰，并导致督导的不充分。与之相反，有计划的持续、定期的督导，在专用的时间、专用的地点约定会面，都能在形式上加强督导的重要性。

迷思6：关于合理地使用权力

合理地使用权力是督导关系中需要被关注的部分。尽管大多数督导者觉得行使行政权力在理念上有悖于社会工作的基本价值观——强调一种平等、民主、非强制和无等级的关系（这些价值观强化了督导者在行使行政权力时的抗拒心理），然而权力的使用有时仍是必要的。在使用权力的时候，如果督导者能够显示出坚定的自信心，能够让人感到自己的权威是必须受到尊重的，那么其要求是会比较容易被学生接受的。

以下是一则学生的实习日志，该学生来机构实习时正值暑假，着装自由奔放，一次开展社区活动，来参与的服务对象包括男女老少各年龄段的居民，当天该学生穿了一条超短裙，活动结束后督导者要求她留下聊一聊。在之后的实习日志中该学生这样写道：

> 在本周二的社区活动结束后，张老师要求我单独留下督导，她告诉我，她说话会比较直白，接着她指出我当天在社区活动中的着装过于暴露，督导中她直截了当，说我虽然是实习生，但是代表机构在社区开展服务。她说我们的着装在一定程度上代表着社工的专业，也代表着机构的形象。那天她说话很直率、很严肃，也很简洁，她没有露出任何的歉意。虽然老师的这种做法当时让我感到有些尴尬，但我想她是对的，我能够接受，她清晰地表明了她的立场和态度。

第五章　通过督导的学习

　　督导的主要目的是明确学生是高校教学过程和人才培养过程中的主体，人才是活的、有生命的产品；学生受督导的过程也是自我教育和学习的过程；对"学"与"学生"督导的关键在于"导"，目的在于使学生能够主动学习，学会学习，提高学生参与教学过程的自觉性和参与能力。

——孙艺超（2016）

　　社会工作是"学习"出来的。不像部分纯粹在知识层面进行思辨研究的学科，作为一门应用性学科，社会工作的所有魅力都在它所提供的服务之中。在实务中学习，通过服务的实践学习是社会工作专业教育的重要环节。社会工作的专业实习是一种特殊的学习方式，通过实习，学生有机会接触在未来工作中可能会面临的各种服务情境，尝试运用知识和技巧进行学习探索。在这个学习过程中，督导是学生学习的重要媒介，学生通过督导在实习中学习和成长。

第一节　与学习相关的理论

一　学习的内涵

　　终其一生，人都在不断地学习，个体通过学习不断地改变与成长。
　　学习，是一个有着丰富内涵的词。"学"是一个探究和认识未知事物的过程；"习"是不断重复，是温故。一般来说，学习包含三个内涵。（1）基于体验或经验而产生的活动。体验，即直接的经验；经验，则指后天的经历。学习只有通过体验或经验才能发生，包括接收信息和做出反应，即主体的变化是由其与环境相互作用而产生的。这是个体体验生活和获得成长的过程，不是由先天倾向、成熟、药物等因素带来的。(2) 导致行为或行为倾向的变化。行为的变化，我们随处可见，当我们可以展示我们的成果，如骑车、游泳、驾驶汽车等，这就意味着学习已经发生了；行为倾向的变化，如态度与价值观则影响你读什么书或怎样打发闲暇时光等。(3) 相对持久的变化过程。对于行为变化持续多长时间才意味着学习发生了，目前尚无定论，一般认为只有个体掌握新的技能并且成为第二天性，才认定学习的发生。比如掌握一种技能，学会一门语言。而且一旦学会了某种行为，就会在不同场合表现出相对一致性。这种学习区别于暂时性的改变，如疲劳、酒精、药物等引发的改变。因此，总体来讲，学习是基于体验或经验引发的行为或行为倾向发生相对持久变化的过程（陈辉、吴双江、徐加新，2016）。

一般来讲，影响学习的要素有六个。(1) 学习者的身心发展状况。学习者的学习需要及生理发展是学习的物质前提，而学习也可以促进学生的生理及心理发展。(2) 学习者已有的认知结构水平。原有的认知结构是学习者的学习得以发生和保持的关键因素。(3) 学习策略。学习策略主要指在学习活动中，为达到一定的学习目标而应掌握的学习规则、方法和技巧，即学生能够自觉地用来提高学习成效的谋略，是一种在学习活动中思考问题的操作过程。(4) 学习风格。学习风格是指学习者身上一贯表现的带有个性特征的学习方式和学习倾向。学习风格（特别是其中的认知风格）对学习有深入影响。(5) 学习动机。学习动机主要指学生学习活动的推动力，又称学习动力。动机决定个体活动的自觉性、积极性、倾向性和选择性。动机水平的高低决定着个体活动的质量、水平和效果。(6) 外部环境。外部环境对学习过程的影响也不容忽视，物质环境（设备设施等）及非物质环境（学习气氛、文化氛围等）对学生的身心发展有着潜移默化的作用。

二 学习理论

学习理论是指阐述人和动物学习性质、过程和影响因素的各种学说。它所要解决的基本问题是学习的实质问题，即有机体是如何获得经验的，这个获得过程的实质如何（刘志华、李金碧，2004）。基于对这个问题的不同回答，形成了不同的理论流派，目前常见的学习理论主要有行为主义学习理论、认知主义学习理论、建构主义学习理论、人本主义学习理论等。

（一）行为主义学习理论

行为主义学习理论是指运用行为主义的理论和方法研究学习的理论。在对动物和人类进行一系列控制较严密的实验研究的基础上，发现并提出一系列有关学习的原理和规律（林崇德，2003）。

行为主义学习理论的基本内涵包括：(1) 学习是刺激与反应之间的联结，是人类思维与外界环境相互作用的结果；(2) 环境是刺激，随之而来的有机体行为是反应，所有行为都是习得的；(3) 学习是尝试错误的过程，通过不断地改正错误达到正确的学习结果；(4) 学习成果关键依靠强化，针对行为的及时强化，包括正强化和负强化，能够帮助学习者更好地学习；(5) 学习是可以观察和测量的，学习是有机体外部的行为，通过对学习结果的观察和测量可以判断学习者是否进行了真正有效的学习。行为主义学习理论应用在学校教育实践上，即要求教师掌握塑造和矫正学生行为的方法，为学生创设一种环境，最大限度地强化学生的合适行为，消除其不合适行为。

在学习理论的发展历程中，班杜拉的社会学习理论对于社会工作实习中的学习有重要的指导意义。社会学习理论认为，学习者在对同伴、典范、优秀者、偶像等的模仿中学习社会经验，强调通过间接经验学习，是一种观察学习，是个体通过观察榜样在应对外在刺激时的反应及其受到的强化而完成学习的过程。观察学习的过程包括：(1) 注意：观察者将其心理资源，如感觉、知觉等集中于榜样事件，它决定了选择什么样的信息作为观察对象及从中获取什么信息，是观察学习的起始环节；(2) 保持：观察者将获得的信息以符号表征的方式储存于记忆中，在此过程中，即时的观察经验转化为持久而稳定的认知结构，在榜样行为结束后给观察者提供指导；(3) 生成：把记忆中的表象和符号转换成适当的行为，再现以前所观察到的榜样行为；(4) 表现：经过注意、保持和生成几个过程后，观察者已基本习得了榜样行为，在动机驱使下，即在特定情景下的某种诱因的作用下，会表现习得的行为（张馨之，2015）。

（二）认知主义学习理论

认知主义学习理论认为，学习就是面对当前的问题情境，在内心经过积极的组织，从而形成和发展认知结构的过程，强调刺激与反应之间的联系是以意识为中介的，强调认知过程的重要性。

认知主义学习理论家认为学习在于内部认知的变化，不是在外部环境支配下被动地形成刺激-反应（S-R）的联结，而是有机体主动地在头脑内部构造认知结构；学习是一个比 S-R 联结复杂得多的过程，不是通过练习与强化形成反应习惯，而是通过顿悟与理解获得新的知识。他们注重解释学习行为的中间过程，即目的、意义等，认为这些过程才是控制学习的可变因素（李新旺，2011）。有机体当前的学习依赖其原有的认知结构和当前的刺激情境，是主体预期引导的过程。

认知主义学习理论基本内涵包括：（1）重视人在学习活动中的主体价值，充分肯定了学习者的自觉能动性；（2）强调认知、意义理解、独立思考等意识活动在学习中的重要地位和作用；（3）重视人在学习活动中的准备状态，即一个人学习的效果不仅取决于外部刺激和个体的主观努力，还取决于一个人已有的知识水平、认知结构、非认知因素，准备是任何有意义学习赖以产生的前提；（4）重视强化的功能，即把人的学习看成是一种积极主动的过程，很重视内在的动机与学习活动本身带来的内在强化的作用；（5）主张人学习的创造性，强调学习的灵活性、主动性和发现性，要求学习者自己观察、探索和试验，发扬创造精神，独立思考，改组材料，自己发现知识（李新旺，2011）。

（三）人本主义学习理论

人本主义学习理论把人本主义心理学的基本理论应用于学习与教学中，开辟了学习理论的新方向，深刻地影响了世界范围内的教育改革。人本主义学习理论十分重视学习者学习动机的激发，强调学习者的潜能，主张学习者的自我实现。该学习理论已成为当今教育领域的重要指导思想。

人本主义学习理论的基本内涵如下。（1）关注学习者自身，强调以学生为中心。人本主义学习理论认为，人具有天生的学习愿望和潜能，注重启发学习者的潜能。当学生认为学习内容与自身需要相关时，其学习的积极性最容易被激发。因此，要引导学生结合自己的认知和经验来进行学习，从而挖掘自身潜能，达到自我实现。（2）强调良好的环境使学习者的潜能得以被挖掘。人本主义学习理论认为，教育的作用只在于提供一个安全、自由、充满人情味的心理环境，使人类固有的潜能得以自发地实现（籍莹，2009），学习者在具有安全感的环境中可以更好地学习。所以，为学习者创造一个良好的环境，让其从自己的角度感知世界，发展出对世界的理解，达到学习的目标非常重要。（3）人本主义特别关注学习者的情感、信念和意图，认为认知和情感是密不可分的，教学过程不仅仅是一个认知过程，其中总伴随着一定的情感活动，因此必须重视学生的情感世界。人本主义强调培养"知情合一"的人,也就是既具备良好的认知能力,也具备完善的情感的人。教学要注重认知因素,更要注重情感因素。当情感因素受到压制时,人的自我创造潜能就得不到实现。只有教师真正地尊重、理解学生的内心世界,才能激发学生的学习热情,增强他们的自信心;只有重视学生情感领域的发展、情感的释放和情绪的表达,以真诚、接受、同情、理解的态度对待学生,以合作者的身份平等地与学生进行思想、观点等方面的交流,才能建立和谐的教学关系。

(四) 建构主义学习理论

建构主义学习理论认为,每个人以自己的经验为基础建构对世界的理解。由于每个人的生活经验不同,我们对世界的理解迥异。所以建构主义关注如何基于学生原有的经验和信念来建构新的知识。建构主义学习理论强调学习的主动性、社会性和情境性(伍新春,2004)。

建构主义的基本内涵如下。(1) 学习者对事物意义的理解总是与其已有的经验相结合。学习是学习者基于已有的经验,通过与外界的相互作用来建构新的理解的过程,在此过程中,教师只起辅助作用。(2) 每个学习者从自身的角度出发,建构对某一事物的看法。每个人以自己的方式理解事物的某些方面,不同人看到的是事物的不同方面,不存在唯一的标准性理解。因此,不能对学习者做共同起点、共同背景、通过共同过程达到共同目标的假设。学习者对于新知识的接受水平、类型和角度有所不同,应基于学习者的不同背景开展教学工作(莫雷、张卫,2005)。(3) 学习是一种社会活动。个体的学习同其他人(如教师、同学、家人)等关系密切,同其他个体之间的对话、交流是完整学习体系的一部分,可以通过与其他学习者的合作而使自身的理解更加丰富和全面。因此,促进学习者的合作学习具有重要意义。(4) 学习是在一定情境中发生的。学习者学习的是已知事物之间的关系,不能离开实际生活而在头脑中抽象虚无的理论。因此,建构主义强调创建与学习有关的真实世界的情境,使学习者在相关情境中解决现实问题(莫雷、张卫,2005)。

三 社会工作教育中的学习历程

19世纪末20世纪初,社会工作教育模式脱离了一对一师傅带学徒的训练方式,开始向学院式成批训练方向发展(Bernard,1977)。但这只转变了教育的场所和方式,教育的观念和方法并没有实质性的突破。20世纪中期,随着新行为主义和认知主义学习理论走上了教育心理学发展的历史舞台，特别是认知主义学习理论的发展给社会工作教育走上正规化带来了可能。认知主义学习理论的产生及其影响，使社会工作教育不再满足于在人才培养中简单地由情境刺激到行为反应的联结式强化训练，开始关注人的认知结构和学习态度等因素在学习过程中的重要作用，强调学习是学生主动形成认知结构的过程，提倡学生对学科知识体系的掌握，提倡学生进行独立思考和改组重构的发现学习。20世纪中期以后，人本主义学习理论的出现，彻底给社会工作教育发展带来了新的契机，它主张尊重学生，发挥学生自主学习的潜能，强调学生有自主选择学习的权利，是一种自我建构的学习方式，在一定程度上推动了社会工作专业教育的发展（李树文、鞠欣逸，2018）。

在此之后，社会工作教育对于学生知识结构的培养目标发生了变化，强调不同社会工作方法的整合，出现了注重社会工作理论知识和方法技能整体性、结构性教育的通才取向。作为社会工作教育整体有机组成部分的社会工作实习教育，更加强调学生的主动性、知识结构性和"知、觉、行"的整合性。学生通过专业实习对社会工作的理论知识和实务技巧有更深入的学习，专业实习教育也是督导发挥作用的重要场域。但因为中国社会工作发展的特殊路径和现实背景，目前实习教育也是社会工作教育体系中相对薄弱的环节和难点。

从学生角度来说，学生是社会工作实习教育的主体，他们对社会工作专业的了解和认同，是影响实践学习效果的重要因素。由于社会工作是一个新兴专业，社会对其认同度较低，报考的学生对社会工作的了解程度不高，更谈不上有多高的专业热情。在现今教育制度下，有的学生及其家长功利性较强，更希望学习将来有更高回报的专业，这影响了学生的学习兴趣和积极性，有一部分被调剂的学生被动学习，甚至一进来就想着转专业。这种状况使学生在进行专业学习时，会经历一个在价值观上对该专业进行判断和接受的过程，并最终表现出不同的专业态度，影响着实习表现。

从机构角度来说，机构是决定学生实习成效的最重要因素之一（王思斌，1999），机构的性质及能提供给学生实习机会的多寡、学生参与工作的层次等，影响着实习目标的实现（樊富珉，2003）。缺少专业性的机构，是当下中国社会工作实习教育面临的重要困境，这已成为众多学者的共识（徐迎春，2013）。

从督导角度来说，社会工作实习是一个有督导的学习过程，社会工作实习督导是社会工作实习教学中最重要的环节（史伯年、侯欣，2003）。社会工作实习的质量主要取决于督导者，没有督导的实习不会带来专业的成长（樊富珉，2003）。然而，缺乏能够胜任的专业性督导，也是我国很长一段时间内面临的基本困境，学者们对这一点的认识也相当一致（徐迎春，2013）。

为了更好地开展专业实习教育，让学生通过督导进行科学、高效地实践学习，不少学者提倡督导者将学习理论用于指导社会工作专业学生的实习实践。如综合认知学派和人本主义教学提出社会工作实习教育的整合性模式，将学习理论与社会工作实践结合在一起（李树文、鞠欣逸，2018）。有研究证实，将学习理论应用于社会工作专业实践的教学中，带来了教学方式大的转变，学生也由被动接受知识者变为积极的参与者与建构者（王晓慧，2017）。

第二节　运用学习理论促进实习学习

以学习理论作为指引督导学生在实习中的学习，使专业实习的督导过程有了清晰、明确的方向。

一　运用行为主义学习理论促进实习学习

行为主义学习理论强调学习是一种外部过程，学习的本质是刺激-反应联结的建立，督导教学的关键因素是刺激。因此，在专业实习的学习过程中，督导者要设计精确具体的刺激，及时强化学生的反应，实现对学习行为的引导。

国内高校开展实习的具体方式虽有差异，但也有相同之处，比如安排学生去相关专业机构进行走访参观、参与机构的项目等，希望通过学生观察专业机构服务人员的工作实践，不断提升对专业的理解，培养良好的专业素养。在这个过程中，强调通过观察示范者的行为，习得与之相同或相似的行为，这是一个间接的学习过程。

下面我们以班杜拉社会学习理论为依据，阐释专业实习的学习过程。

1. 注意过程

注意过程的主要作用在于学生需要从众多观察对象中选择自己想要观察的榜样对象和行为。因此，在社会工作专业实习中，学校筛选实习机构的标准就显得尤为重要。如果条件允许，学校要尽可能选择那些发展历史相对悠久，在当地美誉度较高、提供社会服务比较专业、实务成果相对丰富的机构，这样学生比较容易找到观察和模仿的对象，也更愿意主动去观察和学习。同时，带领学生参观机构，或督导学生项目的负责人最好是从事一线社会工作的工作者，学生可以通过观察直接模仿学习，而不是自己反复揣摩而不得要领。

2. 保持过程

观察学习的目的不仅仅局限于观察榜样的行为，而是要将所观察的行为记在脑海中，以便将来随时能够提取和运用。这种信息储存的方式有两种：一种是记住榜样行为的动作表象；另一种是关于动作表象相关的语言和文字解释说明。两种信息储存方式是既独立又统一的关系。这就要求学生在实习中撰写实习日志，做好相应的服务记录，在必要且获得服务对象允许时进行录音和视频拍摄，目的就是帮助学生，通过反复观察和揣摩持续地学习。

3. 再现过程

学生对榜样行为的再现过程可以划分为动作的认知组织、动作的启动与监控，以及动作信息反馈与动作调整三个基本步骤。动作的认知组织就是学生再现榜样行为时对动作进行回忆、筛选和排序。动作认知组织之后就该进行动作的启动与监控，最后根据动作启动的情况进行自我调整。学生通过实习观察、写实习日志和周记，会有一个通过督导自己尝试行为的过程，这个过程需要学生通过督导启动自己的行为，并不断地反思、修正自己的行为。

4. 动机过程

动机过程是发生在再现过程之后，它侧重在以后该行为再次出现的频率。只有在足够的动机和激励作用下，示范行为才会出现。这也就是说由知到行必须经过一系列的动机或激励过程，而并非一种自动化过程。

动机是联系知与行的重要桥梁，而影响这一"桥梁"的因素，也就是影响学习者再现示范行为的动机有三个：他人对示范行为的评价、学习者本人对自己再现行为能力的评估及他人对示范者的评价。对这三种对行为结果的评价分别是外部强化、自我强化和替代性强化。外部强化是指外界因素对学习者的行为产生的直接强化。比如学生预期行为能获得奖励，就倾向于操作经过观察而获得的行为，相反，则会削弱操作这种行为的倾向。自我强化是指按自己设定的标准行动时，行为者以自我支配的方式来增强和维持自己行为的过程（黄吴静，2008）。替代性强化是指通过观察别人而使自己在某些方面受到强化。比如，当看到别人的成绩和努力受到赞扬与肯定，自己就增强产生同样行为的倾向；反之，当看到别人的行为受到批评或处罚等，自己就避免产生类似行为。

这三种强化都是制约示范行为再现的重要驱动力量。当三种强化保持积极的一致性时，会增加学生再现行为的频率。但是在现实生活中学生经历的三种强化往往是不一致的，因此这就需要督导者对学生的实习表现因材施教，给予的评价要中肯适度，要结合他人及学生对自己和行为的评价，尽量使三种强化一致，必要时正确运用奖励与惩罚等强化手段，充分发挥外部强化与替代性强化的作用，给学生实践以最大的动机激励作用。

二　运用认知主义学习理论促进实习学习

认知主义学习理论批判行为主义学习理论将学习看成一个被动的过程，忽视了学生的主观能动性，强调学生要主动去发现和利用知识，认为学习的本质是学生内部的认知过程，督导教学的关键因素是学生。因此，在社会工作专业实习的学习过程中，督导者要通过设计教学事件帮助学生形成其认知结构，使其学会从具体问题中发现专业学科的基本结构，并利用原有的认知结构同化新知识，通过学习迁移解决实际问题。

因此，根据认知主义学习理论，主要从以下两个方面促进实习生的学习。

1. 重视对实习生的预期引导

认知主义学习理论强调学习是在理解的基础上形成的某种期待。学习者当前的学习主要依赖他对现在知识的认识和当前的学习环境，学习者是受他本身预期引导的，而不是受习惯所支配。社会工作专业学生在参与实习之前就已接受了不少专业知识的学习，基于他们自身对现有知识的理解和当前的实习环境，他们对专业实习产生了预期。督导者在专业实践教育中要重视实习生对实习的预期，了解他们的预期是什么，并向他们介绍督导后的实习可以在多大程度上满足他们的预期。当与预期出现不相符合的情况时，督导者要对实习生进行积极的引导。如在能力为本的实习督导中，会特别和学生沟通，"你对你目前知识结构和能力的判断是什么""你意识到自己有哪些能力的不足""你希望通过实习提升什么样的能力""你希望这些能力能够提升到什么程度"，引导学生形成合理的实习预期。

2. 关注实习生的认知结构

在专业实习中，督导者应秉持结构教学观，明确专业实习的首要目标是帮助学生在实践中理解和消化课堂所学的基本知识，鼓励学生进行"发现学习"，即在专业实习过程中主动在实习情境中发现知识，然后把对实习情境的认识和领悟转化为自己头脑中的认知。督导者要充分调动学生在学习过程中的积极性、主动性，比如给予学生充分的自由，让学生去充分接触实习情境，发现服务对象的需求，然后自主设计干预方案，在这个过程中协助学生积极主动地调用头脑中的专业知识来开展服务设计。学生在主动地探究学习的过程中常会伴随一些试错。这个时候督导者应及时给予指导和鼓励，教授学生产生"新"的知识，帮助学生将原有知识与"新"知识联系起来，帮助学生对原有专业知识有更好的理解，在专业实习中形成更完备的认知结构。

比如，学生发现一个因罪被判缓刑而失去工作的服务对象的家庭沟通不畅，想开展家庭治疗，对其母子关系进行介入干预。督导者提醒学生可能首先要对服务对象的需求进行排序，然后再根据轻重缓急和达成时间的长短优选实施方案，但学生认为首先要解决亲子沟通问题。在个案开展过程中，服务对象对此非常抵触，个案无法进行。督导者引导学生去思考：在此个案中，服务对象最迫切的需求到底是什么？为何服务对象不认为亲子沟通问题是应该首先要解决的问题？学生再和服务对象仔细沟通，很快豁然开朗，意识到之前的目标其实并不是在与服务对象沟通后达成的一致目标，不符合服务对象自决的原则。认识到这一点，学生及时对自己的服务目标和策略进行了调整，从找工作入手，个案顺利开展。

通过允许学生在工作开展的实践过程中自由探索、发现问题和不断试错，督导者及时给予指导和鼓励，有助于学生将课堂所学在实践中不断检验、内化，并运用于实践。

三 运用人本主义学习理论促进实习学习

人本主义学习理论提倡的是以学生为中心的教学观，认为每个人都蕴含着自我实现的潜能。将人本主义学习理论应用到社会工作专业实践的督导教育中时，应坚持"以学生为主体"的教育原则，充分尊重学生的个性，了解学生的差异，着眼于学生个体的全面发展。对于专业实习的学生，要结合其具体情况（如专业背景、专业理论基础、专业实践经验、成长背景、个性特点等），对不同专业能力和性格特点的学生，采取不同的督导教育方式。不应寻求一个统一的标准和模式来规定实习中的具体行为标准，而是让他们在探索中寻找适合自己的工作方式。

在专业实习的过程中，督导者可以让实习生主动接触服务对象，提供更多资源给实习生，让他们去尝试自己解决问题，并在"实战"中指导他们，从而帮助实习生提升能力。如实习生对个案专业关系的建立感到困难，向督导者求助，此时督导者不应直接对实习生运用的方法加以评判,而是予以恰当的引导,比如帮助实习生了解服务对象在服务过程中的反应,以及通过角色扮演再现这一过程,与实习生一起探讨这一过程涉及的伦理、知识与技术。

同时,人本主义学习理论认为学习是一个情感与认知相结合的精神世界的活动。学习不能脱离学习者的情绪情感而孤立地进行,在学习的过程中,情感的教育与对知识的指导同等重要(刘宣文,2002)。因此,督导者需要适时关注学生的情绪状态,当实习生出现明显的情绪低落,督导者需要及时对其工作开展情况进行了解。焦虑、烦躁等情绪是实习生在实习过程中常见的负面情绪,这些消极情绪往往是实习中遇到困境导致的。如实习生发现服务对象家庭关系的改善十分困难、初期制定的目标难以达到、与服务对象进行多次会谈却没有大的进展,或专业关系建立困难、陷入专业伦理困境等。面对此情形,督导者需要与实习生进行沟通,首先让其明白遇到这些困难和问题都是正常的,避免实习生将问题归因内在化,降低其无助感,为其赋权,并通过肯定实习生的工作能力与付出,协助其发现工作成就,提升自我价值感。督导者适当地关注实习生的情绪情感,有利于帮助实习生进行压力管理,增强自信,提高自我适应能力,能够以积极的心态来面对接下来的实习工作。

四 运用建构主义学习理论促进实习学习

建构主义学习理论认为,学习的本质是意义的建构过程。督导教学的关键因素是情境和学生。知识是学生依据个人经验对具体情境做出的解释,具有主观性、独特性、情境性和动态性。因此,在社会工作专业实习的学习过程中,督导者要善于创设情境,引发学生自主思考。

建构主义学习理论强调创建与学习有关的真实世界的情境,使学习者在相关情境中解决现实问题,并为他们提供社会性交流活动。督导者可以采用参与式观察的方式,在实习生的个案或小组工作开展的进程中进行观摩,并及时就实习生在工作过程中遇到的问题给予指导,因为在现实情境中的督导会更加有效,更有助于实习生将理论与现实相结合,以促进其能力的提高。比如实习生在开展小组工作时,督导者可以在小组内进行参与观察,当实习生在带领时出现冷场、对组员情绪处理不当的时候,督导者可以适时充当带领者的角色,通过在现实情境中展现有技巧的工作方式,引导实习生更好地掌握小组带领方法。在直接督导的过程中,督导者也可以尝试创设故事情境,如当督导者想让实习生认识到专业关系的建立不是一蹴而就的,而是需要一个过程时,督导者可以讲述自己曾经是怎样通过多次的会谈,才逐渐打开服务对象的心扉。这种故事情境的创设让实习生在接受督导的过程中,能够将督导者讲授的知识,带入具体的情境中进行思考和分析,可以激发学生的学习动机,帮助他们通过自己的思考来构建对知识的理解。

同时,建构主义强调,学习者在日常生活中已积累了广泛的经验,并能够以这些经验为基础建构自身对问题的理解。教学不能无视学习者已有的知识经验,简单地对学习者实施知识的"填灌",而应当把学习者原有的知识经验作为新知识的生长点,引导学习者从原有的知识经验中发展新的知识经验。在实习督导的过程中,督导者不应是知识的灌输者,而应是建构知识的引导者,督导者应该重视实习生自己的理解,倾听他们的看法,引导他们丰富或调整自己的解释。比如,当实习生在开展工作时遇到困难或问题向督导者求助,督导者直接向实习生告知解决方法往往不是最好的策略,因为实习生在他们原有的知识经验的基础上,难以轻易改变自己的想法,并接受督导者的意见。此时,督导者可以尝试创设问题,通过激发实习生思考来引导其探索,让其主动建构知识。有了自己思考、建构知识的过程,实习生更容易对督导者所教授的知识做出理解和认同。

五 四种学习理论的总结与比较

基于行为主义学习理论、认知主义学习理论、人本主义学习理论及建构主义学习理论,我们认为学习是一种循序渐进的变化过程,学生从实践以及与督导者的互动中学习,督导者则发挥引领的作用。但学生接受知识的动机与后续行为,以及督导者发挥引领作用的具体方式存在差异(见表5-1)。

表5-1 四种学习理论在社会工作实践教育中的应用对比

	行为主义学习理论	认知主义学习理论	人本主义学习理论	建构主义学习理论
学习的本质	刺激-反应联结的建立	认知结构的形成	学生实现自身潜能的过程	意义的建构
督导的关键因素	刺激	学生	氛围	情境、学生
督导的目标层次	知道,教学生学习知识	运用,教学生如何学习	提供学习的资源和氛围	评价

续表

	行为主义学习理论	认知主义学习理论	人本主义学习理论	建构主义学习理论
学生的参与程度	被动接受知识	主动接受、发现并利用知识	自己决定如何学习知识	主动创造、检验和改造知识
督导发挥的作用	提供强化与练习（控制）	设计督导事件（设计）	提供学习的手段促进学生学习（促进）	创设情境、引发思考（引导）

行为主义学习理论强调学习的本质是建立刺激-反应的联结，因此督导的关键因素是刺激。督导者要通过强化和练习帮助学生学习。在此过程中，学生主要是被动地接受督导者教授的知识。认知主义学习理论强调学习的本质是形成认知结构，因此其认为督导的关键因素是学生。督导者要设计教学事件来帮助学生学会运用知识以及学会学习。在此过程中，学生是主动接受、发现并利用知识。人本主义学习理论强调学习的本质是学生实现自身潜能的过程，因此其认为督导的关键因素是氛围。督导者要为学生提供学习的资源、手段，营造一种适合学习的氛围以促进学生的学习。在此过程中，学生可以自己决定如何学习知识。建构主义学习理论强调学习的本质是意义的建构，认为督导的关键因素是情境与学生。督导者要创设情境来引导学生思考并进行评价。在此过程中，学生主动创造、检验和改造知识。

第三节　通过督导学习的实例

在实习中，通过督导的学习本身是一个复杂的互动过程，督导者的角色是多样且变化的，学生实习各阶段的学习重点有别，督导者在实习过程中的角色与工作内容也会产生相应的变化。为了更好地促进实习生通过实习进行有效和有意义的学习，社区矫正机构的裴大凤督导依据上述学习理论设计了督导过程。

一　实习初期

实习初期，学生需要尽快熟悉和适应新的工作与生活环境，获得机构工作人员的接纳与支持，并与服务对象建立良好的关系。这一阶段，督导者首先要为学生创设良好的实习环境和氛围，向学生说明机构政策、行政程序和有关的工作规章等；同时要细心观察，做好情感联结的引导工作，了解学生对机构、服务对象的感受与认识，帮助学生更好地与机构和服务对象建立情感联结，更好地适应环境，进一步引导学生想清楚来实习的目的和计划，做好专业联结。

(一) 创设良好的实习环境和氛围

建构主义学习理论认为，学习环境是学习者可以在其中进行自由探索和自主学习的场所，强调教师要营造好的学习环境，为学生建构知识的意义提供各种信息条件。根据该理论，督导要为实习生创造良好的实习环境，力所能及地为实习生提供对其有帮助的资料文件、信息资源、硬件设施等，让实习生在此环境中可以利用各种工具和信息资源（如文字记录报告、书籍、音像资料及多媒体资料等）达成自己的学习目标。

在实习初期，实习生燕子按计划进入机构后，机构专门为其提供一间咨询室作为其日常办公所用，并配备电脑等办公设备。裴大凤督导还专门带燕子参观了机构的办公环境，为其大致介绍了机构的历史、服务领域、服务内容、工作模式等，带领其与机构的工作人员一一认识。这样做的目的是帮助其尽快熟悉和适应新的工作与生活环境，获得机构工作人员的接纳与支持，使燕子可以在一个良好的工作环境中开展实习工作。

除了良好工作环境的创设外，裴督导还通过提供各种资源来促进和支持燕子的实习工作，主要方式有线上资料的分享和实物资料的提供。

在实习刚开始的时候，裴督导经常会通过微信为燕子转发与矫正社会工作领域相关的推文。在实习进行过程中，裴督导会有针对性地转发一些文献资料来解答其工作中的相关困惑和指导实务技巧。通过线上资料的阅览，燕子不仅能够学到一些实用的经验，而且可以通过微信就推文的内容和学习心得与裴督导进行及时的互动沟通。这种方式有利于提高燕子在实习过程中获取知识的效率，有助于促进其学习目标的达成。

同时，裴督导在实习初期向燕子提供了《从心启程心理矫正项目个案选编》《从心启程心理矫正项目小组选编》等与实务相关的书籍，通过这些资料，燕子不仅对机构社区工作内容有很好的了解，也可以细致地学习个案和小组工作的开展方法。通过阅读选编材料，燕子还可以学习更多社区矫正领域的知识，了解矫正对象比较普遍的问题和需求，这些都有利于其后期实习工作的开展。

(二) 引导实习生做好情感联结

人本主义学习理论特别关注学习者的个人情感、信念和意图，认为学习不能脱离学习者的情绪感受而孤立地进行，在学习的过程中，情感的教育与对知识的指导同等重要（刘晋红，2009）。实习生要想更好地开展实践学习，在实习初期就要做好与机构和服务对象的情感联结。社会工作是与人打交道的专业，只有与人的情感联结到位了，后期开展工作和沟通才能更加顺利。裴督导运用人本主义学习理论，注重引导实习生建立情感联结。

许多实习生初到机构时都会产生焦虑、压力大等负面情绪，这些情绪主要来自对机构的陌生感、与工作人员的距离感、对自身实践能力缺乏信心而产生的无力感等。裴督导在实习初期时常带着燕子与机构员工寒暄，并且创造燕子与员工单独交流的机会，努力消除她对机构和员工的陌生感、距离感。对于燕子来说，在初接触工作时，她为自己作为社会工作者却很害怕和身为"违法犯罪分子"的服务对象相处的想法感到十分自责，但是裴督导告诉她："担心害怕很正常，因为你没有相关工作经验，之前对这类人群没有接触和了解，这种不确定性会让你没有掌控感。社会工作者，也会有自己的局限和不完美，要有一个过程，刚来时，我也是一样的。"裴督导的接纳给燕子提供了情感支持，让燕子认识到自身的害怕情绪很正常，主要是对服务对象的了解还不够深入，以后多接触、多交流就会发现其实服务对象并没有想象中可怕，因此燕子接纳了自己，也因督导者的这份关怀与认同而对实习工作和机构产生了认同感与归属感。

（三）强化实习生的专业联结

认知主义学习理论强调认知、意义理解、独立思考等在学习中的重要地位和作用。要想有效地开展实习工作，实习生对实习的认知、对实习目的的理解以及对实习计划的独立思考很重要。裴督导在实习初期十分注重强化实习生自身与专业的联结，引导实习生想清楚自己与社会工作专业的关系、开展实习的目的。

裴督导在实习初期询问燕子："你是真的想做社会工作吗？要想好，做社会工作要确定自己要服务的领域，没必要强求自己，不能因为自己大学学了这个专业就一定要做社会工作，一定要因为喜欢才去做。哪怕你不做社会工作，在别的领域发展得很好，将来为社会工作领域进行倡导、发声、资助甚至影响某些对社会工作行业极其重要的政策也是对社会工作专业很好的贡献。"

燕子在第一次听到裴督导这样的观点时很吃惊："是啊，我怎么就没想到呢，我一直觉得大学学什么专业就最好做什么工作，这样才能发挥最大价值。以前实习的时候，实习督导也没有像您这样跟我说的，所以我总是为找不到合适的专业领域而苦恼。但是听您说将来不做社会工作但也可以为社会工作做贡献，我想也是啊，说不定能发挥更大的价值，我就不硬逼自己了。放松下来，做好眼前的实习工作。"

裴督导通过"如何才能更好地完成实习任务"等提问引导燕子的实习态度，让燕子从根本上明白"将来不论是否想做社会工作，现在都要做好实习工作"：首先，专业实习是现阶段的一门必修课程，需要通过参与实习学习来取得这门课程的学分；其次，专业实习是在真实的工作环境中开展的，是检验和转化所学知识、技能、价值的独特机会；再次，实习过程可以帮助燕子在实践中检验自身的专业知识和能力水平，更好地洞察自己的优势和劣势，不断提升职业能力和素养，为将来进入职场打下坚实基础。在裴督导的引导下，燕子非常认真地规划自己的实习计划，十分珍惜这次实践学习机会，积极投身于这份实习工作，尝试运用自己所学的专业知识，真诚地对待服务对象、同事、机构，按时按质按量地完成实习课程的学习任务，在实习中获得了自己想要的体验、感受和成长。

（四）增强实习生的专业认同感和使命感

裴督导对燕子专业认同感的引导贯穿整个实习期，在燕子看到一线社会工作比较"困苦辛劳"的工作状态后有些失望，裴督导会从不同的角度来启发燕子思考："燕子啊，你有没有好奇，一线社会工作那么辛苦、压力大，工作薪酬也没有其他一些领域那样丰厚，但是每年报考社会工作的人越来越多，而且咱们社会工作点的老师都是具备十多年甚至二十年的从业经验，为啥他们能够在比较辛苦的情况下，仍然在社会工作领域坚持这么多年呢？你有没有去问问他们的想法呢？"

燕子意识到自己忽略了一个事实，"是啊，老师，我想问题不够全面，即使工作薪酬不是很理想，但是这几年薪酬上涨还是比较明显，说明社会需要和认可社会工作"。裴督导进一步引导："任何一份职业都不能脱离薪酬这个话题，但仅以薪酬来论也比较片面，我们机构很多优秀的一线社会工作者，他们在这个行业成长非常快，在'助人自助'和'促进美好'的理念下，他们或给服务对象解决了一些困难，或给社会带来了一定的改变，也在工作中体现了自身价值。他们坚守在这里，更多的是这份职业带来的价值感和自豪感，从而对这份职业产生认同感。燕子，你以后可以多和他们交流，去了解真实的社会工作。目前，一线社会工作非科班出身的现实也在一定程度上制约了专业的发展，我们急需专业科班出身的学生，带着对专业社会工作的深刻了解加入社会工作队伍，为社会工作的本土化研究和专业发展助力。目前，政府大力支持社会工作的发展，燕子，作为名校的社会工作专业硕士研究生，你有没有想过，如何为社会工作行业的改变做出一些贡献？"对这些问题的思考和探索的引导，能使学生重新审视社会工作专业，激发对本专业的认同感。

（五）增强实习生的社会工作责任感和人文情怀

社会工作者的责任分为社会责任和专业责任，前者是社会关系中力所能及的助人行为，后者是专业工作岗位上的工作义务。

根据著名心理学家班杜拉的观点，学习者会在对同伴、典范、优秀者、偶像等的模仿中学习社会经验。因此，裴督导十分注重自己的言传身教，通过身体力行地履行社会工作应尽的社会责任与专业责任，向燕子展现作为一名专业的社会工作者，应该以怎样的态度来对待自己的职业。比如，裴督导经常带着燕子一起接待来访的服务对象。燕子在与服务对象接触过程中，经常听到服务对象夸赞裴督导，认为裴督导非常专业，为人又很和善，大家都很喜欢她。燕子仔细观察裴督导接待服务对象的过程，发现裴督导首先会亲自为服务对象倒好温热的茶水，然后让服务对象自己选择座位，并且主动问服务对象"你希望我怎么称呼你"，在这些细心的关怀之后，原本很紧张的服务对象就放松了，有利于后续谈话的深入。裴督导告诉燕子："我们社会工作强调的尊重和接纳不是嘴上说说的，而是要实际去做的，我们的专业就体现在行动细节上。"裴督导也十分注重专业伦理，努力为服务对象提供专业的服务，尽到应尽的工作义务。即使在矫正工作中调解夫妻关系时，服务对象对裴督导言语态度比较差，裴督导仍然尽心、耐心地帮助矫正对象，不朝服务对象发脾气，在与实习生分享案例时也注意隐去可识别信息，注意保密原则。

人文情怀是一种亲近感和对生命、健康、尊严的自然关爱，它是社会责任和伦理规范的情感基础。人文情怀是一个社会工作者的感性动力，裴督导在每次督导的过程中，都注重对实习生表达人文关怀与情感支持。裴督导不仅十分关心自己的服务对象，对身边的普通人也关爱有加。裴督导经常会关注机构做清洁工作的阿姨，在闲暇时也会找阿姨唠家常，关注阿姨的日常生活和工作状态。裴督导还以身作则，带头做好上海市倡导的垃圾分类工作，同时监督机构同工以及实习生做好垃圾分类工作，将自己的办公室收拾得干干净净，减少清洁阿姨的工作量。裴督导经常和实习生强调，社会工作是一种有人文情怀的工作，要关心关爱身边的人。裴督导以身作则的行为示范也有助于实习生更加深刻地体会以及践行社会工作的专业价值观。而在不断地进行专业实践和接受督导的过程中，实习生也强化了自己的社会责任感。

二 实习中期

实习中期，实习生需要在机构内独立开展具体的专业实务，督导者要综合运用团体督导、个案督导等形式从专业的价值理念、专业知识、实务技巧等多方面对实习生进行指导；同时注重帮助学生完善专业价值体系。当实习生在个案工作、小组工作、社区工作等具体实务中出现诸如服务对象需求难以把握、专业关系建立困难、活动难以持续等问题时，要细心引导。

（一）协助实习生了解和把握服务对象的需求

实习生能够独立开展个案工作、小组工作等具体的专业实务的前提是与服务对象建立基本的信任关系，只有对服务对象的特征和需求进行清晰的了解和把握，才能为服务对象提供更好的服务。服务对象的特点包括生理、心理、行为特征和所处的社会环境特点等。比如裴督导常引导燕子关注社区矫正这个特殊领域内的服务对象的特点。生理上，他们大多数是年龄较大的中年人；心理上，他们由于犯罪而被判刑纳入社区矫正，常常会有自卑、不满等情绪；行为上，他们需要接受司法部门的日常管理，完成社区矫正的相关任务，但他们由于内心的不满或不被重视，时常忽视一些应做的行为，如签到打卡、集中学习等；环境上，他们容易被家庭成员和社会大众贴上"犯罪分子"的标签，容易被歧视等。裴督导指导燕子通过社区走访、家庭探访、个案访谈、法律文书收集等方式收集与服务对象相关的信息，帮助燕子发现服务对象的需求，对服务对象进行评估。

（二）协助实习生设计与实施具体的服务方案

当实习生对服务对象的特点和需求做了了解和评估之后，便可以着手拟定具体的服务方案。督导者要参与实习生具体服务方案的设计与实施。督导者可以给学生提供方案设计的模板，在计划书拟订过程中与实习生一起反复讨论与修改，协助实习生厘清方案的目标、内容、困难和局限等，提高方案的可行性和有效性。具体来说，可以将团体督导和个案督导等方式结合起来。

1. 开展问题导向式学习法的团体督导

建构主义学习理论强调教学不是简单地把知识、经验灌输到学生的头脑中，而是通过激发和挑战其原有知识、经验，提供有效的引导和支持，帮助学生在原有知识经验的基础上生长（建构）新的知识、经验。要从"以教师为中心"转变为"以学生为中心",从强调接受到强调探究和发现,从关注学习结果到同时关注学习过程。

裴督导在团体督导中注重以学生为中心,引导学生围绕问题开展协作学习。问题导向式学习强调学习者应该为自己的学习负责任,必须改变被动的学习态度,认真思考自己的学习议题与方向、决定自己的需求,并在收集信息的过程中与他人进行合作、分享。

裴督导会在每周一为实习生进行1小时左右的团体督导,在督导过程中,裴督导首先让实习生简单汇报一下一周来的工作、心得体会以及困惑,然后并不直接对他们的工作予以评价,而是在过程中引导实习生通过小组互动讨论达成共识。针对某个工作难点,也引导小组成员各抒己见,建立他们自己的假设,然后评估与问题相关的知识,规划所需要了解资源之时间进度表,依其目标拟订计划。鼓励他们进行自我导向的学习,在团队中分享信息与想法,运用所获得知识,并执行其计划。如团体督导中燕子遇到在小组社会工作中小组组员对小组工作内容不感兴趣的困难,裴督导不是告诉燕子应该如何处理,而是鼓励实习生之间开展自由讨论,鼓励他们通过讨论交流想法,督导者同时参与到讨论的过程中。此时,讨论的过程由学生自主把控,裴督导在旁启发,围绕该实习困难产生的原因、可能的解决措施等展开讨论,如组员为什么会对小组工作内容不感兴趣,是要改变小组内容还是改变组员。督导对实习生通过讨论得到的解决办法不给予直接的评价,而是给予其一定的试错机会,根据试错的过程和结果进一步确认学生遇到的实际问题以及根据其学习能力再做进一步的指导。

2. 进行一对一的个案督导

认知主义学习理论认为学习发生于思维过程,学习的效果不仅取决于外部刺激和个体的主观努力,还取决于一个人已有的知识水平、认知结构、非认知因素。不同的学习者具备不同的认知风格。认知风格指的是个体组织和加工信息时所习惯采用的不同方式。认知主义学习理论根据认知风格将学习者划分为三类:序列型、整体型、全能型。序列型学习者倾向于采用聚焦策略,学习特征是从局部到整体按步骤进行;整体型学习者对学习任务倾向于采用整体策略,从全景开始再看细节;全能型学习者则更倾向于依据任务的性质来进行学习。

人本主义学习理论认为,不能对学习者做共同起点、共同背景、通过共同过程达到共同目标的假设。学习者对新知识的接受水平、类型和角度都有所不同,应基于学习者的不同背景开展教学工作。因此,裴督导在对燕子进行督导的过程中，会结合其自身的专业水平和成长经验，因材施教，进行个别化的督导。

燕子属于整体型的学习者，她在实践学习中能看到事物的全局，在个案中能从整体上把握服务对象与母亲的关系。她也能够把握事物之间的相互联系，从服务对象幼时父母离异的经历联系到服务对象现在与母亲的关系。她还乐于与集体一起努力，与其他机构同工在讨论或合作中共同学习。但是对于一些具体的步骤和细节有可能会漏掉，在特定情况下，为了让人感到满意，会忘我地工作，而且对批评的意见比较敏感。因此裴督导在给其布置实践任务的时候，会更关注任务的整体氛围，所以在督导时会先讲明工作的目的，然后要求她列出具体的步骤和可能用到的物品，在想不周全的时候请求同工帮助。对于燕子的指导也以鼓励为主，提出批评意见的时候尽可能委婉。在开展个案工作的时候，裴督导要求燕子做好详细的个案记录，有意识地训练燕子对细节的把握，针对燕子的特点进行有效的督导。

（三）协助实习生学习专业伦理和价值理念

在接受督导的过程中，实习生可以感受到督导过程传递出的专业价值理念，并在实习工作开展过程中强化自身的专业价值理念，建立专业价值体系。

行为主义学习理论强调刺激-反应联结的建立，通过观察学习，让学习者从自己的角度感知世界，发展出对世界的理解（周成海，2011）。在燕子的实习工作中，裴督导十分注重让其通过观察来学习。在对一个因为职务侵占而被刑拘的年轻女性做审前调查的时候，前来参与审前调查的是其丈夫、父亲和母亲。在司法所矫正专员多次向这位丈夫询问其经济状况时，他突然变得很愤怒，对着工作人员发起脾气来，强烈表达不满，反复怒问："你是什么意思？"这直接影响审调工作的开展。燕子作为观察员认为这位服务对象十分粗暴无礼，也对其行为表现感到愤怒，但矫正专员丝毫没有表露出生气的意思，更没有和服务对象去争吵，而是继续耐心、温和地解释并努力舒缓他的愤怒情绪。事后，裴督导询问燕子观察学习的想法和感受，燕子向裴督导倾吐："如果让我直接接手这一个案，我会认为服务对象自身存在性格缺陷，很难沟通，也会觉得他素质很差，我会很不情愿接受这样一个服务对象。但是，通过对矫正社会工作老师应对表现的观察，我意识到可能是我的专业价值观出了问题。作为社会工作者要尊重每一个服务对象，而且要充分理解他们的处境和心情，理解每个服务对象都有其成长生活的背景，自然也有其不一样的性格特点，但他们都有被尊重的权利。当我明确了这样的价值理念，我就会以平和、积极的心态来开展工作。"可见，行为主义学习理论强调的观察学习方法，运用在专业实习的督导中，目的是让实习生通过观察调整自己的认知，更深刻地理解和掌握社会工作专业价值理念的有效方式。

建构主义学习理论认为学习者在日常生活中已积累了广泛的经验，并能够以这些经验为基础建构自身对问题的理解。所以，在建构主义学习理论的视角下，学习者是教学过程中的主体，是自己认知结构的缔造者（杨维东、贾楠，2011）。根据建构主义学习理论的理念，在开展督导的过程中，督导者不是知识的灌输者，而是建构知识的引导者，是教学情境的设计者。

同样以上述例子举证，丈夫当着岳父、岳母的面表示要与妻子离婚，还说妻子之所以犯职务侵占罪是因为其父母没有教育好。实习生基于自己已有的经验和价值判断，往往容易有先入为主的想法，凭借自己的经验来看待事情。比如燕子认为这个丈夫是个"坏人"，"人品不好"。根据建构主义学习理论，裴督导没有直接对燕子的价值判断做出肯定或否定，或是要求实习生应该做出怎么样的价值判断才是正确的，而是对燕子的认知进行引导。裴督导建议燕子可以先观察和了解，不要随意下结论，尽可能避免主观的价值判断，保持价值中立。同时，社会工作者可以根据现场观察提出自己的假设：这位丈夫将妻子的犯罪归因于岳父、岳母，是不是岳父、岳母过多地卷入他们的日常生活？他们夫妻互动是怎样的，家庭的经济收入是如何支配的？他是真的想离婚还是只是一种情绪的表达？丈夫的性格是一直如此，还是只是这次事件触发？带着假设在后续工作中，通过全方位的资料收集来验证，可以让我们的工作有的放矢，对服务对象做出客观的评价，找准工作方向。

在这个督导的过程中，燕子是知识的主动建构者，而不是知识的被动接受者。裴督导作为这一学习过程的指导者，注重对燕子价值观的引导，而不是单纯地为其灌输或强加所谓"正确的"价值理念。

（四）协助实习生掌握理论知识与实务技巧

1. 个案实务引导一：创设问题，激发学习动机

建构主义学习理论认为，学习的本质是意义的建构过程，知识是学生依据个人经验对具体情境做出的解释，具有主观性、独特性、情境性和动态性，学生应该主动去检验知识。因此，督导者要善于创设情境，引发学生自主思考。

燕子在第一次与个案服务对象进行会谈后，发现会谈的收获甚微，通过服务对象的表述，很难发现服务对象身上存在显性的"问题"，在了解服务对象的家庭关系、成长经历时，服务对象表示自己从小到大一直都很顺利，生活状态平

稳，和父母关系也都不错。燕子抱着困惑的态度向督导者求助："我的服务对象好像没有任何问题，这样的个案是不是没有继续开展的必要了？"

促进学习过程的关键不是直接传递知识，而是创设问题、激发动机、引导探索，让学生主动建构知识（毛齐明，2016）。因此裴督导并没有直接向燕子教授解决问题的办法，而是向她抛出问题，"人的一生没有任何问题是不可能的，如果你的服务对象告诉你他的生活中没有任何问题存在，这本身可能就是一个问题。服务对象是否真的向你敞开心扉？只与服务对象进行了初次的接触，专业关系是否建立到位？服务对象表示与父母关系融洽，那么，其是否能够举出具体事例来证明自己和父母的关系很融洽？"

对于问题的创设和引导显然激发了燕子对服务对象潜在的更深层次问题的探索，燕子在第二次会谈时深入探究服务对象的家庭关系，发现服务对象的表述果然和初次会谈时存在出入。服务对象表示自己的父亲是一个急躁的人，常常在外人面前说一些让自己感到不满的言论，因此服务对象对父亲的态度时常是冷淡的，加上服务对象性格较为内敛，生活中并不愿意和父母做过多情感的交流。从第二次会谈中可以发现，服务对象和自己的父母之间存在很多隔阂，随着专业关系的逐步加强，服务对象才逐渐向燕子吐露心声。

2. 个案实务引导二：帮助实习生掌握恰当的会谈技巧

建构主义学习理论认为世界是客观存在的，但是对于世界的理解和赋予意义却是由每个人自己决定。我们个人的世界是我们用自己的头脑创建的，由于我们的经验以及对经验的信念不同，我们对外部世界的理解迥异（林琳，2009）。教学的过程不是直接告诉学生应当如何去解决面临的问题，而是由教师向学生提供解决该问题的有关线索，发展学生的"自主学习"能力。

燕子的个案服务对象因为和人打架，不慎将对方打成轻伤而被判缓刑，服务对象多次向燕子提到，自己和家人、朋友都认为是自己"运气不好"，"好端端的就摊上了这样的事"。在了解了服务对象的案情经过后，燕子在初次的会谈过程中运用个案会谈的支持性技巧，倾听、同理、鼓励服务对象，但发现对于个案的进展没有太大的成效，很难使服务对象意识到自己在这一事件中的问题。对此，燕子感到困惑。裴督导在督导时不是直接告诉燕子应该怎么做，而是结合其已有的专业知识，引导燕子思考其运用的技巧在当前的情境下是否依旧适用，如果不适用，则可以考虑尝试其他没有使用过的技巧。比如在此种情形下，是否适合采用支持性的技巧，不断迎合服务对象的言论？是不是可以尝试运用引领性和影响性的会谈技巧，比如澄清，引领服务对象对模糊不清的陈述做更详细、清楚的解说，使之成为清楚、具体的信息。因为沟通本来就是困难的事情，每个人的内心都是一个独特的世界，各自拥有不同的生活空间，不是通过几句话就可以了解的。个案工作者与服务对象之间不是一般的人际沟通，而是要深入地互动，社会工作者必须对服务对象有较全面、深刻的了解才能真正为其提供帮助。或者运用面质的技巧，在发觉服务对象的行为、经验、情感等有不一致的情况时，直接追问或提出疑义。通过对质，社会工作者可以协助服务对象觉察到自己的感受、态度、信念和行为不一致或欠和谐的地方。在接受了裴督导的督导后，燕子在下一次的个案会谈中尝试运用新的会谈技巧，收效显著。

3. 小组实务引导一：注重运用 Kolb 的体验式学习模式

根据人本主义学习理论中的 Kolb 体验式学习模式（肖谦、徐辉、罗瑜，2011；张执南、张国洋、朱佳斌，2020），学生要在实际经历和体验中观察和反思，抽象出合乎逻辑的概念和理论，并运用这些理论去做出决策和解决问题，在实际工作中验证自己新形成的概念和理论。督导者在开展工作的过程中，需要注重引导实习生将课堂所学理论知识加以实际应用，在实践中加强对这些理论的学习，完善专业知识结构。裴督导在督导过程中发现，通过运用体验式学习方法，实习生在理论和知识水平上也有一定程度的提升。

如燕子在裴督导的强调下，开展小组活动的时候，认真观察，事后认真反思，总结出两条非常实用的小技巧。其一，转换角度与思路。燕子在初次带小组的过程中，遇到几位服务对象在小组中反复说与主题无关的话，自顾自不管社会工作者的带领和引导。在裴督导的提示下，通过几次摸索和尝试，燕子发现只要社会工作者站到讲话的服务对象身后，他们就会停止闲聊把注意力集中到小组上来。燕子从服务对象的角度出发，认为也许是因为社会工作者是相对专业的工作人员，且是小组负责人，而服务对象是矫正对象，一定程度上会"惧怕"专业人员，站在他们身后就会给他们带来一种无形的压力，他们就不会再私下乱说话了。再比如，燕子曾在小组带领中向服务对象介绍"非理性信念"概念，发现小组成员的兴致不高，很快注意力就分散了，后来还出现一位服务对象与燕子就"一定"是不是非理性信念产生了争论。通过观察和反思，燕子意识到当服务对象的文化水平不是很高的时候，应该更注意语言的通俗易懂，而且没必要在概念问题上进行无谓争论。从服务对象角度来说，他们来参加小组活动并不是抱着学习概念的目的。

其二，善用奖励。燕子在多次小组活动中发现恰到好处地运用奖励的方法，可以调动活动参加者的积极性，使他们专心投入活动，强化活动的效果。因此，她在开展小组活动过程中常常会准备一些纪念品送给组员。在初期开展小组活动时，机构的同工给了燕子一些中心的纪念品，如钥匙链，她在活动结束后给每位服务对象都发了一个。后期通过反思，燕子意识到统一发放纪念品可能起不到激励和鼓励的作用，因此做出了调整，改为在活动过程中根据组员的表现适当发奖励，这样效果好了很多。燕子把这些在实践中通过观察和反思得到的经验进行提炼、总结，运用到以后的工作实务当中，实务能力获得较大的提升。

4. 小组实务引导二：鼓励实习生与同工开展协作学习

根据班杜拉的社会学习理论，学习者在对同伴、典范、优秀者、偶像等的模仿中学习社会经验，这样学到的经验更能生活化、深刻化、结构化（李晶晶，2009）。建构主义学习理论也强调，学习是一种社会活动，个体的学习同其他人关系密切，同其他个体之间的对话、交流已成为完整学习体系的一部分，因此要注重协作学习。

裴督导会鼓励燕子与机构其他同工多接触，并向他们请教和学习。机构其他同工有着丰富的实务经验，在与燕子共同开展工作的过程中，能够从不同的角度对燕子进行实务方法、技巧运用等方面的指导；同时，裴督导会将同机构的实习生召集到一起开展督导，让实习生之间互相交流想法、互相学习、共同进步，有利于让实习生了解更多的观点、从不同的角度去看待自己在实务中遇到的困惑和问题。

通过与实习生、机构同工等的交流，了解不同的人对同一事件的不同看法，实习生可以获取间接的学习经验，对问题的理解也更加丰富和全面。如通过对机构同工设计和带领的小组活动进行参与式观察，燕子对小组活动的带领技巧和方法有了新的收获和体会。在小组活动中与机构同工的协作，也可以帮助其转变开展工作的思路。

（五）及时处理学生的负面情绪

燕子在其开展专业服务的过程中遇到了不少问题，时常也有困惑。比如，在开展工作时，因为专业关系建立困难、服务对象家庭关系改善困难，初期制定的工作目标难以达到，与服务对象进行多次会谈却没有大的进展，她陷入专业伦理困境等问题，时常感到焦虑、沮丧。为此，裴督导找到燕子与其进行沟通，燕子坦言服务对象的不配合使自己的工作难以开展，陷入困境的局面让其感到焦虑。

她在与督导者的沟通中吐槽:"裴老师,我多次和我的服务对象说他和他母亲的沟通存在问题,希望他能够和母亲坐下来好好谈谈,深入交流一下。但是他认为他妈妈的性格就是那样子,几十年了,改不了,不愿意和母亲沟通。我也向服务对象表示我可以上门进行家访,服务对象不愿意,我退而求其次鼓励服务对象邀请他母亲来我们社会工作点,我们坐下来一起谈谈,他也不愿意。服务对象这也不愿意,那也不愿意,你说这个个案接下来怎么办啊?好烦啊。"

在对其进行督导的过程中,根据人本主义学习理论,裴督导先对燕子的焦虑进行同理和接纳,让其明白在服务开展过程中遇到挫折是很正常的,"如果服务对象的问题不棘手,自然也不会寻求我们专业社会工作的帮助了。你想想,要是服务对象十多年养成的性格、与其母亲的隔阂,仅凭你几次谈话就解决了,现实吗?即便是我,面对这种问题也会感到比较麻烦,不容易入手。所以你不要太着急了"。经过耐心沟通,燕子的焦虑情绪得到明显舒缓,她感受到来自督导者的理解和关怀。在此基础上,裴督导对燕子进一步进行专业知识和方法的引导,让其认识到社会工作的角色与作用:"服务对象不愿让你介入其家庭关系的改善,并不代表服务对象对你不信任。多半是服务对象还没有意识到这个问题,如果服务对象不愿改变,社会工作不能一味地强求服务对象改变,服务对象有自己的步伐和节奏,社会工作要做的是陪伴服务对象走一程,尽量让服务对象自己意识到这个问题,促使他产生改变的动机。如果服务对象的问题不止一个,我们评估后要对问题进行排序,看看哪个是急需解决,或者哪个问题的解决可以带动其他问题的解决,这个要和服务对象商量确定,由服务对象自己最终决定。同时我们也要警醒,社会工作不是万能的,不是什么问题都可以解决,有些事的确因为各种因素解决不了,那就不去勉强。"

燕子的负面情绪主要源于对自己工作能力的质疑,裴督导对其开导,发挥了督导的情感支持功能,使其感受到来自督导者的接纳和肯定,从而更好地处理服务过程中感到的挫折、不满、失望、焦虑等各种情绪,增强自我功能;也帮助燕子更清楚认识到自身的能力和社会工作的本质,促进其对专业的认同。在接受督导后,燕子能够更客观地看待自己难以解决的问题,改变了此前将自己主观意愿加之于服务对象身上的认识误区,真正意识到何谓"服务对象自决"。当燕子协助服务对象顺利就业后,服务对象主动和燕子谈起了和妈妈的争执,燕子也以同龄人的身份,通过自我表露的技术,引导服务对象如何与妈妈有效沟通。燕子也在这个过程中进一步清晰了理论与实践契合的重要性,表示自己会以更自信、积极的心态来面对和处理工作上的困难。

三 实习末期

实习末期，实习生已适应机构的日常运作并能在机构内独立完成工作，自己的实习活动也成为机构服务的有效组成部分。督导者要帮助实习生处理好离别情绪，并综合学校和机构双方的考评标准，对其实习表现给予评价，引导其进行反思，并强化其良好的既得行为。

（一）对于实习生离别情绪的处理

在实习即将结束时，实习生已获得了一定的工作成就感，与机构工作人员和服务对象也建立了深厚的感情。这时，由于即将离开机构，实习生会产生一定的失落情绪。对此，机构督导应给予关注并适当介入。裴督导通过面对面地交流，协助燕子梳理和澄清自身感受，通过运用倾听、接纳、同理、经验分享等技巧给予其理解和情感支持。

首先，了解燕子的反移情情况。反移情会导致社会工作者很难处理好自己的离别情绪，这对服务对象的离别情绪处理也非常不利。裴督导会引导燕子："我们要理性地认识到社会工作服务的宗旨是'助人自助'，我们永远只能陪伴服务对象走过人生的一小段，我们的作用主要是通过一小段的陪伴给服务对象带来收获和成长。从某种程度上说，离别意味着服务对象在我们的陪伴之后可以充满能量地继续自己的生活。而服务对象'自助'能力的提高，才是我们服务目标的真正实现。所以，我们要学会坦然并欣慰地从专业关系中退出来。"

裴督导会从个案、小组多个层面来指导燕子处理好离别情绪。如在个案层面，裴督导会指导燕子通过个案管理来协助服务对象搭建起自身的支持系统，"在提供个案服务时，需要有个案管理的理念，注意整合服务对象自身各方面的资源，将服务视为一个过程，对其中的每一个环节进行管理，而不仅仅只是对直接服务对象进行分析和介入，需要注意到他身边的各种支持系统。如果意识到即将到来的离别可能会对服务造成影响，那么我们在现阶段的个案服务提供过程中，更加需要强化个案管理的理念和方法的应用"。在小组层面，她提醒燕子至少在倒数第二次的时候提前告知组员小组即将结束，让组员做好离别的心理准备。

其次，针对燕子与机构工作人员之间的离别，裴督导通过召开机构工作会议，让燕子与其他工作人员一起分享和总结自己的实习体验，帮助其回顾、总结实习成果，从而坚定其服务信念、增强其经过实习获得的自我价值感。同时裴督导也会鼓励燕子与机构工作人员常保持联系，交流学习疑惑与心得。

（二）引导反思实习收获，强化既得行为

行为主义学习理论强调要对学生的反应进行及时的反馈和强化。学生在完成实习任务后，督导者应及时了解学生的收获和感受，巩固实习经验并加强自省与反思。

在实习结束后，督导者会要求实习生写一些实习的总结、反思，或召开团体督导会，让实习生们通过讨论与交流，分享实习的感悟和收获。这个过程是一个能够帮助实习生进行反思、回顾的过程，让实习不仅停留在完成工作任务上，还要重视任务完成后的总结、反思。只有平时在实习过程中重视细心观察，多视角多维度地看待问题、理解学习内容，才能在总结回顾时有文可写，有情可发。燕子通过记录回顾实习中的"感受"和"体验"，并从"感受"中进行学习。裴督导还通过批阅、回复实习总结与燕子进行互动，并及时与其进行沟通。

正如本章开头提到的，社会工作是"学习"出来的，学习理论在指导社会工作实践学习方面有着独特的作用。社会工作督导作为学生实践学习的媒介，可以整合运用学习理论来指导实习生学习。本章重点介绍了行为主义、认知主义、人本主义、建构主义四种学习理论，并通过对一个实习生的督导示例，阐释了督导者作为实习生学习的教育者、协调者、支持者、同行者、评估者，如何整合运用学习理论在学习环境和氛围、情感支持、专业理念、理论知识、实务技巧等诸多方面提供帮助。学无止境，通过实习，督导者与实习生相互作用，共同获得专业成长。

第六章　批判性反思实践

也许反思性实践为我们提供了一种方法，它使我们能够尝试理解工作场所中的不确定性，以及在身处秩序和混乱的边缘时依然以富有胜任力且符合道德操守的方式进行实践……

—— Ghaye（2000）

《论语》中"吾日三省吾身"道出了"多省"的重要性。从语义学角度来看，"省"是观察、查看的意思。印度哲学家克里希那穆提（J. Krishnamurti）曾说过，不带评论的观察是人类智力的最高形式。诚然，要无限地接近真相、通向真理之路，首先需要我们放下心中可见和不可见的成见与自以为是。

在专业领域，"省"与情境系统、专业知识、专业关系以及个体的生活惯习等都息息相关。由不同因素组合而成的系统不断形塑着人们的认知过程和结果，影响着人们的决策和行动。因此识别自己的认知过程如何被影响和诱导，对于我们做出正确的决策十分重要且必要，这也是批判性思维关注的领域。从社会工作督导者视角来看，"省"字包括下述几方面内容：一是客观观察；二是立足客观的观察，在系统的专业知识支撑下对现有的服务实践进行反思；三是对未来的服务做出更清晰的规划。这对社会工作教育中的专业实习环节提出了更高要求。培养学生的批判性思维能力，借助特定的工具来反思专业实习的过程，并促成反思基础上的专业再实践是达成上述专业实习教育目标的三个不可分割的环节。

本章将从批判性思维的内涵出发，引出社会工作范畴中对批判性反思实践的界定，并依循改编后的吉布斯反思循环工具来呈现如何在社会工作实习教育中将"督导"结构化和操作化，以对实务督导提供理论和实务的导引。

第一节 批判性思维的内涵与步骤

思维是人类区别于其他动物的核心标志。复旦大学近年来开设了一门由不同学科教师组合讲授的通识选修课——似是而非，这门课程的要旨在于培养学生的逻辑思维能力，教会学生如何使用批判性思维来揭开隐匿在表象之下的真相。在信息大爆炸的时代，不会思考、不会辨析和处理信息，不会向内看就无法对散落在各处的知识点形成系统性思维的能力。

一 何谓批判性思维

通俗地讲，批判性思维就是发现和挖掘行为背后的假设，进而质疑和检验假设，确保假设更加合理，从而促使行动更好地达成目的（斯蒂芬，2017）。在人类日常行为中，除了先天性条件反射，其他行为的发生都是基于一定的假设——我们认为正确的东西。而假设又分为因果型假设、规范型假设和范式型假设三大类型。因果型假设是有关世界如何运转以及在什么情况下可以做出改变的假设；规范型假设是有关特定情况下应该怎么样的假设；范式型假设是我们深信不疑的左右我们对世界整体看法的假设（斯蒂芬，2017）。

尽管我们都期待所实施的行动能够达成目的，但站在"假设-行动"这一维度进行考察时，可以发现关键的问题有两个：一是假设是否被发现；二是假设是否合理。从假设的复杂性可知，在现实生活中，人们认为正确的东西，并不一定是正确的。

二 批判性思维的思想渊源

为了厘清批判性思维，我们有必要了解其背后的五大思想渊源，即分析哲学与逻辑学、自然科学、实用主义、心理分析和批判理论（斯蒂芬，2017）。

第一，分析哲学与逻辑学。分析哲学与逻辑学强调对论证过程的建构和解构分析。由于受到哲学上语言学转向的影响，该领域的批判性思维主要依托语言和逻辑进行，着力分析诸多语言行为中蕴藏的关系和权力，俗称辨别语言把戏。

第二，自然科学。在自然科学中，假说演绎法是科学研究的基础，它通常包括建立假说和验证假说两个方面。假说是对一系列现象之间联系的似乎可信的解释。建立假说的过程要求我们仔细观察各种现象，并且能够打破惯性思维。验证假说包括证实和证伪两种结果，重要的是证伪原则，它启发我们任何真理都应该是我们全力证伪之后得出的结果。

第三，实用主义。实用主义推崇不断实验、吸取教训和主动寻找新的信息和可能性，以此找到更美好的社会形式。即通过实验呈现更美好的结果。这其中强调采取实际行动和听取多方声音的方法。

第四，心理分析。心理分析假设每个人都有一个核心的、真实的人格，在社会互动中，个人的内在完整人格与外在环境建立良好的互动关系，从而实现过上完整、真实的生活之目的。然而，童年时期的被压抑经历和外在的政治因素（主导的意识形态及相关政策）使我们的生活被割裂，因此要意识到这两者是如何阻碍我们全面发展的，并通过不断的对话以接近真相。

第五，批判理论。批判理论来源于法兰克福学派，是一种激进社会理论形式。它主张人们学会辨别隐藏在日常生活中的不公平的主导意识形态，启发人们敢于说真话。因为这些意识形态看似正常，实则左右着我们的行为，维持着一个不公平的体系。

以上五种理论渊源分别在不同的学科领域论及批判性思维，总体上看包括批判性思维的动力（为何批判）、对象（批判什么）和方式（如何批判）等。由此可见，批判性思维具有一定的跨越学科的特征，从"假设－行动"角度对批判性思维进行界定也具有更普遍的可接受性。

三 批判性思维的主要步骤

从操作化角度来看，批判性思维的操练需要经过以下四个逻辑步骤。

第一，发现假设。辨识左右我们思维和决定我们行动的假设。假设是普遍存在的，日常思维中假设通常不经过检验而直接指导行动。这是由于我们常忽略了假设的存在，很少挖掘行动背后的假设，往往表现出一种习惯化的行动。比如，当问及某学生的研究生复试为何没通过时，他的回答是"准备不充分"。这是一个很常见的回答，但实际上它阐述明白原因了吗？似乎没有，它并没有道明结果（复试失败）背后的假设。只有找到行动背后的假设，才能真正为未来的复试成功找到改进之路。可以说，发现假设是第一步，也是极具挑战的一步。在现实生活中，将"审视自己为何这么做"与"层层递进式审视"结合起来，有助于我们发现假设。

第二，检验假设。即检验假设的合理性和准确程度。假设并没有严格意义上的正确与错误，只有适宜与否，因此察觉假设发生的场景是重要的。比如，由于体质原因，有些人不吃晚饭减肥效果明显，并且身体在短期内没有受到明显负面影响，对这些人来说减少能量摄入可以减肥这一假设就是"正确"的；而对于那些不吃晚饭减肥效果不明显的人来说，这一假设就是"错误"的。显然，决定行为正确与否的重要因素其实是不同的情境或条件（体质差异）。因此，提出假设之后就是检验假设的合理性，其关键在于确定和评估支撑这一假设的证据，即多方面的经验。经验有的是直接性的（自己经历的事情），比如一个月不吃晚饭后测量体重，发现没有显著下降；有的是权威性的（来自信任的他人），比如某位你崇拜的身材很好的明星告诉你不吃晚饭减肥成功了；有的是来自严密的研究和调查证据，比如某科学家发表了一个关于不吃晚饭促进减肥的研究成果。除此之外，还有很多证据来源。检验假设就是在尽可能广泛地收集证据的基础上对证据进行评估，以检验假设是否合理。在现实中，很多"证据"往往是在利益相关者的勾连中被建构出来的，消费者往往是弱势方。

第三，多角度看问题。从多个角度审视我们的观念和决定，学会站在他者的角度看问题。随着科学领域和专业知识的细分，知识也被日益细分为不同的领域，这就注定了我们脑海中的真理性认知可能只是冰山一角，现代社会中密集的社会角色分工更强化了这一事实。因此，站在不同的立场上审视同一假设，是确定假设是否准确或在什么条件下合理的有效方法。

第四，做出明智的行动。所谓明智的行动，就是得到充分证据支撑的行动。在以上三个步骤的基础上，我们得到了更为合理的假设，据此规划、采取的行动也就获得了更多证据的支持，我们也能更好地达成行动的目的。

第二节　社会工作实务中的批判性反思实践

前文介绍了一种适用于实践的批判性思维方式，当聚焦不同领域的专业实践时，我们需要结合具体的专业领域来具体化批判性反思实践的内涵和原则。

从字面意思上理解，批判性反思实践至少包含三层内容：一是批判性思维；二是关于行动的反思性；三是实践。也就是说，批判性反思实践是在实践基础上整合了理性思维之后的行动。下文我们首先解读批判性反思实践的内涵，然后介绍批判性反思实践如何运用在社会工作实务之中。

一　批判性反思实践

要理解批判性反思实践的内涵，首先需要明确反思性实践的定义。反思性实践是指为了获知关于自我和实践的理解而在行动中和从行动学习的过程（Boud, Keogh, & Walker, 1985；Boyd & Fales, 1983；Mezirow, 1981；Jarvis, 1992）。也有学者指出，反思性实践是反思、自我觉知和批判性思维的交集（Eby, 2000）。从中可知，反思性实践需要具备良好的认知与情感能力。

作为工业化的产物，现代教育以培养学生的科学理性为圭臬，注重揭示事物的本质主义。随着本质主义愈演愈烈，人们开始反思过度追求工具理性而忽略"人"这一主体所产生的负面影响。人际神经生物学的研究发现，人类的心智会持续发生改变和发育，其核心影响因素是大脑和人际经验，而非如中国古人所说的"3岁看老"（西格尔，2018）。与之相呼应的是，自20世纪80年代以来，以舍恩为代表的学者对影响专业教育的"科技理性"提出了批评，指出只有在"实践"中深化与情境中的人对话和反思才能弥补现代教育的不足，自此反思性实践得以从哲学思辨层面落到现实中（范明林，2003）。

专业实践的过程本身是活生生的，新的问题会随着实践的深入而不断产生，若仅仅依赖灌输式的间接知识，身处一线的实习生多会无所适从。没有在实践中检验过的知识，是无法被建构而内化为自己的；没有系统的全局的框架，学的再多也是零碎的知识点，无法融会贯通而形成系统化的思维。归根结底，理论知识的学习与现实的专业实践之间存在着巨大的鸿沟，这体现在理论与实践之间的属性差异、行动者的个体差异，以及理论与情境的脱嵌上。

众所周知，理论通常是从一种相对稳定的现象中抽象概括出来的，是对实践中某种相对稳定的事物或情境的描述、解释或预测，相对而言是不易变化的、抽象的；理论的核心功能是预测。实践则是具体的，不断变化且错综复杂的，它需要面向具体的、活生生的情境和个体差异。理论与实践之间的鸿沟部分原因是先天的，而后天的部分则可以从科学的发展来解释。现代科学发展的过程也是专业日益细分的过程，每个专业都着重关注特定的实践议题和知识，最终每位专业学习者都掌握着"部分真理"，也就是本专业情境中的真理。但进入实践领域后，实践者身处的世界却是整体的、不可分割的。两者间的矛盾使专业学习者在实践中应用所学理论与知识时会产生很多的困惑和问题，若仅依靠某个单一的专业知识来解决问题注定会碰壁。尤其是对发展历史并不久远、学科累积尚不充分的社会工作而言，这种挑战更加严峻。我们常常看到的结果是，现实给到社工的反馈是冰冷的。

举例来说，当一位青少年社会工作者在服务患有注意缺陷多动症的儿童及其家庭时，如果仅从现有社会工作理论来理解服务对象的问题，服务介入注定是艰难的。因为现有对注意缺陷多动症的认识，很大程度上归因于遗传作用。随着研究的发展，人们对这一以大脑为基础的"病症"产生了更多新的认识。比如，人际神经生物学理论、情绪建构论等。遵循不同的理论，围绕儿童或其家庭可能会形成不同的干预方案，因为各自立足于不同的假设。作为一线的社会工作者会依据既有的知识系统来审视、解读问题。此时，最迫切需要的恰是系统性思维和丰富的专业经验，如此才能在整合的证据观导向下根据情境来明晰整合的理论假设，进而完成临床服务的设计与递送。

我们来看一个理论与实践较为紧密结合的成功案例——安全感圆环干预（Circle of Security，COS）。这一方案整合早期亲子依恋研究的科学证据、丰富的临床经验和对治疗师的清晰指导，将依恋理论等复杂的概念转化为增进亲子依恋的可操作步骤，尤其是在干预低社会经济地位家庭的亲子关系中取得了巨大成功。其核心就是通过识别深埋于家长头脑中的"大白鲨之音"，在一对一咨询和家长团体的持续支持下增进家长在亲子关系中的"反思功能"——一种感知、理解自己和他人的感受、信念、意图以及欲望的能力。通过对家长在（对孩子）需要的识别、情绪的识别及调节、对孩子和自己的共情、积极/消极归因、专注于自体等方面的反思能力的干预，尤其对家长核心敏感性的聚焦和干预，COS 将理论转化为清晰可见的实务路径，给孩子及其父母带去了一生的安全感和复原力。

从理论与实践的发展来看，COS 干预成功的关键在于对依恋理论的聚焦和研究，以及对主体间性理论、波士顿小组精神分析理论等方面内容的理论汲取，形成了立足研究者－实务工作者－服务对象关系之上重建安全型依恋关系的干预路径。

那么，在理论与实践的鸿沟下，如何练就富有胜任力的实务能力呢？毫无疑问，是闭环的形成和实践积累。这个闭环内既含有科技理性，也可能夹杂着未经科学研究证实的偏直觉的知识，抑或是两者的组合。除了科技理性带来的对事物本质的认识外，COS 的进步之处在于从主体间性的角度交互地呈现了不同主体对同一事物的不同解读、理解和建构，进而支持家长能够发展出更新了的解决之道。诚如卖油翁"唯手熟尔"的手艺不是来自科技理性，而是来自他熟练地运用已有的技巧、应对实践问题所发展出的新的、独特的解决之道。其所立足的证据多是非正式的经验证据，一种基于庖丁解牛式的反思、自我觉知、自我更新式的实践智慧。在处理实践中的突发问题时，实践者需要基于实践经验不断形成反思习得，这种无法言说的知识被称为缄默知识（默会知识）。

缄默知识这个概念首先由哲学家波兰尼提出。他指出，知识可以分为显性知识和隐性知识（缄默知识）：前者通常所说的知识是用书面文章、地图或数学公式来表达的，这只是知识的一种形式；后者所表达的是一种不能系统表述的知识，例如我们关于自己行为的某些知识（Polanyi, 1957）。缄默知识广泛地存在于实践中。但是，由于无法通过规范的语言进行精准的描述，它常常被人们忽视，其影响力也远小于显性知识；与显性知识相比，缄默知识并没有很强的可推广性，更多的是属于个人知识的范畴。人类实践的发展总是要不断接触未知领域，我们凭借的正是由缄默知识来完成未知的实践，进而在此基础上逐步提炼、检验、发展新的理论。简言之，相对无形的缄默知识是生产显性知识的基础。

批判性反思实践以实践为观察对象，强调挖掘实践过程中的经验与既有知识之间的对话和交流，旨在让行动者思考既有的概念系统和知识体系，进而更好地理解自我、推动实践。反思的中心是经验，但触发点往往是情感反应的唤醒。这可以是一个惊喜的概念（舍恩，2008）、一种积极或阻碍的感觉（Boud, Keogh, & Walker, 1985），或是一种来自个体内在的不适（Atkins & Murphy, 1993）。反思发生于个体对感受的反应与行动中，或个体在回顾经验过程中所进行的推断、概括和评估中（Boud, Keogh, & Walker, 1985; Mezirou & Associates, 1990）。

从时间轴上看，反思一般体现为对行动的反思和行动中的反思，前者发生在行动前或行动后，后者则与行动同步（舍恩，2018）。这个过程主要依循两条路径：一条是践行从"理论到实践"的路径，主要是由对理性主义的批判性思维发展而来，科技理性实践关注可证伪知识的生产和应用；另一条是践行从"实践到实践"的路径，即注重缄默知识的运用和提炼。相较于既往对反思性实践的狭义理解，笔者所秉持的观点是：批判性反思实践注重从显性知识和默会知识的整合角度来看待知与行，强调实践过程中批判性思维和主体间性的融入，尤其注重激发作为行动者的个体在知行的互构关系中所发挥的能动性和创造性。

换句话说，批判性反思实践强调，实践者要通过对实践的反思性和自反性来关注指导日常行为的价值和理论,"对行动"和"在行动中"积极调用批判性思维,进而在与理性主义和感性主义的对话沟通中形成新的洞见,更好地指导下一步行动。如此,我们"已知的已知"、"已知的未知"和"未知的未知"才能不断地拓展、融合(见图6-1)。

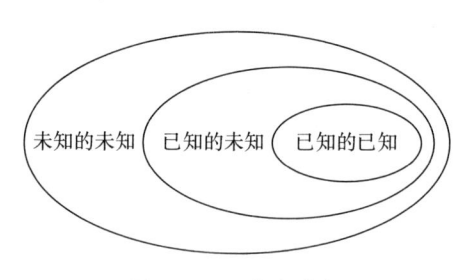

图6-1 已知与未知

二 中国社会工作实践中的批判性反思实践

当前,中国社会工作已从先前的"教育先行"探索阶段走上了"教育与实务双向突进"的发展路径。但目前国内对本土语境中社会工作的本质、属性和定位等一系列基本问题还缺乏明确而清晰的回答。这可从国内学界在社会工作理论、实践和教育层面对反思性、回归实践等概念与议题不同程度的讨论中看到。

在理论层面,张威(2017)根据欧洲大陆的反思性社会工作理论指出,社会工作理论应归属于反思性理论的范畴。即处于社会工作职业核心的是专业行动,而非科学知识,而构建行动的专业性和质量的核心在于"反思性专业性"。其主要内涵包括三点:一是将知识与能力区别对待;二是将社工与服务对象的互动作为专业行动的核心;三是辩证理解理论与实践的关系。在此,反思性专业性具体指向的是社会工作者作为行动者在知识与实践的互构过程中修复人际关系的可行能力,即社会工作者需要在一定的理性知识基础上根据特定的情境展现适宜的工具理性,这就需要对当前中国社会工作的本土实践进行大量的研究和理论建构。

在实践层面,郭伟和(2018)提出利用"处境化实践"来处理实证知识和实践逻辑之间的辩证关系——要求社会工作者能够觉察特定处境的常识和文化,然后与事实性知识和程序性知识进行对话,进而将专业实践转换到特定社会常识和文化场景中。这需要一线社会工作者具备解构宏大叙事的洞察力,以及具备促进社会文化与物理世界可渗透边界的临床行动力。在实践过程中,作为行动者的社会工作者需要不断地在知识与经验之间往返，进而累积形成契合具体情境的专业能力。而这种能力建基于日常实务后的反思和行动中的反思性实践。

在教育层面，范明林（2003）提出在社会工作教育中推行"反思性教学"模式——一种区别于灌输式现代教育的新范式。它强调教学是在真实的而非虚假的世界中开展；强调学习是一种存续于社会性环境和物理性环境的社会性行为；强调学习的行动主体——教师和学生既是被动的接收者，又是改造世界的能动者。对此，有学者指出，就中国社会工作实践尚不成熟的现实而言，以"技术理性"为主、反思元素为辅的"技术规制"模式或许是更符合中国社会工作专业化、职业化、本土化需要的教学模式（臧其胜，2012）。近些年，服务学习逐渐兴起，并成为高校社会工作专业教学中的一种教学模式（谢泽宪，2017）。以复旦大学的新工科教育体系为例，服务学习模式之上的专业课程模块。设计凸显了反思性实践的重要性。

当前，中国社会工作界在理论、实践和教育层面对反思性实践及其情境的聚焦，一方面反映了社会工作事业发展的不断成熟，另一方面凸显了反思性在专业教育中的价值与技术可能。

三 如何在社会工作实习督导中促进批判性反思实践

社会工作实践包括技术实践和价值实践两个面向。从时间轴上看，两者常常交织并行。在医学领域，价值实践主要体现在技术实践之前的伦理操守，一旦开始使用专业技术，就可以按照标准化和科学化的操作程序去执行，相对而言无须考虑价值问题。与之相异的是，价值实践贯穿于社会工作专业实践的全过程。显然，服务锚定于"社会人"的社会工作者不可能像医生那样做到技术实践和价值实践的完美分割，因为社会工作所聚焦和回应的问题往往是复杂社会系统中的有机组成。服务对象所遇到的问题或者说社会问题的形成既嵌入于历史的情境性，也离不开人的生物学基础，即大脑、心理和人际经验不同因素之间的交互作用。在当前中国，社会工作更因在专业使命上仍处在干预效力与价值实践的内在张力阶段，专业边界依然是一个悬而未决的命题。

从批判性反思实践的内涵来看，社会工作实习教育无疑是最契合使用反思性教学模式的领域。在专业实习的真实情境中，反思性教学模式有助于学生在知识学习、社会服务参与、专业能力、专业认同等多个方面取得进步。其中，学生和老师（包括机构督导、学校督导）既是知识的学习者、问题的提出者，又是专业的同行者、践行者。他们不单是知识消费者，也是具有能动性的知识生产者。

具体地，对于身处现代教育系统、具体的实习情境和生活情境乃至日益功利化的社会文化中的社会工作实习生而言，要实现实习教育目标，除了反思具体的实践与实务困境外，核心是对"自我"的专注、抱持与反思。要助力实习生实现从实习洼地到成长高地的跃迁，就需要社会工作教育界更清晰地厘清批判性反思实践在其中的作用和路径。因为，专业实践者的自我是社会工作实务助人的核心介质。

从社会工作实习督导内容上看，前述章节已介绍了行政式督导、教育式督导和支持式督导三大主要内容。如果说前两种督导内容更多是对学生的社会工作宏观能力、微观能力的对话与指导，支持式督导则主要考验督导者能否与实习生形成平等对话的信任关系，并在此基础上支持实习生对实习过程中的人际经验抱持一种开放、客观、观察的反思能力。而代表学生更高成长表征的是，学生可以立足特定情境在既有结构框架下形成改造世界的自驱力和行动力。

在明晰实习督导的三大内容后，接着来厘清"批判性反思实践"中的两个重要概念——批判、反思。此处的"批判"与前述批判性思维一词中的内涵大体一致，指从多角度对行动假设进行考量和质疑。"反思"的内涵相对模糊。首先需要澄清的是，此处的反思更多地偏向反身性，即 reflexivity，而非 reflection。两者的区别在于：前者强调的是在实践过程中一个持续不断的反思过程；后者则侧重在实践结束后对事件进行反思，进而产生对其他情境具有指导意义的知识。显然，前者的包容性更大，包含了"对行动"反思和"在行动中"反思的两层含义。

在社会工作语境中，关于 reflexivity 的内涵界定主要包括三个维度（D'Cruz, Gillingham, & Melendez, 2007）。第一个维度指自反性，是一种个人能力。自反性可以帮助个体处理信息、合理决策，从而应对风险社会带来的种种挑战。社会工作实践可以支持服务对象及实践者自身的自反性能力发展，使个体在现有的福利体制下有足够能力应对心理、社会和政治等外在力量对个体生活的影响，从而提高自身的生活自主性。第二个维度是对专业实践的反思，主要聚焦在社会工作专业实践中知识是如何产生的，以及权力关系如何影响知识的产生。具体而言，既要看到经济、政治和文化等外在力量如何渗透到社会工作实践中，也要看到个人的价值观念、知识背景和思维方式等内在因素如何影响实践。第三个维度强调在专业实践中对情绪力量的觉察。社会工作实践通常要求工作者控制个人情绪，但反身性观点认为情绪是内在于专业知识和专业关系中的，在专业实践中应该意识到情绪如何影响我们对实践情境的回应和思考。

三个维度的内涵都体现了专业实践对实践情境的回归。第一个维度将自反性视为服务对象最大化控制自身生活的技能，后两个维度认为自反性是一种对知识生产的反思，社会工作者要认识到在认知和情感的相互作用中、在结构性力量和人际关系的影响下，专业知识和专业关系如何被塑造。

据此，我们可以对社会工作中的批判性反思实践下个定义：它是指个体调动经验所激活的情感反应，在默会知识及其他知识的武装下经由批判性思维来展开与情境的动态对话，进而带着智慧和洞见与服务对象/服务使用者一道致力于复杂助人情境中的问题解决。从社会工作认识论的角度来看，批判性反思实践建基于实证主义和社会建构主义之上，两者在社会工作实践中相辅相成——前者保障社会工作服务的结果指向，后者确保社会工作对"情境"的多维解构和人际关系的重建。笔者想强调的是，除了默会知识，社会工作服务亦积极而开放地吸纳科技理性带来的洞见，尽可能整合实践过程中所浮现的各类线索来践行"社会工程师"角色。因为，认识论层面非确定性的本质主义对于解释和声称具有批判性并具有解放潜力的社会建构论而言是必要的（Sayer，2010）。

要实现社会工作督导中的批判性反思实践，需要立足以下几个条件：一是督导者与被督导者需要建立起平等、互信的专业关系，保障被督导者的情绪可以自然流露，这是督导者在这"二级助人"系统中发挥作用的前提；二是督导者需要掌握撬动批判性反思实践的结构化工具，以在标准化和自由裁量相结合的空间里启发被督导者动态而整合地审视服务对象、实践者自身、专业与职业乃至宏大叙事所具足的真实面貌；三是督导者是被督导者在专业实践过程中的同行者，二者共同推动自我和专业实务的螺旋式进阶。

为了更清晰地解读批判性反思实践的内涵，下文列举一个育儿过程中常会出现的案例。不知道读者有无经历过类似的场景，是不是觉得有些熟悉？即使在这个帖子中隐去了很多形容词，相信每一位读者自己会脑补很多帖子中家长讲话时的语气和神情。这就是具体情境对事件的框定。如果把这个场景放在20世纪七八十年代的中国和当前的中国，相信家长会做出不同的反应。这里需要我们去反思的是一些基本的假设，即人们所抱持的儿童观是怎样的？事件发生在什么样的特定情境之下？即使同一时间条件下，放在城乡不同环境是否会产生不同的结果？即使对同一位家长来说，其自身在不同情绪背景下可能也会产生截然不同的反应。当我们假定这位正遭受着亲子关系恶化（青少年）的家长是社会工作实习生的服务对象时，作为社会工作者就需要去反思他/她在服务家长的过程中被激发出来的对自我的认识、专业知识中的权力关系、个人情绪和作为专业服务的情感劳动过程等背后的相关假设。

案例

公共场合孩子摔倒，酸奶洒地上了

——精神紧张的父母："跟你说多少次了，拿着酸奶小心点，你怎么总是记不住。看看你弄脏了地面，打扰了别人，快给别人道歉！跟叔叔阿姨们说声对不起！记住了吗？"

——正常的父母：首先检查孩子有没有受伤，然后掏出纸巾把地面清理干净，向受到相关牵连的人说声抱歉。若孩子需要的话就再买一杯酸奶。

默会知识和其他知识强调在批判性反思实践中的知识构成，尤其强调默会知识与其他知识在促进实践的过程中发挥同样重要的作用。Trevithick 把社会工作实践的知识分类为理论性知识、事实性知识和实践性知识三大类（Trevithick，2008）。此处的实践知识与默会知识具有叠合的内涵，都强调一种根植于实践而生成的知识，这些知识本身是对实践过程批判性反思的产物（见表6-1）。

表6-1 社会工作实践的知识体系

知识类型	内容	作用
理论性知识	阐述对人、情境和事件的理解的理论；与实践直接相关的理论；分析社会工作的角色、任务和目标的理论	解构事物的能力；养成专业可行能力
事实性知识	社会政策；法律或法规；组织的政策、程序和体系；关于人的知识；关于特殊问题的知识	嵌入社会性环境的视野与整合能力；确保某个特定专精领域的能力
实践性知识	知识的获取、使用和创造	扩展专业能力；建构专业知识体系

与情境对话强调对默会知识的挖掘，以及对其他知识的反思。批判性思维重在对行为背后假设的剖析，不重对错之分，而重适合与否。从这个角度来看，默

会知识很难进行批判性反思。一部分原因是它很难做结构化的描述和传递；更根本的原因是默会知识根植于实践，本质是一种个人的实践知识，是根据具体的实践情境不断变化的。也就是说，默会知识本身就是适应具体情境的知识或假设。具体的实践情境复杂多变，具有多层次和多维度。与情境对话首要的是对情境的界定，即清楚自己处于何种情境之中，只有发现情境的独特性，才能据此界定问题并根据已有的发现来找到解决之道。这就意味着需要对情境中大量的信息进行判断和梳理，并发现其中的推论，从多个角度整合地来审视这些信息与推论。这与批判性思维不谋而合。

第三节 吉布斯反思循环在社会工作督导中的应用

在西方社会工作督导中，专业实习教育中的督导者扮演了至关重要的角色。他们是专业实务的守门人，其要务是培养具备敏锐的反思性实践素养的准专业社会工作者。从过程的角度来看，督导者需要借助有效的工具来督导学生，以帮助学生实现从理论到实践的顺利衔接。其中，一个重要的反思工具是吉布斯反思循环。

一 吉布斯反思循环的内涵与结构

如何在教学过程中促进理论与实务之间的良性关系，一直是教育界十分关注的问题。鉴于前文提及的现代教育存在的弊端，批判性反思实践日益成为以往以老师为中心、以信息为主导的教学模式之外的首选。这种学习模式强调学习者本人在学习过程中的体验、思考和再行动。

根据前述章节介绍的学习理论可知，学习是一个通过经验的转化创造知识的过程，这一过程是循环式的（见图6-2）。具体而言，它包括四个阶段：通过实践产生具体的经验；对实践经验进行反思性观察；通过反思抽象出具有可复制性的概念化的内容；运用抽象出来的内容进行新的实践（Gibbs，2013）。这一理论给人们提供了一个普遍的信念：最佳的学习方式是实践。但是，如何将这一信念落实在实际行动中呢？吉布斯等人站在教育者的角度，立足体验式学习理论进行了大量的行动研究，总结出一系列可操作的方法和技巧，并将相关成果收录于 *Learning By Doing* 一书中。他认为，相比于教育者的经验，学习者自身的经验更有价值，他强调学习者要通过自身的实践经验来测试和发展理论知识。

图 6-2 体验式学习

资料来源：Gibbs（2013）。

吉布斯认为，教育者可以通过四个步骤来帮助学习者实现体验式学习：第一，制订实践的学习计划；第二，帮助学习者提升对实践的觉知；第三，回顾和反思实践经验；第四，为下一步的行动提供替代性实践方法（Gibbs，2013）。在吉布斯看来，个人情绪情感可以影响情境以及个体的反思过程，因此他非常重视情绪情感在人们反思活动中的重要性，据此形成了如下吉布斯反思循环（见图6-3）。

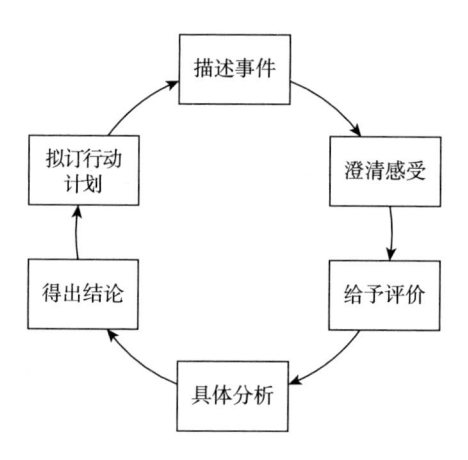

图 6-3 吉布斯反思循环

资料来源：Gibbs（2013）。

第一，描述事件（description）。行动者详尽地描述发生了什么以及自己是如何应对的，仅对情境和事件进行客观描述。

第二，澄清感受（feelings）。行动者澄清在事件中的主观感受，包括对事件本身以及事件中的人的感受。事件发生时，你在想什么，有何感受；情境及其中的人如何让你产生这种感受（哪些因素让你产生感受）；现在如何看待这件事情，即从当下出发澄清内心对该事件的感受。

第三，给予评价（evaluation）。确认事件过程中什么做得好，什么做得不好，仅做价值判断并列出符合主观评价的事件内容即可，不分析为什么好或不好。

第四，具体分析（analysis）。阐述你如何理解这个事件，真正发生的是什么。即分析在事件中为何采取某一举措，考虑事件中不同的人在事件的重要性方面的经验与看法是否一致。

第五，得出结论（conclusion）。从经历的事件以及所做的分析中可以总结出什么，针对此类事件的整体上的经验与启示，以及对自己的个人特征的觉察。

第六，拟订行动计划（action plan）。在下次的类似事件中该如何行动，下一步你该如何行动。

上述步骤的描述，让我们对吉布斯反思循环有了基本的认识。但这六个步骤的描述还无法让我们精准地把握批判性反思实践的本质和具体过程。而且，由于新手缺乏批判性思维的引入，吉布斯反思循环很有可能陷入一种浅层的反思困局，即只停留于对事件的表层反思，缺乏对自我、人际关系和知识体系等的深层反思。为此，下文立足批判性思维的基本知识以及阿特金斯和墨菲（1993）的反思模式，以期形成实现批判性反思实践的有力工具。

二 融入批判性思维的反思实践循环工具

结合前述舍恩的观点来看，"对行动"的反思有助于阐明所使用的知识，而且这个过程可以采用口头表达和书写的方式。但是，"在行动中"反思，行动者很难对所使用的知识进行清晰言说，这就很容易被人批评是一种非正式的知识实践（Schon，1991）。阿特金斯和墨菲通过对既有反思文献的评述，发现要促成良好的反思，除了描述事件、自我觉知、批判性分析和整体性评估评估这四项基本反思技巧外，还需要将统合整个反思过程的其他技巧纳入进来（见图6-4）。

从图6-4可以看出，这个反思过程以对事件的描述为起点，尚需对行动者本人的情绪、想法、知识系统等方面的反思。反思的最终目的是对行动者自身的隐性知识、元认知和有意识的控制（思维）达成新的认知高度和实践高

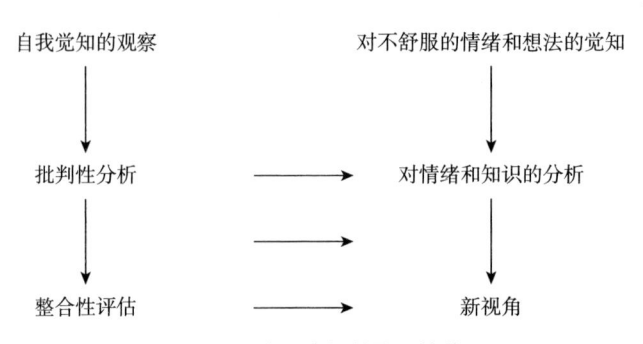

```
自我觉知的观察              对不舒服的情绪和想法的觉知
     ↓                              ↓
  批判性分析      ──→          对情绪和知识的分析
     ↓              ──→             ↓
  整合性评估        ──→           新视角
```

图 6-4 反思过程所需要的技巧

度,进而实现认知和思维的重构(Ixer,1999)。这里要区分两种不同方向的反思,即 Ixer 所强调的观点——这种反思是例行的、温和的、不假思索的表层反思,还是有意识的控制、自我分析、元认知的深层反思(Ixer,1999)。这两种不同方向的反思都不可或缺,尤其是深层反思所带来的对行动者自身思维和元认知的影响更为深远。因为它们的累积与发展促成了行动者整全的元认知和成长型思维,进而推动个体自我和专业自我的更新与成长,以及对专业发展的创造力。

综上,本章对吉布斯反思循环工具进行了一定的改编,重点体现在第三、第四和第五步。这三步旨在强调通过督导的脚手架式支持,来引导和支持社会工作专业学生从一个负载着知识的准社会工作者向专业助人者的角色进行转变,重点是加强对其自我、元认知和默会知识的批判性分析,进而在整合性分析中达成对事件整全的新理解,并为下一步行动找到新的方向。容易引起分歧的是给予评价和批判性分析:前者确切地指相对客观地对事件进行好或坏的评价,从中既可以与第一步骤的描述相比较,亦可澄清行动者本人的元认知、情绪等内容;而后者指调动批判性思维进行多角度分析。比如,同样注意到受访者的某个行为,有的人认为是好的,有的人则认为是不好的。其背后的假设是什么?背后隐含的价值观和认识论又是什么?……这一个个环节的"分析",既可在某种程度上表达行动者自我的思维模式和反应模式,又有助于行动者调动批判性思维进行反思和分析,为后续的得出结论和"下一步行动计划"做铺垫。

整体上,这是一个问题-方案-问题-方案……螺旋式上升的成长型思维实践过程(见图 6-5)。

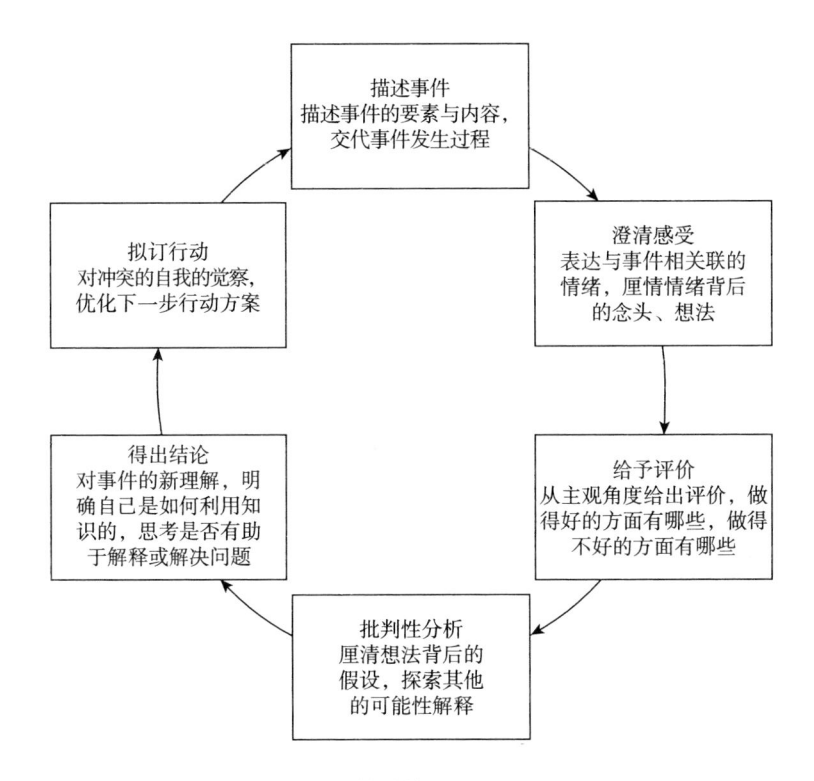

```
        描述事件
     描述事件的要素与内容，
      交代事件发生过程

拟订行动                    澄清感受
对冲突的自我的觉察，         表达与事件相关联的
优化下一步行动方案          情绪，厘清情绪背后
                            的念头、想法

得出结论                    给予评价
对事件的新理解，明           从主观角度给出评价，做
确自己是如何利用知           得好的方面有哪些，做得
识的，思考是否有助           不好的方面有哪些
于解释或解决问题

        批判性分析
      厘清想法背后的
      假设，探索其他
       的可能性解释
```

图 6-5 批判性反思实践工具

三 批判性反思实践的督导实例

（一）督导实例

在下文的督导案例中，实习生是一位在医院实习的社会工作专业硕士学生。① 由于是第一次进医院实习，该生出现了诸多不适应。督导者积极利用在中欧社会工作督导项目中的所学——古布斯反思循环来推进整个督导过程。由于这位督导者只提供了一次反思记录，所呈现的图景尚不完整，本章仅从批判性反思实践过程的角度来讨论此次督导经验。

MSW 学生在医院实习的督导案例

（一）督导目标

学生在临床科室实习期间，深感自己不能有效处理与家长沟通中出现的

---

① 该案例为上海儿童医院医务社工李艳红的督导记录，谨对她的分享表示感谢。

负性情绪问题，不知如何回应家长的情绪反应，在病区实习半个月后出现焦虑和害怕。因此，督导目标为：

（1）协助实习生了解应对患儿家长情绪的方法和技巧；

（2）提高实习生对服务资源的利用意识和主动寻求资源支持的能力。

（二）督导背景

实习生本科和硕士期间所学课程均为社会工作。这名 MSW 学生在进入医院实习半个月后，通过参与病房查房，熟悉了病房患儿疾病等基本信息，但半个月后感觉难以有效应对家长的情绪，也会跟着家长一起伤心和难过，又觉得自己不能实际帮助到家长，感觉无力，其实习积极性和主动性受到影响，也开始害怕和担心与病房家长互动。

（三）一次实习督导过程

督导：你可以先描述下你尝试跟家长互动时的情形吗？

实习生：其实我也不知道怎么描述。我会在下午小朋友不用做很多治疗的时候，到病房里，到小朋友的病床旁，尝试询问家长一些问题，比如小朋友几岁了、叫什么名字、得的什么病。因为上午跟着科室医生查房，家长也会看到我，因此在我介绍自己的身份后，家长是表示接受的。刚开始家长也会回应我的问题，过一会儿，在跟我讲她家孩子生病和治疗的事情，家长会哭，会难过。而我就突然脑子卡壳似的不知道说什么，我会比较慌乱，简单关心家长几句，就赶紧走了，大概是这个样子（实习生在描述这个情形的时候，开始时面部表情是放松和自在的，在谈到家长情绪激动、难过时，仿佛自己又重新回到了那个难过场景中）。

督导：我听到你说，在家长讲到自己孩子生病时，伤心落泪，你说你不知道如何应对，你能说说你当时的感受吗？

实习生：一个比我大很多的成年人，当着我的面，其实我对于她来说是一个人陌生人，一下子情绪激动，哭起来。说真的我当时有点懵，不知道怎么办，我很想我能说些什么可以帮到她，让她不用这么伤心；又觉得孩子生了这么严重的病，家长也真的很不容易，也确实跟着家长一起伤心了，有点无力，也感到当时的场景对我来说有点压力，就想逃离，就赶紧走了。

督导：你在跟家长互动的过程中，向家长呈现了你的真诚和你对家长及孩子的关心，得到了家长的初步信任，让家长认为你是可以被信赖的，她愿意把自己压在心里的事情诉说给你。这本身就是对你的信任，你也做到了对家长的积极倾听。家长在诉说过程中感染、打动了你，你跟着家长一起伤心，产生共情。接下来我们来分析一下如何回应家长的情绪表达，以及如何回应家长对你的情绪，你自身也能及时发现自己的生理和心理变化，并能有效应对，也看看我们有哪些资源是可以利用的。

实习生：我本身泪点就比较低，害怕在家长面前失态，也知道自己不应该跟着家长一起伤心。我觉得是可以控制的，我感觉到自己的情绪变化了，所以如果我再继续跟服务对象在一起可能反过来也会影响她，就想逃离了。

督导：家长愿意在你面前表达自己的情绪，一是出于对你的接纳和信任，二也有需要向他人诉说的需求，情绪需要得到表达以排解心中的压抑。我们要知道服务对象诉说、情绪表达背后想传递的信息，她是想找个可信赖的人说说话，还是想向他人传递信息："我现在很糟糕，我现在需要有人来帮帮我，我快撑不住了"，情绪表达背后会有不同的信息线索，你需要根据实际情况做出判别。对服务对象情绪表达的回应，可以尝试肢体上的拥抱，或者轻轻拍一拍她的肩膀，包括当时与她谈话时你是如何与她对视的，当时的位置是怎样的，你是否及时在服务对象哭泣时为她递上一张纸巾，都会也都能给服务对象温暖，让她感受到来自社工、来自医院的关爱。你自己在接受服务对象的此类情形时，也要及时去察觉自己的情绪变化，评估是否可以处理自己的情绪变化，是否需要得到同事、督导等的帮助，如果自己感觉需要心理支持，或者专业指导，就要及时寻求。你想给家长提供服务，改变现在的情况，是否可以在病房中寻找合适的家长（跟这个孩子一样的病情，但治疗效果比较好），是否可以通过搭建同辈支持互助的平台，给该家长帮助和支持，帮助她树立治疗的信心，这就是你的作用和服务成效，她通过你的正向引导和支持，积极配合治疗，这就是服务。你也可以再思考一下医院里除了社工、病友资源可以用之外，还有哪些资源。

实习生：我有看到她家小孩每次参加阳光小屋志愿者活动时都很开心，我有一次也听到家长跟我说，看见孩子在那里跟志愿者玩得很开心，就觉得孩子好像没有生病，自己在这个时候才会感觉放松。对了，还有最重要的医生和护士，他们的权威性更强。

督导：对的，医护人员给患儿治疗和护理，跟家长接触时间最久，最能了解家长的变化和问题，我们可以多跟医护人员保持沟通和合作。当然，可以邀请医护人员一起来给家长解答困惑，给家长鼓励，志愿者也在公益活动中跟患儿和家长互动，带来欢乐减轻其焦虑。

实习生：识别情绪背后要传递的信息，善用身边的资源，让自己以好的姿态面对服务对象，结合医院和社会资源一起为服务对象服务。我接下来再跟着医生查房过程中会去锻炼识别情绪的能力，也多多和老师们保持联系，比之前更加积极主动。

督导：接下来，去熟悉目前病房家长的情绪会有哪些，思考如何应对，可以跟上述提到的资源保持互动和联系。期望你能在接下来实习中逐渐有效回应家长的情绪表达，也能及时处理好自己的情绪。

（二）工具应用的反思

在这个督导案例中，督导者作为吉布斯反思循环的初学者，首次应用就能比较完整地呈现描述事件、澄清感受、给予评价、具体分析、得出结论、拟定行动计划六大步骤，实属难能可贵。在督导过程中，实习生在表述中有一些非常重要的关键词——"脑子卡壳""慌乱""简单关心""赶紧走了"……这一系列关键词描述了一个首次接触患病儿童家长的社会工作实习生的心理过程。作为督导，在实习生描述完事件后就用积极倾听的方式让其进一步澄清感受，当实习生表达出"懵""跟着伤心""无力"等情绪词语后，督导者再次肯定了其对家长的共情。这些都是非常值得肯定的地方。

若从本章改编后的批判性反思实践工具看，可以从以下几个方面进行反思和改进。第一，在实习督导中，督导者和被督导者是平等的，二者是同行者，而非上下级关系。在实习生带出一些情绪词语后，督导者并没有对其情绪做充分的暖场和处理，而是给出很多肯定性评价和专业性支持，并迫切地引导其思考"我们有哪些资源是可以用的"。这些步骤传递出一种"好为人师"的督导特征，实习生变成了被动的信息接收者。第二，在这个一次的督导中，督导者缺乏对被督导者情绪的应有聚焦和反思促动。诚如前文所述，经验是反思的中心，而情感或感受是反思的触发点。在实习生表达出"泪点比较低""害怕失态""逃离"等重点词语时，督导者并没有抓住这些表达内在情绪和外在行为的关键词，而是急于从自己的角度解释了实习生为何会有这样一种反应模式。显然，这违反了对反思所应抱持的开放、客观的观察品质，容易误导被督导者进入简单化思维或自动化思维，而无法引向关乎被督导者主体性的深层反思。第三，批判性分析的引入，可以帮助督导者与被督导者真正成为从经验中学习的同行者和知识创造者。在这个案例中,实习生认为"不能实际帮助到家长",这在一定程度上反映了实习生对专业的某种思维定势——一定要"实际"帮助到家长。其背后的假设是什么呢?不能有所帮助就意欲逃离,这行为背后反映出实习生怎样的自我与元认知呢?……如果督导者能对这些问题有更深入的结构性把握,并在督导过程中始终保持一种开放、好奇的未知心态进行启发式提问,相信可以更好地启发实习生的主动反思,并在一种平等对话的互动中引导实习生对专业形成新的理解甚至是洞见。第四,在上述步骤基础上,批判性反思实践应着力走向一种思维的拓展,进而对实习过程中经由经验所引发的"不适"进行拓展,从而对实践者的自我、专业实践形成新的理解。这样的闭环过程将有助于督导者和被督导者双方在"对行动-在行动中"的反思后对社会工作这一助人专业形成更富文化适应性的想象力和行动力。

在这位督导者的日志记录中,督导者自认为做好社工要持有"在路上"的学习精神,扮演好循循善诱的启发者角色,这些都是非常好的反思。诚如中欧项目的另一位参与社工所讲:"在督导过程中,我们或许不需要着急提出建议或者意见,而是去引导他人进行反思,在反思中探索出合适的解决方案。"

在督导关系中,督导者与被督导者之间本质上就是信息、情感的沟通与交换。当被督导者描述事件并澄清感受后,督导者首要的应以共情的姿态来回应被督导学生。共情,意味着督导者要以深切的感受和开放的心态向被督导者展示——"教教我"。换言之,督导者要以未知的心态询问被督导者,让被督导者以主体性身份来澄清其内心真实的感受。

受传统文化的影响,我们多以一种隐忍的文化惯习隐藏内在的情绪。或者说,即使我们每个人自己都不能很好地识别自己的情况,更别说管理情绪了。在这样的文化背景下,督导者应该在督导初期引导被督导者对事件、想法、感受和评论做出清晰的表达。否则,很可能双方的交流和讨论是不对称的,最后不仅影响信息的交换,还可能影响了督导关系的质量。失去了基本的信任关系,后续督导的环节推进终将成为无源之水。

在批判性反思实践中,根本的其实指向的是思维。我们强调,思考应该是建设性的,而不是否定性的。而我们的文化往往包含讲求隐忍、委曲求全等,这些都会在一定程度上抑制我们的理性思维,所以反思过程中一定要注意我们的这种自动化思维。从成长型思维来看,努力通常带来挫折,而挫折往往能提供重要的信息,学会对这些信息进行分析和加工,进而调整策略,就可能逐步实现超越。

借用《穷查理宝典》作者查理·芒格的一句谚语："一个手拿锤子的人,眼里所有东西都是钉子。"试图用一种办法解决所有问题,是笨办法。遇到不同的事和场景,我们要学会应用不同的思维工具——"你们需要的是在头脑里形成一个由各种思维模型构成的框架。然后将你们的实际经验和间接经验(通过阅读等手段得来的经验)悬挂在这更强大的思维模型架上。使用这种方法可以让你们将各种知识融会贯通,加深对现实的认知"(考夫曼,2016)。换句话说,现实中一定会存在更好的思维模型,最重要的是形成自己的思维模型。

没有充分的练习,人不可能精通任何脑力工作。对一个成熟的社会工作者来说,要实现上述批判性反思实践活动,无疑需要细致且周期性的练习,尤其需要督导者通过一个周期内的陪伴式支持与带教来实现反思成长。

第七章 实习教育评估

实习的评估不仅仅是学生关注的分数，评估的过程、评估的方式、评估的理念也都直接影响着社会工作实习的目的是否能够达成。

——罗观翠（2013）

社会工作实习教育是整个专业培养课程计划中的重要环节，是任何其他专业课程都无法替代的培养模式。实习教育与社会工作实践场所、学生实践行动以及督导功能发挥等专业实践要素紧密结合，是评估和衡量学生达到专业实务能力要求的重要依据。

第一节 能力为本的实习教育

社会工作是一门强调价值伦理、专业理论、实务与技巧三位一体的应用型学科。提升学生的应用能力，是社会工作教育的重要目的。而社会工作教育中实习教育的目标，即通过评估学生的专业服务行为，对其多元的能力体系进行全方位的检视。因此，能力为本的实习教育，因其能够高效督促学生"知行合一"、惠及整个社会工作专业教育体系而逐渐成为很多高校实习的首要选择。

一 能力为本的教育、社会工作教育以及专业实习教育

能力为本的教育（competency-based education）是以探索和构建学生能力体系为主要目标的一种教育方式。我国台湾地区学者顾美俐（2017）认为，能力为本的教育是指教学方案的设计要能确保学生在某一领域或训练活动中达到胜任能

力。Gervais（2016）把能力为本教育定义为基于结果的教学方法，它结合教学方式和评估工作，旨在通过学生对学位所需的知识、态度、价值观、技能和行为的展示，来评估学生对学习的掌握程度。综合来看，能力为本的教育强调专业核心能力教学和评估的整合，通过评估学生在知识、态度、价值观、技能和行为等方面的能力表现，不断反思和修正教学目标。这种结合在实践导向的应用型学科中有着更为广泛的应用。

西方社会工作教育的典型特征就是从实践活动中发展专业教育。而中国的社会工作受专业化、职业化的本土路径影响，体现着"教育先行、专业滞后"的发展特点，以及"重理论、轻应用""重学术、轻实务"的导向，这致使学生的实际能力与培养目标有一些差距（史柏年，2011）。因此，本土社会工作教育从学科建设开始就担负着构建本土社会工作者核心能力体系的重要任务。国内学者在对社会工作教育模式的探索中指出，要遵循学生为本、实践为本的原则来构建能力为本的社会工作教育模式（孙静琴，2009）。而对于"能力为本"究竟应该通过何种途径来实现，有学者认为一是加快本土社会工作能力模型的研究；二是优化社会工作专业课程设置；三是完善社会工作专业学生培养目标；四是提高社会工作专业教师教学水平；五是加强社会工作专业学生实习实践教育（沈黎，2011）。

作为实现能力为本社会工作教育的核心环节之一，实习教育这一体验式的教学方式对学生有效学习和运用专业知识、提升专业认同感有举足轻重的影响（罗观翠，2013）。而在这一过程中，学校、督导者、机构则是不可或缺的环境因素和利益相关方。学校通过与机构合作，安排课堂以外更为丰富的实践平台，让社会工作专业学生从行动和体验中验证、学习知识，建构能力并促进能力的增长。同时，为确保学生在实践中科学规范地内化社会工作专业理论和实务知识，学校和机构通过共同督导形式参与学生日常服务行为，并围绕社会工作专业人才的核心能力体系，为全方位指引学生实践探索出一整套完整的评估考核制度。由此，这一系列的行动安排就构成了能力为本的社会工作实习教育模式。

这种实践教育模式之下，"能力为本"中的能力是多维的。首先，学生是学习和行动的主体，学生的核心能力需求是整个实习设计的出发点和目标任务点。在实践过程中，学生既在验证、实践课堂知识，又在发现、积累新的知识、技能、理念和价值观。其次，专业实习同样具有教学的功能，需要对学生能力进行检验。高校督导与机构督导在合作中围绕更好地满足学生成长需要而不断提升自身的督导能力，以及考核评估能力。最后，从组织层面来看，机构的组织管理能力和服务供给能力，也需要囊括在能力体系中。学生在实践中能否达到专业训练的目标，与机构对其在各种行政事务处理、服务设计、与利益相关方沟通、价值理念内化、理论方法和知识技能应用上能否给予接纳和指引密切相关。好的机构氛围给学生成长带来的往往是精神和实质上的双重保障。综合以上三点来看，对这种多维能力体系的探索与反思就成了构建能力为本社会工作实习教育模式的核心要素。

二 社会工作者的核心能力

在我国，社会工作实务界面临的最大困境：社会工作者未能提供充分证据证明其工作对改善社会问题有效。以英国、美国为代表的西方社会工作也曾在20世纪80年代福利国家后期发展的过程中面临着相同的问题，继而提出要通过建构社会工作的本土化专业能力体系，并在此基础上培养和发展适应性更强的社会工作实践者，回应对社会工作者角色和专业性的质疑。以英国为例，在面对英国公众对社会工作失去信心的压力下，社会工作教育与训练委员会颁布并不断完善了社会工作的核心能力架构（O'Hagan，2001）。英国2004年出台的国家职业标准中强调了对专业能力的要求（见图7-1），社会工作者需要在在机构中工作、发展专业胜任能力、处遇与提供服务、评估与计划、提升与使能、沟通与接触六个领域中掌握融知识、技巧和价值观于一体的专业能力。

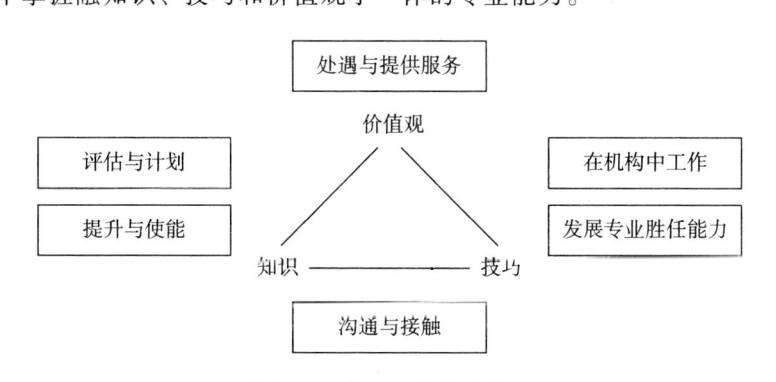

图7-1 社会工作核心能力

资料来源：O'Hagan（2001），转引自顾美俐（2017）。

根据图7-1，英国国家职业标准中将社会工作核心能力细化为6大关键角色、21条工作标准和细则，要求社会工作者需具备这些专业能力以胜任相应的角色（见表7-1）。

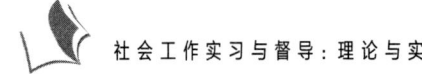

表 7-1　社会工作的关键角色

关键角色 1	准备好与个人、家庭、照顾者、团体和社区一起工作，评估他们的需求和环境
	1. 为社会接触和参与做准备
	2. 协助个人、家庭、照顾者、团体和社区做出决策
	3. 评估需求和建议行动方案
关键角色 2	与个人、家庭、照顾者、团体和社区一起计划、实施、检讨和评估社会工作实践
	4. 应对危机情况
	5. 与个人、家庭、照顾者、团体和社区互动，以实现改变和发展，并改善生活
	6. 与个人一起准备、制订、实施和评估计划
	7. 支持社会网络的发展，以满足需求和达成目标
	8. 与小组一起工作，促进个人成长、发展和独立
	9. 处理对个人、家庭、照顾者、团体及社区有风险的行为
关键角色 3	支持个人表达他们的需求、观点和环境
	10. 代表个人、家庭、照顾者、团体和社区，并和他们一起倡导
	11. 准备并参与决策会议
关键角色 4	管理个人、家庭、照顾者、团体、社区、自身和同事的风险
	12. 评估和管理个人、家庭、照顾者、团体和社区的风险
	13. 评估、减少及管理自身与同事的风险
关键角色 5	在督导支持下，管理和负责所在组织的社会工作实践
	14. 管理并对自己的工作负责
	15. 促进资源和服务的管理
	16. 管理、报告和分享记录与报告
	17. 在多学科与多组织的团队、网络和系统中工作
关键角色 6	在社会工作实践中展示专业能力
	18. 研究、分析、评估和运用当前最佳的社会工作实践知识
	19. 按照社会工作实践的标准工作，确保自身的专业发展
	20. 处理复杂的伦理问题、困境和冲突
	21. 促进最佳社会工作实践

资料来源：Harris & White (2013)。

这些角色与对应能力的具体描述，充分展示了能力为本模式对社会工作者在职业能力和专业能力上的多层次要求。专业能力上社会工作者要用专业价值合理评价服务对象，依托专业理论去理性分析和评估服务对象面临的困难，运用专业服务去协助服务对象走出困境或者帮助服务对象向更好的目标发展。而在职业能力中，社会工作者通过对个人、家庭、照顾者、团体、社区以及同事的关注所表现出来的组织管理能力、沟通协调能力和风险评估能力，同样需要得到重视。

与英国相似，从2008年起，美国社会工作者协会、美国社会工作职业资格委员会和美国社会工作教育委员会将专业能力列为社会工作教育的核心目标，并在全国社工教育标准中明确列定专业能力框架及细节（NASW，2015）。目前，美国有多家大学将这一核心能力和实务行为标准作为社会工作实习教育的评估指标。这些核心能力包括：（1）确认自己的专业社会工作者身份，遵循相应的行为守则；（2）应用社会工作伦理守则，并将其作为专业实习的指引；（3）在实务中引入多元化及差异性观点；（4）提倡人权及社会与经济公平正义；（5）参与研究循证取向的实务及实务循证取向的研究；（6）应用人类行为与社会环境的知识；（7）参与政策实践，以提升社会及经济福利，提供有效的社会工作服务；（8）根据情境来设计实务；（9）参与、评估、处遇和检讨有关个人、家庭、团体、机构及社区的事务。

中国香港、台湾、澳门地区皆有相关法规来保障职业能力门槛，例如香港的社会工作者注册评核准则（2015）、澳门的《社会工作者专业资格认可及注册制度》（2018）、台湾的"社会工作师法"（1997）。这些职业准入门槛中，毫无例外地明确框定了社会工作者能力标准，并要求将其作为培养社会工作者的首要任务。其中，中国台湾地区学者提出了社会工作者须具备的8项核心能力，包括：（1）自我觉察的能力；（2）逻辑思考的能力；（3）与人对话交谈即与人沟通的能力；（4）建立人际及专业关系的能力；（5）与他人合作及协商的能力；（6）分析了解情境脉络的能力；（7）发觉并运用资源的能力；（8）了解并遵守社会工作伦理原则的意识和能力。顾美俐（2017）总结了高迪理的研究，并对医务社会工作、社区工作者及疗愈社会工作者的核心能力进行梳理后，认为目前中国台湾地区社会工作专业能力的看法基本与美国CSWE提出的核心能力，以及英国国家职业标准提出的核心能力相似。但由于没有统一的专业能力标准，中国台湾地区各大学社会工作课程提出的核心能力和重点并不相同，在本科和研究生教育阶段也有差异（见表7-2）。

表7-2 中国台湾地区部分大学社会工作学士班与硕士班提出的核心能力

台湾大学	学士班 1. 助人为乐知识与技巧 2. 跨领域与团队合作 3. 伦理价值 4. 多元与自我觉察 5. 国际视察		硕士班 1. 助人为乐知识与技巧 2. 跨领域与团队合作 3. 价值伦理 4. 多元与自我觉察 5. 国际视察 6. 批判思考与探究 7. 政策分析与跨国比较 8. 问题分析与独立研究
师大（社工所）		1. 知识/认知	(1) 具体社会工作伦理的知识 (2) 了解量性与质性研究方法 (3) 具体多元文化的知识
		2. 职能导向	(1) 具体社会工作的实务能力 (2) 具体社会工作的研究能力
		3. 个人特质	(1) 具体社会工作的助人特质 (1) 具体互助与利他的特质 (3) 具体批判与反思的特质
		4. 伦理/价值	(1) 信守专业伦理 (2) 促进社会公义 (3) 关怀弱势及尊重多元差异
台北大学	学士班： 1. 专业：执行服务、整合资源 2. 伦理：尊重自省、诚信正直 3. 人际：人际沟通、国际合作		硕士班： 1. 专业：进阶实务、独立运作 2. 人际：人际沟通、合作成事 3. 国际观：多元关怀、跨界宏观
东吴大学	学士班： 1. 具有了解、评估人与团体、环境、制度间互动及影响能力 2. 发掘与分析社会问题之能力 3. 具体能够察觉自我、尊重多元文化，以及关怀本土的个人涵养 4. 针对一特定主题论述（说与写）与发展个人主张能力 5. 具体社会工作的策略思考与行动能力		硕士班： 1. 强化社会工作者的写作涵养与能力 2. 促使自己和协助他人完善自我、尊重多元文化及具体关怀本土的涵养 3. 分析社会政策解决问题的能力 4. 培养社会工作管理能力与机构领导能力 5. 反映、批判与行动的能力

资料来源：顾美俐（2017）。

中国大陆地区近十年来也对社会工作者核心能力有所讨论。教育界有本科社会工作教育核心能力与课程建设的讨论（林诚彦、卓彩琴，2012），实务界亦有系列研究表明从业者在不同的服务领域，例如禁毒（吕庆，2018）、长者（刘斌志、郑先令，2018）、儿童（刘斌志、梁谨恋，2018）、医务（刘斌志、符秋宝，2018）等领域，所表现出来的能力已被验证是社会工作实践中不可缺少的核心力量。2015年出版的全国社会工作者职业水平考试指导教材《社会工作综合能力（中级）》指出，社会工作者的核心能力包括：沟通和建立关系的能力；促进和使能的能力；评估和计划的能力；提供服务和干预能力；在组织中工作的能力；发展专业的能力。

综合对国外社会工作核心能力的总结，本土的社会工作核心能力基本包含：（1）理解、认同并在实务中内化专业价值观和伦理，用以维护个人尊严与社会公平正义、尊重人类需要及多元文化，处理相关伦理问题；（2）运用专业知识与技巧的能力，如人类行为与社会环境、专业理论及方法的知识，建立专业关系、评估与资源整合的能力；（3）社会工作行政能力，包括专业书写和机构的适应和管理等能力；（4）保持并促进专业发展的能力，包括不断学习、反思和分享经验来促进个人和专业的成长等。

第二节 实习教育中的评估

基于对社会工作者核心能力体系的整理，能力为本的实习教育培养目标即围绕着这个能力体系，培养学生达到相应要求的过程。它强调以行为作为考察的结果，并采用一定的标准去衡量这些行为的成效，以此评估学生核心能力达到何种程度。因此，评估是能力为本的教育体系中必要的组成部分，通过前测和后测，评估既可反映学生的学习需求，也可协助其厘清学习和投入的重点（Gervais，2016）。为了科学规范地对行为进行考核评估，学生的预期能力目标会被操作化和测量化，以此形成一套与能力体系相对应的评估标准与指标。

一 评估类型及其影响因素

能力为本的实习教育评估是一个教与学的过程。评估主体是承担"教"的督导者，而客体则是作为"学"的被督导者即学生。评估类型有过程性（formative）和总结性（summative）两种。过程性评估通过自测评估目前的学习程度，判断学生的学习需求和实践的重点；总结性评估通常以期末评估的形式出现，评估学生的能力掌握程度。需要注意的是，能力为本的教育在对学生评估的同时，也为督导老师提供参考，以便对教学和课程进行改良（Gervais，2016）。过程性评估强调执行的科学规范，总结性评估强调目标的达成情况。因此，能力为本的教育评估是学生和教学者共同参与的评估，过程性评估和总结性评估同样重要。

两种评估类型都体现了实习评估的客观性，这种客观性受以下几项重要因素的影响：评估考核工作的程序、可以使用的测量工具、实习督导的评估和反馈意见，以及督导者与学校实习协调员提供的意见（罗观翠，2013）。此外，评估是来自教与学的双向评价。学生所反映的个性化需求，以及对机构和督导的反馈，同样需要加以重视。为了尽可能减少督导者与学生就评估结果产生的分歧，可以让学生在实习前参与实习计划的拟订，同时充分考虑督导和机构的实际情况并在实习过程中给予修订的机会。例如美国一些高校的做法，即让学生在实习初期提交一份实习任务和作业规划，并在实习中期和末期根据美国社会工作教育委员会对社会工作核心能力的要求，学生和督导者一起完成两份能力评估报告，以检视学习能力的达成情况，并根据实际学习情况对实习任务和作业进行调整。

二 评估的标准

评估标准的拟定是一个在实习过程中将各类主客观因素相结合的过程。一方面，要尽可能按照培养学生核心能力的客观要求，确定评估内容，并进一步做好指标操作化工作；另一方面，要特别强调督导在评估中的主体性地位，给予督导在评估中足够多的评价空间。

（一）评估内容的确定

如前文所述，评估内容与社会工作者的核心能力框架一致，主要围绕着专业价值理念、专业知识体系、专业方法技巧和职业能力中涉及的社会工作行政能力几大板块来确定。对应图7-1所示的英国国家职业标准所要求的六个领域，英国一些高校拟订的实习教育评估内容包括学习到的实践技巧、社会工作理论的理解和应用、社会工作研究的理解和应用、对法律和政策的认识、社会工作价值观的应用、反思和批评的技巧、对服务使用者和照顾者认识的过程等。此外，还包括来自各方的证据，如督导笔记和讨论、实践文档、其他的实践证据、服务使用者和照顾者的反馈、批评性反思、观察记录等（何雪松、赵环、程慧菁，2009）。

国内各高校关于专业实习评估内容的主要理念相似，但具体内容则因各学校的专业培养方案而不同。以复旦大学为例，评估分五个板块进行，以评估专业价值伦理及态度、运用专业知识及技巧的能力为主，辅以机构适应及行政能力、写作与记录能力以及把握学习机会的能力。以复旦大学为例，实习教育的具体评估内容的权重如表7-3所示。

表7-3 复旦大学实习教育评估内容

评估内容	权重（%）
专业价值伦理及态度	20
运用专业知识及技巧的能力	50
机构适应及行政能力	10
写作与记录能力	10
把握学习机会的能力	10

资料来源：复旦大学社会工作专业硕士实习手册（2018年3月修订）。

（二）评估指标的操作化

确定评估内容后，为了最大限度地降低评估者的主观差异，还需要将其操作化为测量指标，才能成为明确可行的评估标准。美国社会工作教育委员会在每项核心能力下列举了行为指标来评估该项能力的掌握程度，表7-4即对专业伦理这项核心能力的评估指标的操作化举例。

表7-4 与专业伦理相符的专业行为

具体表现	行为表现
了解专业价值观及伦理标准，以及可能在微观、中观和宏观层面影响实践的相关法律法规	通过应用NASW伦理标准、相关法律法规、伦理决策模型、符合伦理的研究以及视实际情况而定的其他伦理守则来做出伦理决策
了解伦理决策的框架，以及如何在实践、研究和政策领域将批判性思维的原则应用到这些框架中	运用反思和自律管理个人价值和维护实践时的专业性
认识到个人价值和个人价值与专业价值的区别；他们也了解他们的个人经历和情感反应如何影响他们的专业判断和行为	在行为、外表、口头、书面和电子通信中均表现出专业风范
了解专业的历史、使命、角色和责任	符合伦理地恰当使用专业技术来达成干预目标
了解其他职业在跨专业团队中的作用	使用督导和专业咨询来指导专业判断和行为
认识到终身学习的重要性，并致力于不断更新技能，以确保所掌握的技能与服务相关且有效	
了解新的技术，并在社会工作实践符合专业伦理要求	

资料来源：美国社会工作教育委员会（2015）。

其他几项核心能力也是如此，这些细化的行为标准成为高校社会工作实习教育中学生专业能力的评估指标，并根据学生提供的评估资料和服务、督导时的表现，划分为未能掌握、部分掌握、基本掌握、掌握良好及完全掌握等等级，以评估学生的实习表现。具体细化的行为指标既为学生提供了专业行为指引，也让学生能够通过自测了解自身目前的学习需求和学习要求。表7-5、表7-6分别是复旦大学和上海大学实习教育的评估指标。

表7-5　复旦大学实习教育评估标准

表现始终超出预期	表现经常超出预期	表现达到预期水平	表现合格，无严重失误	表现有严重失误	无法评价
专业价值伦理及态度（20%） 1. 关注人类福祉，保持对改变的信念 2. 熟悉、遵循并灵活运用专业价值及伦理原则与准则 3. 成为专业社工的信念与动力					
运用专业知识及技巧的能力（50%） 1. 了解社会政策、社会服务、服务对象系统及社区资源 2. 将专业理论与相关知识批判性地、灵活地运用到实践中 3. 实务技能的运用：建立关系和沟通，发现、界定和评估问题，设定目标及计划，实施及评估，研究与发展等					
机构适应及行政能力（10%） 1. 理解、遵循及评估政策背景下机构的目标、功能、制度和限制 2. 理解自身角色，履行职责，与同事建立良好的工作关系 3. 独立工作，妥善安排工作优先次序，高效管理时间与任务					
写作与记录能力（10%） 1. 清晰、准确、系统地书写工作记录 2. 在作业中反映记录、评估、分析、反思能力 3. 中英双语写作能力					
把握学习机会的能力（10%） 1. 根据学习需求制订学习目标，并积极参与学习过程 2. 持开放及积极的态度，发展对专业领域的兴趣 3. 充分准备并积极参与督导过程，分享感受及成长					

资料来源：复旦大学社会工作专业硕士实习手册（2018年3月修订）。

表7-6　上海大学实习教育评估标准

专业价值观与态度（25%） 1. 对社会工作的基本信念和价值观的信任 2. 社会敏感度 3. 委身服务 4. 了解自我、足够的敏感度、成长的能力及将自己发展成为一名专业社工	知识范围（15%） 1. 对社会福利政策和服务的认识 2. 了解机构 3. 了解服务对象系统 4. 投身于基础知识的拓展

续表

实务能力（30%） 1. 现场督导与资料收集 2. 评估资源 3. 介入计划与目标的规划 4. 实行与协调工作 5. 沟通和关系建立 6. 终结和评估	理论和实践的融合（15%） 在实际环境中，尝试反思及运用社会科学、核心社会工作和有关科目的知识和资料，去现场督导、分析各方动力的互动状况和评估需要；制订介入计划和建立改变目标，执行介入和评估结果，反思和确定应用理论与概念时的限制及阻碍； 能够将知识和技巧运用于不同的环境中
运用督导与指引（15%） 1. 按时提交实习记录 2. 积极参加小组督导和个人督导 3. 将督导建议用于改善实习工作	

资料来源：上海大学社会工作学系（2018）。

但能力为本的实习教育评估也有不足。首先，学生会聚焦在证实掌握能力的证据，而忽略"全人"成长的动态变化与社会工作服务的复杂性；其次，社工的工作是技巧、能力、经验、价值与知识的整合，行为指标化的过程不足以反映这种整合（顾美俐，2017）；最后，由于没有具体的实习任务和内容供参照，能力为本的评估过程对督导者提出了很高的要求，督导者只有在学生规划实习、进行实务工作和评估时对专业核心能力有全盘的掌握，并与服务做充分的结合，才能协助学生在实习教育的过程中通过学习、实践和反思有效地提升专业能力。

为了克服以上不足，督导者在整个实习过程中是实习生的指导者、监督者，也是评估的执行者。要做好能力为本的实习教育评估工作，督导者必须熟知以下要点：（1）自身的职责和机构的工作；（2）学校、机构对实习生的要求、评估框架，专业伦理和守则；（3）探索和了解学生的学习风格，以及适合学生的学习方法；（4）根据评估框架，收集与有效评估相关的信息和资料；（5）认识自身的价值观、标准和预期，考虑实习生的经验、知识水平和能力差异；（6）在支持和肯定实习生的同时，处理实习生对自身能力过于自信的问题。

三 评估的原则

能力为本的实习教育与"以任务为中心"的实习教育相比，由于评估指标的主观空间更大，因此对督导者的评估能力要求也很高。为降低督导者因考核能力差异而带来的评估结果偏差，一些评估原则的制定是非常必要的。

（一）评估方式的有效性

为了确保评估的有效性，整个评估过程包括工具的使用，都需要充分考虑学生在评估框架内不同领域的相关进展，根据实习岗位的要求，评估其整体能力。当评估不同岗位学生时，可以结合机构中具体工作者群体的专门岗位职责来进行个性化评估，以此确保评估能够直接针对学生的工作表现。例如，有些岗位关注社区资源的使用，有些主要是与其他专业人员有比较多的合作，还有一些领域是专门关注政策的倡导与宣传，这些不同的侧重点都需要纳入评估标准中。

（二）评估工具的可信度

评估需要足够的可信度，这意味着对每个学生在不同时间点、不同工作场所的评估应该具有一致性。学生在实习中所处的阶段不同，所需要表现出来的能力也不同，需要使用不同的评估工具进行评估。例如，理论知识运用的评估，可以促进其反思实习过程中遇到的理论、实践和研究议题，考察其理论分析能力、政策把握能力和概念反思能力；而实习笔记、专业服务文书、批评性反思记录、直接观察记录等工具，可直接针对具体实习领域所需要的专门技术与能力进行评估。

（三）评估主体的区辨力

评估是一个以成效和结果对行为做出双向判断的过程，不一定所有的结果都是良性的，它需要评估主体对评估对象不同层次的表现有足够的区辨力。对于不合适的学生和有潜在危险的学生，则有赖于督导者在评估中使用经验和能力来辨别，以维护专业标准，并保护服务对象。假设某位学生在专业行为表现和知识的使用上完全符合评估标准，却在改变服务对象的既定服务目标上表现不佳，督导者在评估时就应该既有综合性的正向评论，又要对其特定的某方面能力差距有足够的识别能力。

第三节　实习教育评估的方法

能力为本的实习教育评估，评分只是表现形式，并不是根本目的。重要的目的是协助学生检视学习需求和情况，共同调整学习方案，以提升学生的专业能力。因此，整个过程中评估方法的使用就需要结合评估资料的收集和评估方式的选择，与评估标准做好精准的匹配。

一　评估资料

（一）评估资料的类型

每一项评估指标的打分都需要一定的依据和支撑，收集这些依据的具体操作，就是有计划地收集对应的文书资料。实习中的文书资料可以分成直接性资料和间接性（反思性）资料两种（罗观翠，2017）。直接性资料指的是直接反映服务过程的文书，包括督导者与实习生共同工作或现场督导实习生时的工作表现、实习的影像记录，现场督导中实习生的角色扮演、情景模拟，同工、服务对象对实习生的服务反馈；间接性资料则是经由学生思考处理再创造的知识成果，呈现一定的反思性，包括个案和小组的反思记录、实习日志和周记等。

（二）评估资料的收集

为了合理有效地收集上述评估所需的材料，需要通过设置专门的资料清单并注明收集方式，方便学生与督导就评估过程达成共识。以复旦大学社会工作学系学生实习期间需提交的文本作业为例，其中既包括学生个性化需求的表达，也兼顾到核心能力框架中所对应的各类要求（见表7-7）。

表7-7 复旦大学社会工作专业硕士生实习期间需提交的文本作业

1. "我眼中的社会工作"（任务、功能、价值、与中国现实相关、个人发展）
2. 学习合约 我对实习的期望是什么（学习、关系、所需提升的能力）？ 帮助我完成实习的优势在哪里？ 我必须克服的限制和障碍是什么？ 我该为实现期望做些什么（时间、学习、工作量的安排）？如何为督导检查做准备？ 在实习投入、准备工作、督导检查的次数和持续时间上达成共识
3. 日记（我今天学到了什么？这些在课堂上是如何被讲授的？我感受到什么？有哪些反思？）
4. 周记（我已经学了什么？什么经历有助于我学得更多？为了完善学习，我应该做些什么？）
5. 社区（机构）调查报告（统计方面的概况描述、简短的历史、社区资源/力量、挑战、现有的服务、局限、建议）
6. 个案工作记录 　个案接案报告 　个案工作计划 　个案摘要记录（N-1次） 　个案过程记录（1次） 　个案评估
7. 小组工作记录 　小组计划书 　小组活动单元计划 　小组活动单元报告 　小组活动总结评估报告

续表

8. 中期评估
9. 社区工作记录 　　社区工作计划方案 　　社区总结评估报告
10. 项目设计、执行及评估 　　项目计划书 　　项目进度报告 　　项目评估报告
11. 实务或政策研究 　　研究计划 　　研究进度报告 　　研究报告
12. 每周实习时间表
13. 终期实习评估报告

资料来源：复旦大学社会工作专业硕士实习手册（2018年3月修订）。

二　评估方式

评估方式的选择在过程性评估和总结性评估上各有不同。过程性评估跟随评估流程（见图7-2）的各环节进行，呈现的是较为动态的评估特征。过程性评估以同辈督导和现场督导等方式开展，以现场评估方式为主，评估主体直接在服务现场观看学生实践过程，然后做出评价。现场评估的内容可以是个案会谈、小组活动，或者社区工作开展等实践过程，也可以是日常社会工作行政的一些行为。具体的资料来源如下。

（1）现场督导——用于在实习环境中现场观察评估实习生实践情况（评估工具见附件1）。

（2）实习日志与周记——学生对特定情况的反思以及从中获得的经验。在专业实习过程中，对实践的批判性反思/分析很重要，它表明学生对实践的方法和意识是否与理论、研究和知识的深度应用密切相关。实习日志与周记可用于在督导时引发讨论，并确定知识/实践中的差距。

总结性评估中可以根据主体的需要和特点，采用问卷调查法、访谈法、查阅资料、学生反馈、听取服务使用者的反馈等各参与方对学生表现的评价或反馈意见等方式获取相关效果的证明，然后督导者通过网络或纸质表格的方式打分。具

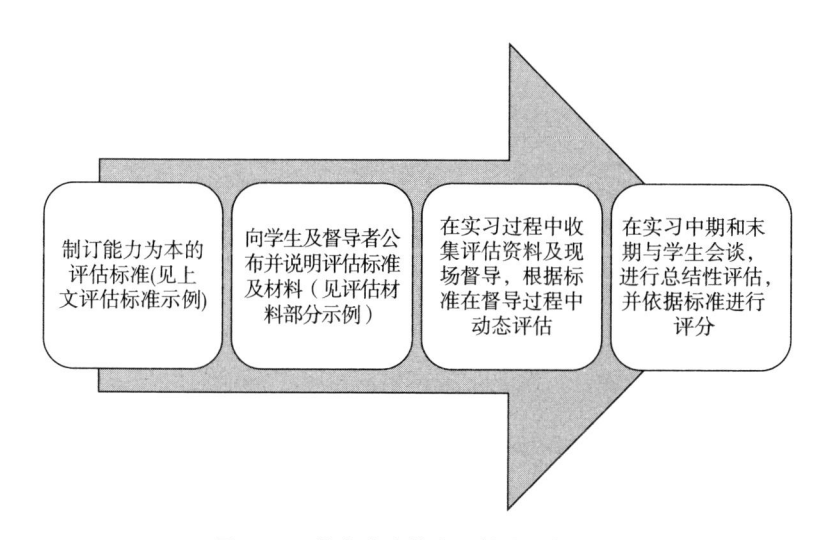

图 7-2 能力为本的实习教育评估流程

体资料来源如下。

（1）文书批阅督导——用于规划、评估、评价和发展学生表现的正式安排。

（2）服务使用者的反馈——专业实习评估中的重要且必不可少的组成部分。即使学生在某些实践中可能取得积极成果，督导者也可以考虑获取服务使用者的反馈，这些反馈可以对学生的互动能力提供另一种视角（评估工具见附件2）。

（3）来自其他专业人士的反馈（包括机构内部和外部）——可针对学生与他人共事时以及学生在不同情况下的实践、知识和方法，提供额外的信息（评估工具见附件3）。

（4）书面技能（包括实习计划和实习报告等）——督导者考虑学生提交的书面作业是否满足能力评估中对知识、技巧和价值观的要求，是否具有主观性，以及是否满足机构/专业人士的预期。

（5）研究——用于展示学生在实践相关领域的知识与知识生产的水平。在必要时，督导者应建议将研究作为学生发展能力的方式之一。

（6）学生自我评估——通过培养他们的批判性思维，以及为他们提供在实践中扩展评估技能的机会，促进学生学习。

三 评估示范——现场督导

过程评估是目前中国大陆专业实习评估中较少使用的一种方式，其对应的主要评估依据来源于现场督导。现场督导本身并不是简单的"要么通过，要么失败"，相反，是学习和发展的机会，提供了连贯且有意义的机会来记录学生的进步。此外，现场督导还提供了符合学生能力标准的实质证据，伴随着学生自身对现场督导的特定工作的反思性分析，以及督导者对其现场督导和分析的口头／书面反馈。下文我们将着重描述通过使用现场督导的方式进行实习教育评估的具体细节，以期对这一方法给予更大范围的推广和应用。

（一）现场督导的评估目的

开展实习的现场督导，目的是帮助学生清楚地了解他们的学习需求，以及他们在专业能力方面取得的进步。对实习的现场督导，应该体现学生在实践中表现出的逐步积累的学习／能力。督导者的作用是在非主动参与的情况下谨慎地督导学生（除非涉及服务对象／护理人员、学生或机构主管的安全）。现场督导也为督导者和服务对象提供反馈机会，成为学生学习过程的一部分。督导者必须在现场督导的实践报告中包含来自反馈／督导会议等进一步学习和证据的信息（见图7-3）。

（二）现场督导的评估程序

1. 准备和规划

现场督导的准备和规划是整体体验的重要组成部分。事先的协作讨论（学生和督导者之间）可以尽量阐明现场督导会产生什么、达成什么目标以及建立什么评估标准（即学生想要达到什么目标、是否需要任何特定的能力、被确定的发展领域或关注点、学生希望督导有所关注的地方）。这也为督导者提供了一个机会，可以指出他们希望学生在学习过程中额外关注的方面。

对学生来说，要从实践现场督导中有所收获，他们需要知道评估什么以及如何评估。为此，学生和督导者都需要熟悉评估标准，也就是围绕专业的核心价值观与伦理守则以及服务中的专业行为准则等建立起来的评估框架。为了做好现场督导准备，督导者必须判断学生是否能够承担服务任务，因为服务使用者的需求和对服务使用者的潜在影响是首要的考虑因素。此外，现场督导准备的整合模式（见表7-8）指出，在现场督导之前，督导者应该协助学生完成以下方面的经验，作为具备足够能力的示范。

```
学生和督导者制订督导计划,学生在实践 ←┐
过程中界定需求                          │
        ↓                               │
学生做出安排,取得服务对象的同意并与      │
督导者确认                              │
        ↓                               │
学生完成准备工作表(现场督导前)并发      │
送给督导者(现场督导的3个工作日前)       │
        ↓                               │
现场督导前讨论(可能与现场督导在同一天)  │
        ↓                               │
进行现场督导                            │
        ↓                               │
督导者给出初步反馈意见                   │
(尽可能在现场督导结束后随即进行)        │
        ↓                               │
学生撰写反思与分析并发送给督导者         │
(按双方约定时间,但建议在5个工作日内)    │
        ↓                               │
督导者撰写现场督导反馈报告并发送给学生   │
(按双方约定时间,但通常在5个工作日内)    │
        ↓                               │
双方交换报告后进行讨论 ─────────────────┘
```

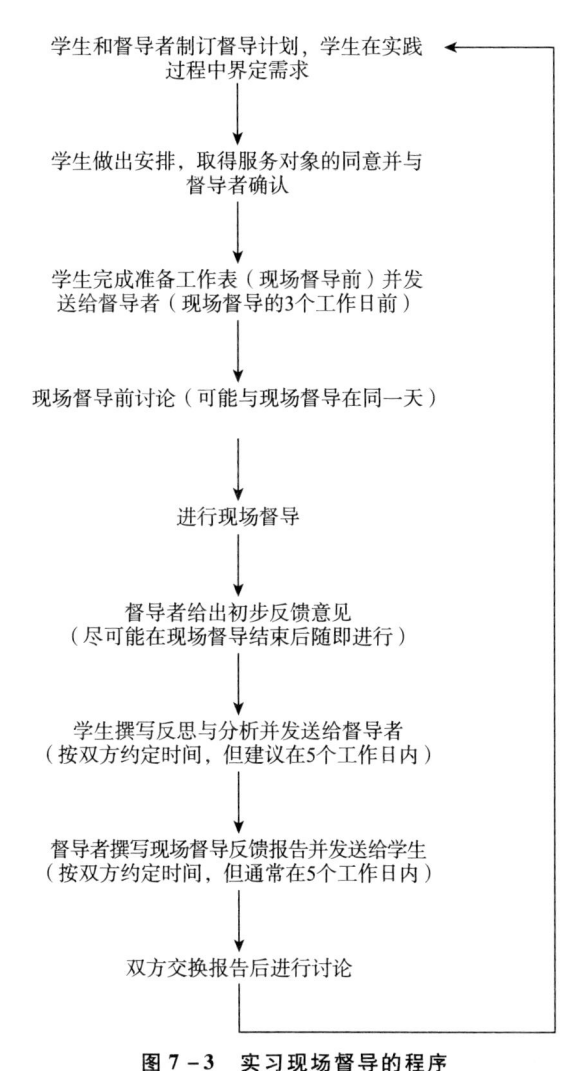

图 7-3　实习现场督导的程序

表 7-8　现场督导的整合模式

模仿督导者/其他社会工作者	学生就督导者的做法给予反馈 督导者支持学生探索自己的想法和感受,并确定学习安排
合作工作	共同责任 学生就实践给予反馈 督导者寻求服务使用者的反馈 督导者就实践情况向学生提供反馈

续表

学生主导	督导者主要在现场督导，必要时也会参与 督导者以深度自我评估的方式提供反馈和支持 学生寻求服务使用者的反馈

为了更好地准备和积极规划，学生和督导者在现场督导之前还可以讨论以下几个问题。

· 现场督导会话的性质是什么（家访、中心访问、小组工作、中心会议等）？
· 该环节的目的是什么？
· 学生在该环节的角色和责任是什么？
· 学生是如何为该环节做准备的（评估、计划、其他文件）？
· 学生希望在该环节实现哪些目标？
· 学生希望运用哪些社会工作理论、模式和方法？
· 学生计划如何在实践中应用社会工作价值观？现场督导可能涉及哪些伦理问题？
· 在规划现场督导时，是否需要考虑残疾/损伤或其他可变因素的问题（风险评估/管理、听力障碍、读/写问题等）？
· 学生和督导者二者都想要实现的成果或目标有哪些？
· 考虑到评估框架，学生希望督导者就哪些方面提供反馈？是否有某些具体方面被督导者标记为需要特殊注意？

思考这些问题通常可为督导者提供有价值的透视角度，让督导者能够在进行现场督导之前，初步衡量学生的方法、规划和知识基础，在必要时，纠正学生本打算采取的不适当介入。

这里提供了现场督导使用的表格模板。对于学生来说，在正式开始现场督导之前，主动向督导者提供现场督导模板初始部分是有益的，可以展示学生对现场督导场景的规划、理解和认知，并指出他们希望在哪些方面取得成就。需要特别注意的是，在现场督导之前，必须征得服务使用者的同意，允许督导者出席及参与，并告知督导者会保密，也要解释督导的作用。

虽然深思熟虑的规划（从实践和学术角度来看，并且在风险评估之后）通常可以为现场督导提供一个合理的有洞察力的基础，但学生和督导者必须能够应对突发的不可预见情况。在进行现场督导之前，可以通过角色扮演（由学生和督导者扮演）以及询问学生如何管理各种突发情况的方式来预防性地应对。这可以包括学生的语言使用情况（口语和身体语言），准备使用的介入方法（如语调、适度挑战而不引起冲突的能力、推进协作氛围等）以及他们在整个过程中应用的价值观（如聆听服务使用者的观点并表示尊重，给服务使用者时间来表达其想法和感受等）。

现场督导记录实例

表 7-9　社会工作现场督导用表示例

第一次现场督导	第二次现场督导	第三次现场督导
□	□√	□
学生姓名：	小宁	
实习一/实习二：	实习一	
机构督导姓名：	陈明	
日期和地点：	市青少年服务中心 2019 年 4 月 3 日	

现场督导前用表示例（由学生完成）

1. 您与服务对象之间专业关系的简要背景。
（参考字数：200 字）

阿峰的妈妈到青少年服务中心求助，表示阿峰沉迷于打游戏，学业成绩不理想，也不愿意与父母沟通。从接案至今的两周，第一次家访面谈后，我对他的家庭系统做了评估，希望再次约见他，了解他需要我们提供什么样的服务和支持，并讨论他未来的计划。我与阿峰约定数次面谈时间，他都由于各种原因缺席，我想他能尽快认识到自身的问题，改善与父母的沟通。

2. 干预计划：希望达成的目标。
（参考字数：200 字）

我阅读了一些关于青少年网络成瘾的文献，深知沉迷于打游戏对青少年个人及家庭沟通的影响。我希望在我的干预中，我可以更深入地了解如何帮助青少年摆脱网络的负面影响，引导其学会规划自己的学业和职业生涯，并改善与父母的沟通。
在与阿峰建立关系的过程中，我遇到一些阻碍，我希望能够通过个案的技巧，包括聆听、同理、澄清、订立目标，以及使用相关的专业方法，如任务中心模式、焦点解决等使个案有所推进。

2．进行现场督导

现场督导开始时，很重要的一点是重申督导者的角色和目的，仔细考虑如何介绍他们，并对他们是否介入以及在何种情况下介入提出建议。此外，应重申须严格遵守保密原则。以上要点将促进服务对象的理解，并有望营造讨论的契机，让服务对象可以更放松地袒露心声，不再担心其秘密会外泄。

如果已确定督导者只在现场督导环节的某一部分到场，那么需要在一开始就向服务对象说明。请记住，服务对象的需求总是优先于现场督导的基本性质，出于多种原因，督导者可能会中途退出（例如，应服务使用者/学生的要求，或者当督导者认为他们自己的存在会对服务使用者或服务产生负面影响等）。学生应力求确保实际环境有利于所有相关人员（尤其是服务对象）的舒适度，并满足他们的需求。

就座位置也是现场督导的一个方面，应仔细考虑。虽然督导者到场是为了重点关注学生，但是让服务对象看到督导者的身影也很重要。这样督导者能够记录服务对象的面部表情和学生对此的反应等，还有助于减轻服务对象因为督导不在其视线范围内而可能感到的任何不适或怀疑。督导者在督导现场应保持谨慎低调的原则，不要出现在学生的直接视线范围内。鉴于许多学生在现场督导时经常感到紧张和焦虑，如果督导者站在其直接视线范围内，往往会增加学生的紧张感。

尽量邀请服务对象对学生的实践情况/能力提供反馈。获取此类反馈的方式需要考虑，但这可在现场督导环节开始之前与服务对象达成一致。很多学生都会希望服务对象给出积极的反馈，督导者希望服务对象会对学生的实习提供建设性和支持性评论，而且现场督导给定情景的特性决定了他们能给的负面评价有限。但由于现场督导的主要目的之一是展示学生学习的进步，所以督导者可能倾向于提议能够展现进步的场景。

督导者可建议学生在现场督导之后，给予反馈并提交记录（见下文的表格示例）。若条件允许，督导者应在现场督导结束后立即向学生提供反馈，并且应该让学生有机会表达他们对该体验的看法，并在约定的时间（一般为5天）完成以下书面现场督导模板（由学生和督导双方填写）。

现场督导后用表示例（由学生完成）

3. 实际干预的简要说明：您是否达到了干预目标？ （参考字数：200字）
我较少使用聆听技巧，没能与阿峰建立良好的专业关系。我很迫切希望阿峰能够意识到自身的问题，并改善学习态度及与父母的沟通，但阿峰并不愿意接纳我，所以没有达成干预的目标。 我意识到青少年并不接受我们认为专业的专家型沟通方式，更平等和理解的态度会有助于与他们建立关系。我需要加强聆听，并通过平等和自然的交流与阿峰建立专业关系。

第七章 实习教育评估

4. 参考相关评估框架，对服务进行反思。
（参考字数：300字）

我和阿峰的面谈只进行了15分钟，他称感觉厌烦就离开了中心。我感受到了挫败，用评估和干预等专业语言进行面谈，令阿峰产生抗拒，阿峰有表露他在英语学习上的困难，但我没有给予更多关注。接下来，我会以他感兴趣的话题，如游戏、英语学习等内容，与他建立关系，并协助他解决一些实际遇到的困难。督导者在现场注意到我的穿着和言行与青少年工作有较大的距离，并提醒我需要站在服务对象的角度来理解他们，这对我是很重要的提醒。用服务对象理解的语言和他们建立关系，才是专业的表现。

学生将此表递交给机构督导填写

现场督导后用表示例（由机构督导完成）

您对现场督导的评估

在实习期间的现场督导中对学生能力的整体评估。
（参考字数：300字）

你很主动地与阿峰交流，也去家访，了解他母亲的想法和对家庭系统进行评估，以上都做得很好。我能够观察到你对阿峰的关心和希望他对自身的情况有所认识并加以改善。
开始与青少年接触时遇到一些困难和阻碍是正常的，但当我们以教育者的姿态出现时，我们需要接纳青少年流行的文化，用平等和开放的态度与青少年交流，尊重他们的想法，并和他们建立关系。
在面谈时，我们要尽量减少使用专业词汇，以青少年的爱好和关心的事物打开话题，而非以专业人士的身份与他们沟通。

行动计划（与督导讨论之后）

在与机构督导讨论后，商定行动计划（如适用）：是否确定了发展领域/学习需求？未处理上述问题，需要采取哪些行动？是否还有其他问题？

我希望你考虑以下几点：
与青少年建立关系需要时间和过程，不可操之过急。做需求评估时除了家庭系统，也要关注同辈群体对服务对象的影响。此外，你还需接触阿峰的母亲，要注意与双方澄清保密的原则，留意对专业关系及亲子关系的影响。

签署同意

学生签名：		日期：
机构督导签名：		日期：

169

3. 反馈反思

在服务环节结束后，督导者最好能立刻让学生对现场督导环节、他们的表现进行反思并提供建设性反馈。为促进建设性反思以及完成现场督导模板，可要求学生思考以下问题。

- 发生了什么？
- 取得了什么成果？
- 哪些事情进展顺利？
- 你怎么知道它进展顺利？
- 哪些事情进展不顺利？
- 作为本次介入的下一步，你要采取哪些措施？
- 你总体感觉如何，现场督导的感觉如何？
- 本次体验中你学到的关键点是什么？
- 在这次现场督导中你有什么惊喜吗？

如前所述，学生和督导者必须协商确定现场督导模板的完成时间，并进一步深入反思学生在任务中的表现（通常在督导中）；还应确定并讨论后续的学习，并将其记录为督导总体反馈的一部分（同时以口头和书面形式，纳入现场督导模板的"现场督导者评论"部分）。在督导者完成自己的部分之前，先由学生在指定的时间范围内向督导者提供自己完整填写的文件。

总的来说，伴随着现场督导的各个环节，评估也遵循督导者反馈－学生反思－督导者再反馈这样的阶段性组合过程。这个过程中需要注意以下几个方面。首先，这种做法将重点放在学生身上，由学生反思并完成表格的应填部分。这提供了一种透视角度，帮助督导者理解学生所应用的思维过程（与所涉及的主题相关）。这通常能展示出学生在社会工作中的理解力、学术知识和实际应用广度或局限性。其次，督导者在随后根据学生的反思给予书面反馈时，必须考虑其实践所依据的指导方针、标准和伦理守则。然而，实务界普遍认为，由于缺乏标准化模板，督导者在撰写现场督导反馈时，往往会采用个人化、建设性的书面表达方式。只要遵守并涵盖了基本要点，督导者对其使用的偏好风格有自由裁量权。最后，当督导者首先完成并向学生发送反馈时，许多学生倾向于直接引用由督导者填写的反馈内容（参见模板）。这种直接同意督导者反馈的做法，往往让许多学生在某些领域不再建设性地思考并确定自己的想法。

本章内容我们围绕着能力为本的实习教育评估展开，对能力为本的实习教育模式以及在此模式之下开展的实习教育评估的内容、原则和方法都进行了详细阐述，许多内容为了便于读者更进一步理解，都通过示例做了详细的分享。需要说明的是，示例中的标准不一定是最优标准，仅作参考。计划使用这些方法的高校相关人士需根据研究生与本科生的培养目标、当地机构/基地及督导的实际情况，构建更为处境化的实习教育评估体系。

附件是本节所提到的模板和表格，该表格由本章作者在英文原版基础上进行修订所得，版权为BUIBRI项目所有，如需改编或引用，请注明出处。

附件1

社会工作现场督导模板
（此表格适用于电子填写）

第一次现场督导	第二次现场督导	第三次现场督导
☐	☐	☐

学生姓名：	
实习一/实习二：	（选择一个项目）
机构督导姓名：	
日期和地点：	

现场督导前（由学生完成）

1. 您与服务对象之间专业关系的简要背景。
（参考：200字）

2. 干预计划：希望达成的目标。
（参考：200字）

现场督导后（由学生完成）

3. 实际干预的简要说明：您是否达到了干预目标？
（参考：200 字）

4. 参考相关评估框架，对服务进行反思。
（参考：300 字）

学生将此表递交给机构督导填写。

现场督导后（由机构督导完成）

您对现场督导的评估

在实习期间的现场督导中对学生实务能力的整体评估。
（参考：300 字）

行动计划（与督导讨论之后）

在与机构督导讨论后，商定行动计划（如适用）：是否确定了发展领域/学习需求？未处理上述问题，需要采取哪些行动？是否还有其他问题？

签署同意

学生签名：		日期：
机构督导签名：		日期：

注：本附件是基于泛伦敦社会工作教育网络作品的更新版本。

附件2

服务对象反馈

服务对象给出的反馈和知情同意书	
学生姓名：	

作为一名社会工作学生,我需要向学校汇报我是如何开展实习工作的。我希望获得您的许可,允许我在自己的实习报告中附上您填写的《服务对象对社会工作学生实习情况的反馈》表格副本。

如果您同意,请在下方签上您的姓名首字母缩写及今天的日期。

姓名缩写：		日期：	

请填写此表格告诉我们,学生与您进行会面的情况如何。根据您的看法,请在以下"较差"、"一般"和"优秀"下方画钩选择。

	较差	一般	优秀
1. 说明他们的身份,以及与我一起工作的原因。			
2. 给我充足时间,让我说出想说的话。			
3. 确保我理解他们能做什么或不能做什么。			
4. 给我相关信息,让我参与选择/决策的过程。			
5. 给我时间提问。			
6. 基本上做到了自己承诺会做的事情,并在承诺的时间内完成。			
7. 对我个人表示尊重。			
总的来说,您觉得社会工作学生的服务有帮助吗?	是/否（删除不适用的选项）		

您还有什么其他想说的吗?如果有,请将您的评论写下。

___

___

感谢您填写此表格,您已为实习生的整体评估做出了宝贵的贡献。

学生对服务对象给出的反馈进行反思(500字以内)。请思考你在与服务对象合作中学到的知识,以及如何将经验应用到未来的实践中。

___

___

___

___

注:本附件基于英格兰哈特福德郡大学版本翻译修订。

附件 3

其他专业人士对学生实习的反馈（附加证明资料）

请注意：此部分应由提供反馈的专业人士完成。

其他专业人士希望对学生实习情况提供反馈时（例如学生在跨专业团队会议、案例会议或联合访问中的实践），可使用此模板。提供反馈的专业人士不一定是社会工作者。学生所在机构的督导者请勿使用此模板，但此反馈可作为对学生能力整体评估的参考。

学生姓名：	
专业人士的姓名及角色：	
与学生实习相关的简要说明：	
日期：	

实习生收到其他专业人士的反馈后完成

对专业人士所提反馈的评论以及批判性反思，并考虑对您个人职业发展的启示：

学生将表格提交给督导者，并在下一次督导会议上讨论。

机构督导的评论及学生的反思

机构督导的评论及学生的反思：

学生对此非正式现场督导的评论或行动计划：

学生签名：		日期：	
机构督导签名：		日期：	

注：本文档是基于泛伦敦社会工作教育网络作品的更新版本。

第八章　与表现欠佳的实习生合作

　　社会工作的实习是一个将课堂理论与社工实务进行整合的阶段，更是实习生将其自身价值和原则融入专业生涯的时刻。

——Garthwait（2015）

　　在社会工作督导培训的课堂上，"表现欠佳的实习生"常常会成为学员们乐于讨论的话题，在督导者的日常会面中，"吐槽"实习生的"不靠谱"行为也常常容易引起共鸣。很有趣的是，有时候同一个实习生，在有的督导者眼里是"表现欠佳"，"槽点"多多；而在有的督导者眼里却光芒四射，是难得的专业人才。对有的督导者来说，遇到"表现欠佳的实习生"给自己原本繁忙而沉重的工作增加了更大的负担；而在有的督导者看来，遇到各种各样有挑战性的实习生反而增加了工作的乐趣，也让他们在其中找到了自己成长的契机。

　　"差异"是社会工作者随时可能面临的一个话题。不论是在全球视角下，还是仅就我国而言，随着多元文化的日益发展，个体之间、群体之间、地域之间——大大小小的"差异"遍布我们的生活、学习和工作场景。因而，在面对"表现欠佳的实习生"的话题时，我们首先要看到不同实习生、督导者乃至服务对象、机构领导者、合作者等人态度与行为的差异。从理解差异、尊重差异的角度出发，去考虑如何定义、如何理解实习生的"表现欠佳"，以及如何为促成"欠佳表现"的改变做出努力，进而实现"合作"。

第一节　以后现代视角看实习生"表现欠佳"

"现代"与"后现代"二者既可以被看作前后继起的两个不同时代，又代表了两种不同的价值观、文化态度、社会精神和思维方式（赵成蓉，2010）。体现在教育上，现代教育的目标是培养全面发展的人，注重实用性，教师对实习生构成一种支配关系，在老师在中心，实习生在外围——这样的教育者－被教育者二元关系影响下，出现了老师疲于应对，学习者无法找到获能感的现象（王帅等，2018）。而后现代教育更加主张科学精神与人文精神、工具理性与价值理性、身心发展与人格完善的和谐均衡，强调开放性、平等对话、多元化以及创造性等特点（龚孟伟、陈晓端，2008；姜丽清，2017）。后现代教育观给社会工作督导以启发性的视角，在对待"表现欠佳的实习生"这一问题上有更加建设性的意义。

一　后现代视域下的督导者与被督导者

后现代主义教育观鼓励教师和学生发展一种民主、平等的对话关系，在教学中持续进行思想交流（项国雄，2005）。那么，社会工作实习中督导者与被督导者的关系是否可以以及是否应该成为民主、平等的对话关系呢？陈茂和林霞（2019）从后现代主义视角出发，对社会工作实习中督导者与被督导者的关系进行了新的解读，让我们从本土实践中获得了研究者的观察和思考。

在社会工作实习的场域中，督导者与实习生之间存在权力关系，督导者甚至有能力迫使实习生完成其不愿做的事情。同时，在本土实践中，的确会有督导者拒斥真理的多元、抵制价值多维的现象。例如有的督导者会坚持不同于自己的观点就是错误的，或者抗拒实习生的质疑甚至提问。这样的权力关系源于督导者拥有更加丰富的社会工作专业知识，也源于现代教育传统对督导者——教育者的期许与赋权。而很多督导者是在现代教育体系下接受传统的知识观，即确信知识是确定的认识，是人对客观世界及其规律的把握，他们对知识的多维度和建构性很难内化。

针对这些现象，后现代的教育以及当下的社会工作者已有越来越多的反思以及重构。首先，我们逐渐能够理解知识是开放的，所谓的真理是群体共同建构的。"行动反思模式"认为，学习者要学习或接受的知识，并不是一个先验的本质主义的知识或固定不变的"客观知识"；而是一个从个人的具体经验中得来，并且需要不断在经验和行动中反思的、可变的、可转换的知识，即反思性知识。

这个知识是学习者在经验学习的过程中理解、接受、创造出来的，同样需要通过持续的行动、反思而不断地修正与完善（宋陈宝莲，2001）。社会工作的很多知识是在实践中不断地创造和发展出来的，行动反思模式的观点对我们来说很容易被理解，因而我们也就逐渐意识到现阶段知识的丰富并不代表拥有可以支配他人的权力。

被督导者作为学习的主体，本身也有权利参与知识的建构。参与社会工作学习的实习生大多是成年人，其本身也有丰富的经验和知识。因而督导者-被督导者的关系，在社会工作这一主张平等的学科中，更不应该成为一种权力或权威等级关系，平等的对话关系在社会工作实习督导中是可能且必要的。

现有的教学体系要求督导者对实习生做出评价，而事实上，对社会工作实习评估体系的深入探讨和研究会让我们越来越感到设定一个统一性的评定方法是非常困难的。因为社会工作的专业价值让我们无法忽视被督导者的多样性，很难为差异化的个体设定绝对一致的评定标准，担心遗漏掉某种肯定实习生、激发实习生潜能的可能性。在此过程中，我们也会切身地感受到后现代教育观对社会工作实习潜移默化的影响。

如果我们接受了实习教育中督导者与被督导者民主、平等对话关系的设定，那么在面对表现欠佳的实习生时，我们就要考虑，实习生的"表现欠佳"是否源自督导者与实习生现有的不对等权力关系？作为督导者，是否可以倾听来自实习生的不同观点、不同知识？作为实习生，是否愿意相信和表达自己的主张？督导者和实习生，是否可以在面对差异时和平、理性地对话，去共同理解、检验，去共同发现、创造？

二　以增能为目的的社会工作督导

社会工作专业实习生的成长有两个推动力：内在推动力和外在推动力（郭银，2016）。我们的社会工作教育已将许多力量投入实习生成长的外在推动力上——完善学校培养机制、开发专业机构、建设督导者队伍、推进制度建设等，但在尤其注重专业价值的社会工作专业中，实习生的内在推动力尤其是自我专业认同是实习生能够在专业上有所成长的必要条件，是其真正获得专业滋养的基石。后现代的教育观强调民主、平等的对话关系，其根本目标也是让实习生成为学习的主体，增强实习生成长的内在推动力，增能社会工作实习生的"自我"。有强大内在推动力的实习生现在以及未来将为专业和行业的发展注入源源不断的新鲜血液，而缺乏有强烈认同感的人才或资源队伍，将使专业发展逐渐走向瓶颈，在外在推动力的建设上也将面临耗竭的困境。

如果我们将目标设置成为社会工作专业的实习生增能，我们会将实习生的"表现欠佳"看作经验学习的阶段性特点，是理解、接受、创造经验和知识的过程。而在实习生的表现背后，我们会看到其探索自我、获得社工"自我"的需求，进而去协助实习生探索"表现"背后的自我的感受、观念、期待、渴望，陪伴实习生走向成长。因而，当我们面对"表现欠佳"的实习生时，我们要以为被督导者增能为目的，帮助实习生提升自我效能感——实习生对自己达成目标或完成任务的能力的信心或主观评价，并促进其专业复原力——经历了专业工作中的困境、低潮或职业倦怠、职业衰竭后，重新恢复原有的专业工作能力、保持正常的专业工作状态甚至焕发新的活力的能力（吕新萍，2019）。

三 重新看待实习生的欠佳表现以及督导者的角色

从后现代主义教育观来看，表现欠佳的实习生本身也许是我们基于现代教育观念下传统的评价标准对某些实习生的建构。因此，督导者对表现欠佳的实习生的不满，不一定是对该实习生的不满，有可能只是自身情绪的反应——愤怒、遗憾、失望、失落、自责等，也有可能源自督导者自己对现状、对自身能力、对现实环境的无力感。

以增能为目的的社会工作督导是基于以下几个基本假设：（1）督导关系基于平等的地位之上；（2）被督导者是独立的主体；（3）被督导者本身是解决问题的专家；（4）重视被督导者的优势和能力；（5）尊重被督导者的自我决定（严桦，2013）。如果坚定地持有这些基本假设，那么督导者在面对实习生的"不佳表现"时，更容易让自己在情绪反应之外有更加理性的觉察，体验到被督导者的无力感与对改变的渴望，进而从自身的不满和无力中努力挣脱出来，产生协助被督导者改变现状的强烈动机。

另外，对表现欠佳的实习生的建构可能来自督导者/教师，也有可能来自服务对象、服务机构、合作者甚至是实习生自己。对多元主体建构的理解可以让我们在应对"表现欠佳的实习生"的问题上有更大的信心，因为我们知道，这个建构可以来自任何人，那么解构与重构也可以起步于任何人——任何想要促成改变的人的行动——来自督导者，来自服务对象、服务机构、合作者，抑或是来自实习生自己。

很多督导者都经历过实习生或者新手社工所经历过的生疏、迷茫、小心翼翼、自我怀疑……因而，他们很希望能够在督导生涯中帮助到实习生，甚至会将实习生的停滞不前或表现不佳归咎于自己。多元主体建构的观点可以帮助督导者更清楚地意识到实习生自己在学习和创造上的重要意义，也会让他们了解到除了督导者和实习生，还有很多其他有关的主体在影响着实习生的表现。这既可以帮助督导者在一定程度上减轻自我要求的压力，又可以为督导者寻找突破的路径提供更多元的视角和启发。

基于后现代主义教育观，陈茂和林霞（2019）重新解读了社会工作实习督导者的角色——适度距离的引导者，步调和谐的同行者，积极平等的对话者，公正包容的评估者。面对表现欠佳的实习生，以距离适度、步调和谐、积极平等、公正包容的状态与其建立"合作"，才能最大限度地让实习生感受到自身作为实习教育主体的重要性，在自己的个人成长和专业成长道路上获得较高的自我效能感和较强的专业复原力。

四 与表现欠佳的实习生合作的原则

基于以上对表现欠佳的实习生的看法，从后现代主义的教育视角出发，我们认为，与表现欠佳的实习生合作，有以下三个重要的原则。

1. 给予重视、理解和耐心，拒绝忽视、刻板印象和偏见

对实习生表现欠佳的情况，督导者要充分理解这是实习生正在适应的一个过程，感受到实习生在此状态下的无力感，也要鉴别自身的情绪反应，从而公正、客观地对待实习生，促成平等对话的发生。

2. 对权力关系的觉察与重构

后现代主义的教育观让我们认识到督导者与被督导者之间的权力关系，更提示我们要意识到权力关系的存在，了解不平等的权力关系可能对督导过程及实习生表现构成的影响，与实习生积极对话，以解构和重构督导者与被督导者之间的关系。

3. 注重保护服务对象

社会工作实习是在为服务对象提供服务的过程中完成的，因此，服务对象也必须是实习督导中不可忽视的一环。当实习生表现不佳时，督导者以及各方的注意力更容易集中在实习生身上，而相对忽略服务对象的处境。保护服务对象不受伤害，是处置的重要原则。

案例分析1

　　MSW 实习生小娜与服务对象互加了微信，之后服务对象每天都给小娜发消息，让小娜感到非常苦恼，进而向督导者张老师求助。张老师得知后非常生气，认为不能轻易与服务对象互加微信是社工专业实习生应该具备的"常识"，"都研究生了还不知道吗？"督导者认为小娜犯的错误"低级"，进而责怪小娜，"不想做社工就不要学了"。小娜非常委屈，一整天都表现得很低落，也不愿意再与督导者或其他同学交流。

　　事情过去一天后，经同事提醒，督导者张老师意识到自己对"常识"的设定源于自己的学习经历。"不要轻易与服务对象互加微信是常识"这件事是张老师自己的建构（原则1）。校内学习的知识非常多，每个实习生的生活背景、学习背景、实践经历都不同，对同一事件的理解也可能会有不同，不一定都会具备他所以为的"常识"。而相较于被督导者，张老师在督导关系中是有更大的权威的，小娜原本希望求助于权威以获得帮助，结果被权威责怪，这其实给了小娜很大的打击，大大地降低了其内在推动力，也使其不愿再求助和交流（原则2）。张老师也意识到，自己目前的态度和做法并没有给小娜以及服务对象任何的帮助。如果事情得不到妥善的解决，小娜、自己和服务对象都会陷于困境中（原则3）。于是，张老师约小娜进行了一次督导会谈。

　　张老师：小娜，我看到你这一天都不太开心，有关加微信的这个事情，我的做法确实不妥当。我希望事情能够变得更好一些，不知道你怎么想？

　　小娜：（眼眶湿润）我没想到会这样，我只是想帮助他。

　　张老师：是的，我后来也想到了，从开始实习以来这段时间你一直都对服务对象很热心、很有耐心，其实你是一个很乐于帮助别人的人，是想要做好社工这个工作的。

　　小娜：（流泪）我有一个特别喜欢的老师，他说过要帮助到服务对象，就要让他感觉到你是他的朋友一样，我也是希望他能把我当成朋友。

　　张老师：是的，多走近服务对象的确有助于建立相互信任的关系。但是我以前上学的时候，有一个同学去农村支教时和当地的一个孩子相处得非常愉快，离开时互相留了电话号码。支教结束以后，支教地的孩子每天晚上给我同学发短信，讲这一天发生了什么以及他遇到了怎样的困扰。逐渐地，我的这位同学觉得自己离得太远，也没有很多时间和精力可以投入，不能真正帮助到这个孩子，而且这样的联系已给他自己带来了困扰。我后来学社工伦理的时候了解到双重关系的概念，印象就非常深刻，知道跟服务对象互留联系方式是个需要很慎重的事情，做了社工、做了督导者以后我也经常会拿这个事情跟同学们说。因为这些经历，你当时跟我说跟服务对象加微信的时候我就会非常生气，其实也是担心，怕真的出什么问题。而且我也是有点自责的，我并没有在实习中提前就这个知识点提醒你，或者说你还没等我说就出现了这个问题，我也是要承担责任的，我也后怕。其实更多是我自己的原因。我那样去责怪你是真的不好，让你受委屈了。

小娜：（笑）老师你也别这样说。我其实一直觉得你很厉害，处理各种事情看起来都很理性，特别是在伦理上，总能辨别得很清晰。虽然我平时跟你们说话不多，但是我也都一直在看。我当时遇到那件事情确实很难过，想从你那里得到解决办法的，没想到你会那样，我当时实在想不通。听你这么说，我也理解了，而且能感觉到做督导者真是很不容易，要考虑这么多东西，而且要承担很多责任，我们有什么做得不好的，最后其实都是老师们在担着。如果以后我做社工、做督导者的话，这个经历对我还是很有帮助的。而且其实你找我谈话之前我已不那么难过了。因为仔细想想也是的，毕竟都研究生了，也应该更成熟一些的，总是太感性、太投入，我也不知道会不会哪天就真的做不下去了。

张老师：谢谢你的理解。听到你说能想到做督导者要承担的责任，我还是觉得挺意外的，你的确是有做社工的心的，而且你有很强的批判性反思能力，这个很难得。希望以后还有机会能多和你沟通，希望能比以前有更多交流，也希望这次的事情不要影响我们的合作。不过我们现在确实要想一想怎么处理这个事情了，毕竟处理不好的话，你我都睡不好觉，而且对服务对象也不好。好歹我们本来是想帮助人家的，不知道现在到底是帮忙还是帮倒忙。

小娜：我其实也一直在想这个事情。我总觉得我不应该老是回他，他一发我就赶紧回，我对自己家人也不一定要这么勤快呀。

张老师：那你打算怎么做呢？

小娜：可是我觉得只是不回他信息好像也不是解决的办法，万一他看我不回他就不信任我了、再也不理我了，那不是更糟糕？虽然他发微信让我很烦，但起码我跟他沟通的这段时间中，他还是做了不少改变的。

张老师：听起来很纠结呢。你既不想再和他继续这种过度紧密的关系，又不想失去之前建立的信任和配合。

小娜：是呀。

张老师：那还有什么办法吗？

小娜：还能有什么办法呢……

张老师：你有想过和他好好聊聊吗？关于你现在的困扰，你应该扮演的角色是什么，你们之间应该是怎样的。

小娜：嗯……有点难……

张老师：是的，很不容易的，就像今天张老师来和你谈这些，在刚才看到你好不容易笑起来之前，我也都会觉得很不容易。

小娜：我能想象。不过毕竟还是不太一样……

张老师：是的，不太一样，有些难度。你觉得如果怎么样你可以去试试呢？

小娜：如果……如果老师你陪我一起的话，我可以去试试。

张老师：你希望我陪你一起是吗？是站在一旁陪着你还是？

小娜：嗯……我当然希望老师你能直接帮我和他谈，但是我又觉得这样不太好，自己就没有成长了。而且祸是我闯的，我也应该自己去处理……

张老师：如果是这样，你有什么计划吗？

小娜：我还是自己和他说吧，你站在我旁边就行，给我壮个胆，要真有什么问题，您再出手喽。我一会儿先想想看要和他怎么说，去之前先和你商量一下。可以吗？

张老师：当然可以啊，看到你有这个挑战的勇气我也很高兴，我等你想出具体的计划来，我们再一起看看。

小娜：谢谢老师啦！

张老师：快去吧！

后来，张老师陪小娜与服务对象完成了会谈，小娜清楚地告诉服务对象，因为自己的学业繁忙、实习任务重，很难随时处理微信的信息，不能及时回应和提供支持，这又会自己感到愧疚，所以两人的微信联系已给自己带来困扰。小娜告诉服务对象，经过向老师求助后，自己意识到，应该和服务对象提前讲清楚，自己是来帮助他的，但帮助也是要在工作要求的框架内进行的。根据机构的工作要求，社工不能随意与服务对象加微信，更不能通过微信直接提供帮助。两人应该根据机构项目框架的要求，约定面谈时间。约定的过程可以通过机构电话进行。小娜告诉服务对象，自己是真心想要帮助他的，也希望能够持久地帮助到更多的人，因此自己对他的帮助不会因为缺少微信联系而降低质量。

张老师也帮小娜询问了服务对象的想法和感受，带着同理心来理解了他的感受，并从机构以及实习的角度向服务对象澄清了不建议他们微信联络的原因。服务对象在现场也表示理解。虽然小娜也感受到服务对象的失落以及双方关系的紧密程度和之前相比的落差，但她后来也和张老师表达自己感受到了"解脱"，并且觉得有更多精力去思考下一步的工作计划，并希望在下一步的服务中重塑和服务对象之间的关系，建立更好的专业关系，让服务对象感受到现在的处理方式的正确性。

在上述案例中，督导者张老师首先表达了自己对小娜的细致观察、做出反思或检讨、提出"希望事情变好"的愿望，在一开始就让小娜感受到被关注和尊重，从而帮助小娜很快地实现了情绪的表达和情感的流露。在沟通中，督导者张老师通过对自己学习经历和督导体验的披露，向小娜表达了自己出现之前表现的原因，并获得了理解和谅解，这也进一步激发了小娜的自我批判和反思，双方权力对等后，才可以回归理性来讨论和处理接下来的问题，并且默契地推进合作计划的形成。在后续问题解决的策略选择上，张老师也充分地给予小娜自主的空间，引导小娜自主思考和选择，并给小娜提供适度的现场协助。此外，张老师找小娜澄清的过程，也为小娜做了一次示范，让小娜对自己接下来找服务对象澄清的计划有了有依据，并能够从老师对自己的态度和方法中摸索如何面对服务对象。这个处理过程的结果，让张老师和小娜都有了在不舒适关系中"解脱"的感受，也解决了他们各自在督导关系、服务关系中的困扰。同时对服务对象来说，也能够帮助其在更加健康的专业关系中接受服务，避免未来可能的伤害。

第二节 表现欠佳的实习生可能的表现

清楚了与表现欠佳实习生合作的原则，我们在遇到实习生可能欠佳的表现时，可以从更多角度分析其原因。这些原因有可能来自实习生自己，也可能来自督导者、来自其他同学、来自学校、来自相关制度的设定，要尽量避免将实习生自身问题化。在分析的过程中要尽量融入实习生自身的视角，积极促成对话，并在清晰原因的基础上寻找可能的应对策略，情况的改善也需要督导者、同学、学校、机构各方的共同努力、共同行动，而不仅仅是遇到困难的实习生自己（见表8-1）。

表 8-1 表现欠佳实习生可能的表现及应对策略

表现欠佳的维度	具体表现	可能的原因	应对策略
专业伦理及态度欠佳	漠视服务对象所处的困境	对服务对象缺乏关心和同理心； 缺乏表达关心和同理心的方式； 缺乏社会经验，无法理解服务对象的处境； 对改变缺乏信念； 自身正在经历较大的困难； 充满无力感的个人遭遇； 缺乏现实有效的专业案例的展示和示范； ……	深入了解实习生自身的情况，对其自身遇到的困难提供支持； 协助实习生进行自我探索，发现人生经历中的积极改变以及改变因素，协助其应对自身困难并树立对生活和对改变的信心； 引导实习生不要急于干预，多观察、阅读、体验，多理解、分析； 对实习生持有的关心表达肯定，同时协助实习生学习表达关心和同理心的方式； 在课堂和实践中提供现实有效的专业案例的讲解、展演、示范； ……
	专业实践缺乏主动性	缺乏实践社会工作的动力； 非自主选择学习社会工作专业； 未能充分感受到社会工作专业的价值和魅力； 对成功实践缺乏信心； 社会工作专业与自己的职业目标不匹配； 缺乏对具体专业领域的兴趣； ……	带领实习生进行自我探索，充分了解自己的需求，以做出更适合自己的规划，并让实习生从探索过程中感受社会工作的价值； 协助实习生理解社会工作专业学习和实习对自己职业规划、职业生涯的意义； 在实践中引导实习生体验专业魅力； 专业教育与人格教育、职业教育并重； ……
	专业价值和准则的运用欠佳	对专业价值和准则制定的缘由不理解，对内容掌握不牢固； 较难在实践场景中识别专业价值和准则的应用； 在实践中，不能及时正确地做出有关价值和准则的行为选择； ……	在实践环境和实际案例中协助实习生识别专业价值和准则问题的存在，理解专业价值和准则制定的缘由； 针对专业价值和准则的问题多进行案例分析，并在实习督导中加强对遇到的此类问题的讨论； 给出实习生相关情境的示范； ……
未能充分把握学习机会	无法获得所需的合适学习资源	机构与学习兴趣不匹配； 机构专业性不足，专业学习资源匮乏； 未能将学校和机构的优势结合； 缺乏洞察和获取学习资源的能力； ……	在选择机构时尽可能让机构和实习生有相对充分的交流，以让机构与实习生的学习兴趣相匹配； 选择有必要专业水平的机构作为实习机构； 当机构的学习资源缺乏时，尝试调动不同机构的资源，互通有无； 将学校和机构的资源结合，优势互补； 协助实习生了解学习能力对实习的重要性，引导其主动获取学习资源； ……

续表

表现欠佳的维度	具体表现	可能的原因	应对策略
未能充分把握学习机会	无法按计划完成学习目标	学习目标设定不合理； 无法适应和调整变化中的目标； 根据目标执行的能力不足； 时间管理的能力不足； ……	澄清学习目标的制定过程，判断实习生、督导者对学习目标的认知与设定是否合理，根据需要调整目标； 协助实习生了解目标设定和自我感受之间的关系，与其共同探索可以为目标实现付诸的行动，并将行动具体化； 与实习生一起探讨时间管理遇到问题最主要的原因，制订可执行的、具体的时间管理计划，并共同探索有效的激励机制； ……
	较难在督导和实践环节表达自己的观点、展示自己	不接受知识的开放性和建构性； 对自己缺乏信心； 表达能力欠佳； 未能选择合适的表达时机； ……	与实习生一起尝试用开放和建构的视角分析身边遇到的问题，感受开放和建构的知识带来的帮助； 看到实习生的优势和成长，多给予肯定和鼓励，对于实习生需要提升的部分，协助实习生探索容易开始付诸的行动； 鼓励实习生表达，协助实习生了解表达的重要性，在学习上有表达欲望时给其鼓励和适当的表达机会，多设置正式和非正式的表达机会； ……
未能充分运用专业知识及技巧	未能按计划达成服务目标	服务目标设定不合理； 个人目标与集体目标的矛盾与冲突，近期目标与远期目标的矛盾与冲突； 无法适应和调整变化中的目标； 执行目标的能力不足； 时间管理能力不足； ……	协助实习生了解服务目标的阶段性、多重性，审视个人目标与集体目标的关系，对学习目标和服务目标的区别有一定认识； 和实习生以及更多实习生、同事一起探讨各人、各层次的目标，让目标的设定更加合理； 制定合理、可执行的个人服务计划和团队服务计划，营造积极的计划执行氛围； 重视在服务中提升能力，协助实习生学会带着能力视角开展服务； ……
	未能将专业伦理、理论和工作手法批判性地、灵活地运用到实践中	专业知识掌握不牢； 对社会政策、社会服务、服务对象系统及社区资源了解不够； 将专业知识技能转化为实践的能力不足； 缺乏批判性思维； 缺乏专业自信； ……	协助实习生了解知识学习对实务工作的重要性，重视在实践中巩固专业知识； 通过讲述、体验、任务等多种方式让实习生在实践中理解社会政策、社会服务、服务对象系统及社区资源； 将集体学习作为日常工作的一部分，利用专业知识分析实践中的经历，根据专业知识探讨问题的解决办法； 以开放的态度对待实习生的批判性思考，鼓励和营造批判性反思的良好氛围； 在实践中向实习生展现专业魅力，协助实习生用专业知识有效解决实际问题，提升实习生自我效能感和专业自信； ……

续表

表现欠佳的维度	具体表现	可能的原因	应对策略
未能适应机构及行政环境	未能适应机构文化	自身文化背景与机构文化冲突；未能理解、遵循及评估政策背景下机构的目标、功能、政策和限制；对机构文化缺乏重视和敏感性；适应能力不足；……	重视培养文化敏感性；充分了解实习生自身的情况，协助实习生开展自我探索，了解自己的成长经历与实习实践的关系；与实习生一起批判性地反思机构的各项特质，从对环境的适应和改变双重视角来看待应对方式；……
	未能实现良好的团队合作	未能充分理解自身的角色和职责；与同事、督导者建立关系的能力弱；团队本身存在合作问题；……	帮助实习生重视团队合作的重要性；在分工安排中为实习生提供与不同人物、角色合作的机会；重视对团队合作问题的探讨；积极主动地与实习生建立关系，示范建立关系的方式；……
	未能独立、高效地管理自己的工作	工作主动性、独立性欠佳；团队分工不明确，未能明确自己的工作；任务管理能力欠佳；……	协助实习生了解实践场景和校园场景要求的差异；协助实习生理解主动性、独立性的重要性，也理解造成自己主动性、独立性不足的可能原因，鼓励其积极主动地参与工作；明晰团队分工，明确工作任务，在团队分工和任务分配上融入成员的意见；……
未能充分写作与记录	未能清晰、准确、系统地书写工作记录	不够重视书写记录工作；除实习外面临其他书写压力（如学校作业等）；书写能力欠佳；……	帮助实习生排除对文字工作的偏见，理解书写记录的意义；适当地安排书写任务，并在对话讨论中安排任务，协助实习生确认理解任务的必要性；对实习生的书写作业予以反馈，并鼓励实习生在下次提交书写任务时避免类似的问题；……
	未能在作业中反映记录、评估和分析能力	未能理解作业反映实习生能力的功能；书写能力欠佳；……	协助实习生了解作业是评估实习生实习表现的重要工具；给实习生良好的写作示范，可以是督导者或其他社工的写作成果，也可以是其他同学的范本；……
	中英双语阅读、写作能力欠佳	对双语阅读写作的意义不了解；英语能力欠佳；写作能力欠佳；……	协助实习生了解双语阅读和写作的能力对社会工作的重要性；在实践中提升双语能力；在实习生们认可的前提下，在团队内部共同分析作业中遇到的问题，帮助实习生们共同成长

以上是我们经常遇到的一些实习生的具体表现、相应的原因和可能的解决办法。每个实习生都有他的独特性，因此我们即将遇到的场景不限于此。相互理解、真诚对话是应对每个独特场景的最有效方式。

第三节　与表现欠佳实习生合作的实例

案例分析 2

有"拖延症"的实习生

实习生小伍从不主动与督导者沟通工作情况，在督导者安排工作任务后也没有表现出积极的响应，经常在督导者反复催促后才提交书面作业。当督导者询问小伍是否遇到困难时，他提及"兴趣"缺失的问题。小伍说："我当时选这个专业就是被调剂的。我觉得做社工没什么意思，我连自己能不能找到好工作都不知道，我怎么能帮别人？反正我觉得没什么用，也没什么兴趣。实习嘛，学校要求必须做，我也没办法。"

的确，有些实习生不能完成任务或者任务完成质量欠佳，且整体看起来积极性、主动性不高，原因在于缺乏兴趣。而且由于当前社会工作专业的社会认知程度仍然不算高，被动选择该专业的实习生比例依然较大，因此，像小伍这样因为对专业不感兴趣而对实习也不感兴趣的实习生还是会大有人在。

督导者了解小伍的想法之后，和小伍聊起了大学的学业和生活。

小伍：我们大一上的通识课，课特别多，就感觉铺天盖地的都是新知识，好像自己一天到晚都在学，但是也不知道学了些啥，考完试就忘了。

督导者：现在呢？

小伍：进了大二开始学专业课了，但是说实话这个专业也不是我选的，我们现在有很多新概念、新理论，让我都背下来也很难，而且关键是背下来除了考试我也不知道能做什么。助人自助吗？靠背这些东西就能帮人啦？

督导者：你是不是觉得学习的东西没有意义。

小伍：有意义啊，考试呗！

督导者：就像高中的时候一样？

小伍：那还是不一样的，高中考完试还有大学上，现在考完试只管拿毕业证，也不一定就有学上了。我们专业有的同学现在就在打算以后考研或者出国，我是觉得这么早打算有什么呢？再说就算再上几年学，最后还是要找工作呀。

督导者：那你会毕业直接找工作吗？

小伍：也不能这么说吧，这才大二，什么计划都有变数，我现在连工作是什么样、读研是什么样都不知道。

督导者：没有经历过工作是什么样子，也不能确保自己是不是真的适合直接工作是吗？

小伍：对啊，你都不知道它是什么样子，怎么知道它好不好？

督导者：那你觉得来实习以后怎么样呢？

小伍：实习啊，我感觉太占用时间了。我之前一天到晚在学习，我都学不明白，现在还要让我每天从学校出来，干这么多和学习无关的事情，真的挺累的。

督导者：你觉得实习和学习无关。

小伍：也不是完全没有关系吧，老师你也说过实习是为了专业学习，我也看到那些服务对象每次来找你，都很开心或者很有收获的样子。但是我感觉这个太难了，我做不来这些的。说实话我就想拿到个文凭，去考个公务员，或者找个工作。

督导者：你来实习这段时间一直在观察我呀。

小伍：嗯，我知道我跟别的同学比起来表现不算好，但是我也不是什么都没做，我也看了一些。

督导者：你还观察到什么吗？

小伍：我觉得做社工真的挺难的，要在好几方之间周旋，有时候觉得明明你才是专业的，为什么在他们面前就感觉不自信。

督导者：你会看到我不自信呢。

小伍：是啊，尤其是在和他们街道、政府部门打交道的时候。

督导者：所以你除了观察我们和服务对象之间发生的事情，也有留心观察我们和其他部门沟通中发生的事情。我感觉你比其他同学观察到的都要多呀。

小伍：他们应该也看到了，就是没机会说出来嘛。

督导者：那观察这些对你有什么帮助吗？

小伍：也没什么吧，我就是喜欢琢磨人、琢磨事儿。

督导者：那你不仅很喜欢观察，还很喜欢思考。

小伍：说不上思考吧，就是瞎琢磨。

督导者：你还琢磨到什么了？

小伍：我其实觉得不管做什么工作，涉及跟人打交道都挺不容易的。就算是街道和政府部门的人，在跟上级打交道的过程中肯定也有不自信的时候，我以后如果考公务员或者做其他工作，肯定也要面对这种事情。

督导者：你已经在思考和就业有关的事情了。

小伍：算是吧，这两个星期我确实还是了解了一些的。

督导者：就像你前面说的，在最后做选择之前充分地了解一下要选择的东西，会对做出好的选择更有帮助。虽然是社工实习，但是我们不可避免地和其他各行各业的人打交道，还是有机会体会到各行各业的工作的。

小伍：是这样的，就像刚来的时候老师你说你们刚完成商场里的公益市集，我就蛮好奇商场工作是个什么套路的。

督导者：你本身有很强的观察和思考能力，能从一点接触中深入地了解不同职业的特点，其实对你未来的职业发展还是很有帮助的。

小伍：就是累呀。

督导者：哈哈，是的，工作都很辛苦，不要说你们觉得累，我也觉得累。但是好像自己又能逐渐找到可以适应的节奏，而且总是觉得有新的收获。

小伍：这个是我很佩服你的一点，你能够乐在其中。

督导者：但还是不够自信呀，哈哈。

小伍：你别往心里去啦。

督导者：我也很希望大家来实习是能有收获的。即便你以后不做社工，如果能从就业的角度给到你一些启发也是好的。实习并不只是完成学校任务、帮我们拿到相应的学分，也是帮我们熟悉职业环境、提升职业技能。你以后在找工作前也可能去找实习，但未必会像现在一样有督导者关注你的成长。总之，在实习中培养一些基本能力，这对做任何工作都会很有帮助的。

小伍：确实，这样想的话，实习还是和我以后的目标有一致性的。

督导者：而且现在你可能还在拼命输入专业知识的阶段，就像你所说的，还不知道学的东西有什么用，但是这不代表专业知识没有用。如果没用的话，你就很难看到我现在做成的这些事情了。而专业知识是在实践中慢慢理解、消化，逐渐内化来的，会有个从量变到质变的过程。而且虽然我的很多同学都没有在做社工，但大家也都觉得当初花心思学的东西能帮助到自己，不管是推进一些实际工作，还是工作中和人打交道，或者是处理家庭关系，都会感受到。有些知识是要随着年龄和阅历的增长慢慢消化和体会的。

小伍：嗯，在这能认识研究生的学长学姐确实也挺好的，以前没机会和读研的人、有工作经历的人接触，现在接触以后确实感觉有很多新的想法。

督导者：就是希望大家都没有虚度这个时间，既然来了，既然有这个缘分，大家都能过得充实，心里满足就很好。

小伍：我觉得这样聊聊挺好的。其实道理我都懂，就是有时候那股劲来了就有点懒。我会再努力的。

……

当实习生对实习不感兴趣，甚至不愿意谈论这个话题时，督导者可以考虑从实习生的日常生活、学习等身边的事情谈起，这样能够对实习生有更全面的了解。实习是一件与实习生自身切实相关的事情，当实习生对督导者产生信任、愿意敞开心扉与督导者沟通时，也会逐渐体会和接受实习与自身成长之间的关系。

小伍对专业的"不感兴趣"其实是来自对职业发展的忧虑，督导者帮助其改善该问题可以让小伍对实习更加重视，积极性和行动力将有所提升。

面对对实习不感兴趣的实习生，督导者可以从以下几个方面入手展开督导。

（1）探究不感兴趣的原因——对专业不认同？对实习安排不满？对机构或督导者不满？对服务领域不感兴趣？……在了解原因之后，对症处理。

（2）了解实习生对实习的期待——帮助实习生梳理自己的期待，并审视和评估自己的期待是否合理、切实，帮助实习生调整期待。

（3）帮助实习生全面了解专业——以讲解、示范等方式让实习生在机构的历史成绩和督导者的实际工作中体会到社会工作的专业魅力，促进实习生对社会工作事务的批判性、建设性反思，帮助实习生提升对专业的认可度和接纳度，激发实习生的助人热情和信心。

（4）帮助实习生全面了解实习——向实习生全面介绍实习的目的、意义、具体安排，督导者可以从过往的实例或自我披露入手，让实习生对实习有更全面、生动的认知。从实习生需求出发展现实习可以为其带来的帮助，激发实习生对实习的兴趣。

案例分析 3

沉迷手机游戏、"没眼力价"的实习生

加加、小刚和云云一起到机构实习。到机构的第一天，正赶上机构举办的一场研讨会，督导者李老师要求三位实习生一起参与会务工作，在聆听研讨会的过程中加深对机构服务领域、工作内容的理解，在参与会务工作的过程中初步感受机构的工作氛围。加加被安排到控制室，协助音响师播放开场和中场视频。中场休息时，李老师在给参会人员分发新的资料，同时又有其他熟悉的合作伙伴前来打招呼，比较忙乱。小刚和云云主动来帮助李老师分发资料，让老师感到压力有所减轻。这时李老师想起来有样东西要去办公室拿，便想起找加加帮忙，发现加加正坐在观众席全神贯注地看手机，李老师喊了加加一声，加加也没有回应。

在会议的后半程，李老师一直在关注加加，发现他几乎全程低头看手机，并没有认真听讲，也没有像小刚和云云一样"有眼力价"——主动看自己可以做些什么工作。在接下来的一天，李老师也明显感受到，小刚和云云会主动找督导者和其他同事询问问题，积极了解机构情况，而加加则沉默寡言，常常在看手机。

第二天，李老师在和校内督导者的沟通中了解到，加加进入大学后对大学生活不适应，比较沉迷于电子游戏，影响了学业成绩。本学期加加既要实习又要补考或重考之前耽误的科目。学校方面也比较担心加加的实习表现和学业表现。这让李老师对加加的实习更加担心了，她在心里也有点责怪学校老师没有提前把加加在学校中遇到的问题主动告诉自己。

带着担心、焦虑和一点愤怒，李老师和机构的督导者张主任讨论了加加的情况，并且告诉张主任自己担心加加的实习表现会不好，更担心加加面临的重重压力会给他带来很严重的心理问题，进而给机构带来更多的困扰。

张主任：我听到你有很多担心，的确，作为机构的督导者，我也一样会有担心。但是我们面对这样的孩子，能做什么呢？"退货"吗？

李老师：这好像也很难，他不在我们这里实习也要去别的地方实习的，否则更完成不了学分，多一门挂科，心理压力又更大了。

张主任：是呀，总要有一家机构帮他的。而且你说，到目前为止，他有过什么让你完全不能接受的行为吗？

李老师：那倒也没有。虽然开会的那天他是没啥"眼力价"，但是大二

的学生有眼力价的也不多,像小刚和云云那样的算难得的。他的任务也算完成了,播放视频也没出什么岔子,音响师也说他在控制室的时候一直认真看监视器。虽然他平时看手机也比较多,不大和大家交流,但他也没有在我跟他们讲话的时候看,或者在有工作任务的时候看。

张主任:是呀,那就你的观察来说,你觉得他和一般的实习生有什么不一样呢?

李老师:好像也没有什么不一样。

张主任:对呀,如果不是学校老师说他在学校有那些让人担忧的表现,你对他的担心可能也仅仅在于工作不主动而已,你还是会像对待以往的实习生一样尽力引导他们养成好的职场习惯。知道了他在学校里遇到的问题以后,你就在心里给他贴了一个"问题实习生"的标签,对吧?

李老师:那我们要不还是观察一段时间吧。该怎么干活怎么干活,该怎么教怎么教。

张主任:跟学校老师那边也做好沟通。以后类似这种事情提前告诉我们还是有必要的,毕竟我们也不会到处乱说,也不会因为他的情况就歧视他或者区别对待,只是想要更好地帮助他。

……

在与张主任沟通后,李老师重新分析了加加遇到的问题。

李老师认为,在了解真实情况之前,不能将加加看手机的行为单纯和"沉迷电子游戏"联系在一起。加加目前的表现——常看手机、"没眼力见"是该阶段的大学生常有的一种表现,可能是因为缺乏生活经验、职场经验,待人接物能力有欠缺;可能是因为对专业和实习的兴趣不大、重视不够,缺乏内在驱动力;可能是其他方面的压力太大,导致其没有充沛的精力和良好的精神状态应对实习……要想帮该实习生改变现在的困难处境,首先不能戴着有色眼镜,同时要发现其优势。另外,需要从建构支持体系和提升内在驱动力两方面入手,为其提供多维度的支持。

针对加加的情况,李老师制订了以下方案。

1. 建构支持体系

(1)由于实习初期加加在实习中尚未出现明显的行为问题,总体上会配合督导者的安排,李老师并未刻意与他沟通有关电子游戏的事情,自始至终装作不了解加加的校内表现。李老师请张主任在实习生集体动员会上强调工作纪律问题，明确指出不能在工作时间玩手机，并要求实习相互监督。

（2）李老师督促实习生们在上班时间内合理分配时间、提高效率，尽可能完成当天所有的实习任务和作业，不把实习任务带回学校；有时在当天任务完成的前提下，允许实习生灵活安排时间、提早下班，以给加加留下相对充足的时间完成校内的其他功课。

（3）在实习中尽量多地安排团队任务，让加加在工作中既能得到其他实习生的帮助，顺利完成实习任务，又能有其他同学督促，避免其在任务中不认真投入。督导者也较为频繁地要求实习生以团队为单位汇报实习任务进展，将任务分阶段细化，以督促加加与其他实习生多沟通，并将注意力更多地集中到当下的实习任务中。

（4）及时与学校督导沟通情况，向学校督导多加表扬加加在实习中的优秀表现，和学校老师们一起发现其长处，让加加有机会获得来自周围人更多的鼓励、增强信心。

2. 提升内在驱动力

（1）李老师在集体督导时较多分享有效助人的经验，帮助实习生（尤其是加加）体会社会工作的价值；也分享过往实习生在实习中的收获，帮助实习生们感受实习对自己的意义。

（2）加加在李老师的引导下尝试参与了一些需要一定信息技术支持的工作，例如微信公众号的排版、网上科普平台维护等，发挥加加在电子产品使用方面的长处。安排加加接触有过度使用电子产品现象的服务对象，讨论电子产品带来的利弊，鼓励其发挥对服务对象的同理心，也引发其对自身行为习惯的反思。

后来，加加非常配合地遵守了机构的各项规定，没有在工作时间用手机做与工作无关的事情，也和搭档的实习生顺利地完成了实习任务，并在其中比较独立地完成了自己主要负责的部分。虽然加加的表现不是很亮眼，在个案会谈、小组带领任务中略显紧张，但在督导者和其他实习生的协助下也算完整地完成了任务，也有较其他同学更沉稳的发挥。相较于新进入机构时的表现，李老师认为加加在实习中有了较大的成长，也探索出其自身细致、沉稳的优势。

大学生活原本就会给实习生带来诸多可能的压力——作业任务压力、学业成绩压力、论文写作压力、职业就业压力、环境适应压力、人际关系压力等。如果实习生遇到这些压力时不能很好地应对，其在实习中的表现也难免会受到影响。实习并不能让实习生与校园完全隔离，它既承载着社会现实（实习的工作属性）

带来的压力，也承载着校园（实习的教育属性）带来的压力。

另外，来自家庭和校园生活以外的一些特殊情况，也可能成为实习生的压力源。这些压力，共同对实习生的心理健康产生着威胁。而有些实习生也可能存在生理上的困难，例如某些身体上的障碍或者特殊的疾病治疗经历等，都会影响实习生的实习表现。

当实习生面临多重压力时，督导者可以多从以下几点出发，考虑如何应对。

（1）从人类行为与社会环境的视角理解实习生的行为和处境，避免带着情绪或偏见处理实习生遇到的问题。

（2）相信实习生的潜能，即便实习生在某些方面有短板，也一定在其他方面自己的长处；相信实习生有克服困难的能力，实习为其提供了一个崭新的环境，恰好是激发潜能的好机会。

（3）与校内督导者、学校老师、家长等一起，为实习生营造支持性的环境，既鼓励实习生自主探索解决问题的方法，又在必要的时候给到实习生需要的支持和帮助。

案例分析 4

因实习挫折而倍感沮丧，表示要放弃的实习生

实习生云云和小龙计划开展面向肠癌造口患者的支持小组，前期在造口门诊跟随造口师学习疾病知识、评估需求、招募组员，结果在小组活动的第一天前期报名的患者中只有一人到场。为了按照计划完成工作任务，云云和小龙转向住院病区，邀请住院肠癌造口患者的家属前来参加活动。结果几位家属进入活动场地坐下后，还未等实习社工完成开场白，就有一位家属开始表达负面情绪，表示"我们家属都要照顾病人很忙的，没时间参加你们这种活动"，说完就要起身离开场地，其他家属也逐个跟随他起身离开了场地。实习生不仅没有完成小组工作任务，且因家属离席的做法感到非常受挫、沮丧。

大多数实习生都是在实习中完成自己的第一个真实的、完整的社会工作实务案例的。第一次做，不可避免地会遇到一些问题，让其难以达成最初设立的目标，有些时候实习生自己都未必觉察得到工作中存在的问题，这可能会打击实习生的自信心和积极性。

在家属离席后，云云坐在活动场地的椅子上哭泣，小龙显得非常生气，督导者没有制止，并留给实习生时间来平复情绪。之后，督导者告诉实习生们遇到问题是常有的事情，其他实习生甚至督导者自己在最初工作时也会遇到类似的情况。

督导者和实习生们先就问题发生的后果进行了讨论，大家担心今天的问题会影响到病房的患者和家属，于是快速赶到住院病区，将发生的事情告知了护士长，请护士长留意离席家属们的后续反应，帮忙与家属们做好沟通工作。后来护士长告知家属们并没有再在病区里传播负面情绪，且带头离席的家属在之前就与医护人员和其他家属有一些摩擦，不容易相处，她认为发生当时的问题更大程度上是该参加者个人的问题而不是活动设计的问题。

督导者又与实习生们就问题发生的原因及之后的计划做了讨论。实习生们意识到前期报名时很多患者比较勉强，对于活动内容和能达成的效果并不了解，病房的家属牵挂病人、时间紧张，不适合参加活动。另外，为患者设计的活动，强行临时调整给家属做也不合适，双方需求仍有不一致性。

此后，实习生们重启报名，在造口门诊时与等候就诊的患者多沟通，一方面更深入地了解他们的实际需求，另一方面更充分地介绍活动，同时也与患者群体建立了更紧密的关系。在此过程中，他们招募到了几位新组员，这些组员非常认可实习生对他们的关心，理解社工的意图，愿意参与小组活动。后续的小组活动举办得非常顺利，小组成员几乎都全程参加活动。

面对实习生无法达成服务目标的情况，督导者可以着重考虑以下几点。

（1）重视对实习生服务计划的督导以及各阶段工作的评估，尽可能避免大的错误或失误发生。

（2）接纳实习生在遇到挫折时的情绪，帮助实习生处理好情绪，以更好地应对接下来的工作。

（3）与实习生一起评估问题的后果，避免负面影响，强调对服务对象的责任。

（4）提醒实习生重视该问题、引以为戒，避免更多问题出现。

（5）引导实习生反思服务目标不能达成的原因，并制订具体的补救计划和后续的工作计划。

（6）制定合理的目标，在实习生能力范围内安排工作任务。

第九章 同辈督导

> 同一机构的一组专业人士在没有小组带领者的情况下，定期会面，分享专业知识，促进他们自身及相互之间的专业成长，并承担起保证机构服务质量的责任。
> ——Hare & Frankena（1972）

在督导过程中，传统的个别督导和小组督导方式被广泛使用，并发挥着重要作用。这两种方式常常由一位具有权威性的专家作为引导者、带领者、反馈者，针对被督导者在实务中遇到的困难、问题或障碍，进行有针对性的回应，从而帮助社工获得专业成长。一般情况下，高校教师、机构的管理者/项目负责人、资深社工都会担任督导者的角色。随着社会工作的快速发展，督导的方式也更加丰富和多元，同辈督导应运而生。尽管不属于传统的督导方式，但同辈督导的出现契合了我国社会工作"教育先行"的特殊时代背景，重视社工同辈之间的"智慧共创"和"共同成长"，受到社会工作教育界和实务界的推崇。同辈督导到底是一种怎样的督导方式？如何操作和执行？同辈督导又有哪些局限和问题？这些都值得思考和探索。本章将围绕这些问题做详细阐述，并介绍在北欧地区使用较多的同辈督导九步模型，通过三则案例分析该模式的具体操作过程及实务经验，为当前的督导研究和实务提供新思路、新方向，以期丰富社会工作督导方法。

第一节 同辈督导的内涵与优势

本节将从同辈督导的内涵着手，帮助大家初步了解什么是同辈督导，针对同辈督导的发展历程等进行综述，并探讨同辈督导的优势。

一　同辈督导的含义

同辈督导早期被认为是"一种由正在接受训练的咨询师通过使用他们之间的关系及专业技能互相帮助，彼此变成更有效的、更有能力的帮助者的过程"。Wilkerson（2006）为这种督导形式建构了一种比较全面的定义，即一种在咨询师同事或受训者之间的结构化的、支持性的进程，使用成对的或小组的形式，利用他们的专业知识以及关系定期地监测实践和效果，以达到提高具体的咨询技术、个案概念化和理论技能等综合水平的目的。

在社会工作专业领域，同辈督导是指"具有相同需求、观点或技术层次的个人和一群社会工作者，通过个别互惠方式或团体讨论方式进行的相互培训、互相教育的共同提升的互动过程。参与互动的成员不一定来自同一机构或同一工作团队"（张网成、蔡葵，2012）。不同于传统的个案、小组督导，这种督导方式没有正式的主持人，是一种小组成员之间相互进行督导的形式（张威，2015）。每位小组成员的年资、阅历、背景相近，因而都是督导的参与者、贡献者及促成者。

在社会工作实习教育中也可以使用同辈督导。这里的同辈督导是指由同一阶段实习的实习生组成小组相互提供督导，讨论常见问题和督导困境的过程。在这一过程中，每个参与者均有机会介绍一个与督导角色相关的自我经验困境，组员根据具体情况讨论问题，发现"盲点"，彼此从不同的角度看待问题，取长补短。同辈督导需要一个坚实清晰的逻辑结构以及突出小组的贡献，按照结构化的设计一步步进行，发挥团队成员的共同力量，解决大家都比较关注的困惑或问题。所以在这个过程中，参与者需要承担不同的角色，比如提供指导、接受指导、评论督导等。[①]

我国对同辈督导方法的研究很少，主要集中在心理学、教育学、护理学领域，社会工作领域涉及不多。实习中，通过运用同辈督导来建立一个实习生之间交流实务经验、传播新知以及防止出现职业倦怠、获取职业支持的互动平台。与小组督导不同，同辈督导由同伴小组来控制小组会议，如果督导者列席的话，那么他（她）也只是小组的一个成员而已。使用这种方式时，同一批次的实习生在没有小组带领者的情况下，定期会面，分享专业知识，促进他们自身及相互之间的专业成长，并承担起保证机构服务质量的责任（Hare & Frankena, 1972）。

[①] 摘自中欧督导培训项目教材。

同时，同辈督导提供了被督导者学习如何去督导他人的机会，这种督导能力对大多数实习生，尤其是对 MSW 实习生而言，将会是其在职业生涯发展中必须拥有的能力（Mack，2012）。

二 同辈督导的优势与局限

（一）同辈督导的优势

同辈督导具备很多优势，这些优势可以激发同辈学习热情、增强团队凝聚力、发挥支持性督导功能等。具体包括以下几个方面。

（1）权利平等，提升参与感和主动性。在一对一督导时，被督导者有时表现比较被动或感到紧张，虽然督导者会尽量营造轻松的氛围，但是督导者和被督导者的角色关系，决定了这种"被动"或"紧张"不可避免。而同辈督导解决了这个问题。同辈督导和一对一督导以及现场督导等方式很不一样，没有督导者直接主导，由大家讨论决定话题和督导过程，氛围会比较轻松，没有太大的压力，不用担心自己的表现是不是够专业，只需要以开放、真诚的姿态表达就好，大家会以接纳、同理、不批判等原则为依据，促进深入交流。

（2）产生共情，增加感情支持。在个别督导中，被督导者可能会觉得自己面临的问题和困惑是个别化的，督导的过程也会存在一些压力，但是同辈督导过程中，由于同辈督导参与者在工作经历、经验等方面相似，专业能力相差不多，大家坐在一起讨论共同的问题和需求时，比较容易产生情感共鸣，提高参与话题讨论的积极性和热情，在讨论的过程中，同辈之间可以给予情绪支持，不管最终问题是否能够得出切实可行的解决方法，通过诉说、表达以及同辈同理和倾听的过程，负面压力得到释放。

（3）集思广益，取长补短。由于每个人看待事物的角度不同，曾经获得的知识和经验也不同，因此面对同样的问题，每个人都会有不同的想法。比如当大家一起讨论"如何更好地与服务对象建立关系"时，参与者有的曾经服务于老年人，有的曾经服务于青少年；有的曾经通过专业的形象、得体的语言和亲和力获得了服务对象的信任，有的则通过满足服务对象当下的需求，给予他们支持和帮助，以此打开了他们的心门，大家一起讨论，可以集思广益、取长补短，获得更多的经验。

（4）围绕共同话题，共同协商解决。同辈督导的讨论主题是大家共同决定的，体现了大家的共同需要。哪怕这个话题不是自己率先提出的，但也是多数人很感兴趣的，也可能是自己同样面临的困惑。因此解决别人的问题，就等于解决了自己的问题，这样比较容易让大家投入讨论和思考。

（5）相互信任，易于维持关系。参与同辈督导的实习生平时学习中也有较多接触和合作，彼此的性格脾气，各方面情况和需求都比较熟悉，建立了较为稳定的信任关系，因此在督导过程中，较少出现彼此不真诚，有所隐瞒的情况，能够坦诚交流，同辈督导的方式也更有助于彼此之间关系的巩固。

（6）长期固定，具有可持续性。由于督导需求的不断增加，有时会出现一个督导者要督导几个甚至十几个实习生，需要投入很多时间和精力，再加上学校和机构督导还要忙于其他工作，很多时候根本满足不了实习生的督导需求，督导不力，或者督导频次不够的现象频繁出现，严重地影响实习教育的质量。同辈督导以另一种可行的方式，或多或少弥补了这方面的不足。

（7）及时便利，节约时间。同辈督导的时间比较灵活，可以根据服务的需要以及实习生自身的成长需要，随时安排，在同一服务项目或机构的实习生，安排起来也更加方便，如遇各种突发问题，调整起来也相对容易。另外，同辈督导可以多人一起参与，面对同一个问题，满足大家的共同需要，比较节约时间和成本，使资源更加充分地被利用。

（二）同辈督导的局限

同辈督导有优势，但在具体使用过程中，也会面临一些问题。

（1）同一水平看问题，视角单一。同辈督导时，大家基本处于同一专业水平，有时候看待事情的视角相似，具有相似的优势，也具有相似的不足，较难从不同的角度、层次分析和理解问题；在讨论处理方法的时候，难免出现讨论不全面、不深刻、不到位的情况，问题不能及时解决。

（2）督导过程容易偏题。同辈督导的过程中，每人都有自由表达的空间，容易出现倾诉较多，互吐苦水，而不能聚焦在主要问题上。有时候，讨论也会偏离主题，需要深入思考的话题被搁置，影响最终的督导成效。

（3）没选上自己的话题时容易影响参与度。由于同辈督导的话题是大家共同商讨决定的，在时间有限的情况下，意味着最终只有一个或两个问题被选上，其余的问题会被暂时搁置，导致部分实习生因为自己提出的问题没有被选上，而影响后续的参与度和投入度，或由于选出的话题与自己相关度不高，导致讨论的过程发言较少，参与度不足。

（4）害怕影响彼此关系，发言有所保留。在中国的传统文化中，人际关系的和谐很重要，同辈之间的关系通常被大家所重视，因此顾及这个层面的问题，大家在督导过程中就会有所保留，避免影响人际关系，没有办法说出内心的真实感受和想法。也因此，可能出现关系不好的同辈间不能客观给予情感和专业反馈，带入个人的主观判断和偏见，造成同辈督导起不到相应的作用。

（5）提供督导主题的组员会承担督导的压力。由于同辈督导的主题是某组员提出的问题，被大家所共同认同及关注，为了更好地剖析和讨论，其他人需要了解这个话题的来龙去脉，以及被督导者的应对、反思等。其他人在提问、反馈的过程中，言语、表情、回应中可能会使问题提出者产生压力，出现怀疑、自责、焦虑等情绪感受。另外，督导的过程也需要被选中话题的组员不断思考和总结，以及叙述自己的收获和感悟，这个学习的过程也会形成一定的压力。

第二节 同辈督导的具体操作原则与过程

同辈督导作为一种实习教育行为，也被认为是一种有效的督导方法。在具体操作的过程中，有清晰的操作原则与过程。

一 同辈督导的具体操作原则

1. 多角度思考

由于参与者处于同一专业水平，看问题的角度比较相似，因此需要参与者在讨论问题之前进行充分的思考和准备，集思广益，列出多个不同的角度和层面，尽可能想到更多不同的视角，然后再逐条进行深入讨论和分析，使最终讨论的结果更加全面。

有一期社工同辈督导会，讨论关于"什么样的社工才是受欢迎的好社工"的主题。在会议之前，社工各自提前做了思考，督导会开始后，大家依次分享了自己对本主题的理解和看法，比如社工要明确自己的职责，社工要深入了解服务对象的需求，社工要主动接触居民，社工要开展专业性强的服务，要遵守社工伦理，等等。一轮下来，想法是挺多的，但大家发现，几乎所有人的视角，都是从"社工"自己出发，没有服务对象、没有合作伙伴的角度，"好社工"不仅仅是自己认为好，更重要的是服务对象、合作伙伴，都认为"好"，才是真的好！所以，大家就开始组内分组，一部分人拟作为社区工作人员（社区工作伙伴、出资方），一部分拟作为社区居民（社区的服务对象、志愿者），一部分人是社工（项目负责人、普通社工伙伴），不同的小组，从不同的身份角度出发，去看"什么样的社工才是受欢迎的好社工"，结果令人兴奋。比如社区工作人员组分享道"好的社工要懂得与不同的人合作，而不是以自己所谓'专业'自居"；"社工除了关心自己的项目，也应该关心和支持社区服务的开展，分工不分家"；"社工要更加主动的与社区各方面联系，不要有事有人，无事无人"；等等。服务对象组则分享到，"好社工，能够在服务中让人感到有自尊"，"好的社工，不会把服务对象当作什么都不懂"，"社工能够用专业的办法来帮助人解决问题"，等等。这样一来，大家通过不同的站位和角度，对同一个话题产生不同的期待和看法，帮助社工们更好地学习如何成为"一个受欢迎的好社工"。

2. 平等与尊重

参与同辈督导的每个人都是平等的，需要在过程中确保每个人都有平等的发言机会，不随意打断他人说话，彼此尊重，特别是针对比较内向的参与者，需要给予他们一些时间和机会，并且尊重问题提出者最终的决定，不管自己的建议是否被采纳，都需要尊重对方。

在一次同辈督导时，大家针对平时在个案中遇到的困惑进行分享，社工小宁较有想法，在其他同工的发言时，会反驳他人的意见，提出自己的观点，而且说话的次数和时间都会比较多。针对这一现象，督导者调整方式：（1）在每位同工发言时设定发言时间。通过控制发言时间，让同辈督导有平等的交流时间；（2）制定分享规则，轮流发言。每位同工都可在发言者发言完毕后进行发言，避免打断发言者，体现出对发言者的尊重，同时给予每位同工分享自己观点的机会，使发言者得到更多同辈的认同。

3. 明确主题，制定规则

在整个同辈督导的过程中，容易出现话题分散不聚焦、讨论偏题、讨论效率低的情况。首先，需要明确主题，让大家都了解本次讨论的主题是什么，解决什么问题。所以需要大家随时关注主题尤其是计时员，可以一边计时一边关注大家是否跑题，如有该情况发生，及时给予提醒，确保话题聚焦。其次，需要制定同辈督导的具体规则，比如每人发言不超过多少时间、每个人都需要发言等，以及督导过程何时开始、由谁开始及每个人在小组中担任的角色等，这些规则都需要在同辈督导前讨论确定，确保整个督导过程顺利开展。

在某一次督导分享会中，采用了同辈督导的方式进行，一起沟通实习生督导的相关情况。大家讨论的主题是"面对研究生实习生，我们可以做什么？"起初大家一听到这个主题后，特别有共鸣，纷纷说出了自己内心的压力和困惑，越说越起劲，越说越高兴，结果自己带教研究生实习生的过程大家说了40分钟，发现没有多少时间可以讨论"做什么"这件事，导致那次督导会没有讨论出多少成效，变成了一次吐槽大会。

这个案例提醒我们规则的重要性，如果同辈督导没有规则，没有人掌控整个局面，那么很有可能找不到我们想要的答案。所以细小到每个环节所需要的时间，甚至是每个人发言的时间，都需要把控好。

4. 积极参与，乐于分享

同辈督导的过程非常注重同辈的参与，每个人都要提出一个自己的问题，并且当大家讨论出共同话题后，又需要围绕共同话题进行深入讨论，整个过程都需要大家积极主动发表意见，乐于分享自己的经验。针对没有选中的话题而影响参与度的问题，也需要每个参与者都把话题当作团队共同需要解决的目标，并且要帮助大家认识到，尽管当下的主题不同于自身实际存在的问题，但在共同讨论的过程中，看待问题的视角、问题解决的框架和思路是可以借鉴、参照的。鼓励每个参与者都能够开放自己，全身心投入小组讨论中，贡献自己的智慧。

参与同辈督导后，一位社工在最后环节分享到，今天本来希望可以讨论一下"自己服务经验较少，在督导实习生过程中没有权威"的话题，但是没有被大家选中，最终大家讨论的是"如何在服务中体现专业"。经历整个同辈督导的过程后，他发现很多方面可以体现出社工的价值，比如专业的理念、专业的价值观、专业的工作形象、看待事物的专业视角、与人沟通的每一句对话，以及社工整合资源的能力等，而自己平时不太注意专业的穿着和言语，穿得比较随意，和大学生差不多，而且在处理个案时，缺乏沉着冷静的态度，常常显得很慌张。这些是导致自己专业形象不足、缺乏权威的表现。虽然没有明确讨论自己想要讨论的话题，但是也从另外的话题中找到了自己想要的答案，看到了自己可以进步的空间。

5. 就事论事，正向反馈

同辈督导的过程需要所有参与者通过提问、倾听和反馈的方式，更加全面地了解问题的具体情况，从而给予一些想法和建议，而不是在不太了解来龙去脉的情况下直接给出建议和意见。另外，在督导的过程中需要从具体情况出发，关注案例本身而非个人，反馈不是评价某位组员的好坏、其、处理方式是否得当，而是反馈事件发生的客观情况以及解决问题的思路和方法，在反馈的过程中，尽量使用正向和积极的语言，避免使用攻击性和负面言语，促使同事之间继续形成良好的专业关系。

在一次同辈督导过程中，小马说到自己曾经督导实习生的时候，让实习生帮忙写一篇通讯稿，但是实习生拒绝了她，她当时觉得很生气。作为同辈社工，在听到同工分享这件事时：

社工甲回应：这个实习生也太没礼貌了。

社工乙回应：你让她写通讯稿也不好吧，把实习生当成社工用吗？

社工丙问道：实习生为什么会拒绝？她是怎么想的？

小马说道：因为实习生觉得写通讯稿不是自己的实习任务，所以拒绝了。

社工丙问道：那你是如何思考的？你想让实习生写的原因是什么？

小马说道：这个活动是自己和实习生共同组织和参与的，希望实习生能够通过写通讯稿总结一下整个活动的经过，社工可以通过写通讯稿的方式呈现专业理念和方法，也可以通过通讯稿宣传服务项目，让服务对象还有合作方都知道项目开展的情况，从而让更多有需求的人参与进来。

社工丙又回应：听上去实习生希望能够做一些专业方面的工作，更好地安排实习的时间和内容；社工认为写通讯稿也是专业工作的一部分，希望实习生可以体验到这个重要的环节，把专业的理念和方法呈现在通讯稿中。

在以上案例中，社工甲和社工乙比较快速地反馈了小马的处理，其实并不了解实习生以及小马内心的想法，而是很主观地给予评价，但是社工丙仔细地询问了小马，了解了实习生为什么不愿写通讯以及社工为什么要安排实习生写通讯的真实想法，并且给予了客观、积极、正向的回应。

6. 避免评价

上文已部分提及该原则，实际上，针对被督导者在督导过程中存在的压力问题，参与者需要以非批判的态度了解问题全貌，而非直率地做出评价；当别人说出自己的看法时，其他组员无论认同与否，都需要接纳和尊重，在适当的时候发表自己的想法和建议，就事论事，避免个人情感的卷入，营造开放、和谐的沟通环境，促使大家更踊跃地发言，从而获得成长。

在一次同辈督导的过程中，社工在讨论有什么方法可以帮助实习生更快适应实习环境。有社工说可以开展一些欢迎会，一起做一些互动游戏，帮助实习生和社工之间增加了解；有社工说可以带实习生参观实习环境，让他们在不同的办公场所工作一个星期，进行轮换，这样可以认识和熟悉更多的人。这时候有一位社工提出，让实习生跟每个人都建立一份档案，有社工表示这不现实，对此建议进行了否定，但是当时另一位社工说："没关系，反正先记下来，大家集思广益，能想到就是好的。"最终大家的点子都被及时记录了下来，那个看似不可行的点子也启发了社工。她跟实习生布置了一个任务，说我们的社工风采栏有些破旧，信息也不完善，很多社工都已离职，但是没有更换照片和信息，希望实习生可以帮忙把墙上的"社工风采"板块更新一下，重新布置一下，实习生欣然接受了这个任务，并且和每一位社工进行了交谈。在交谈过程中，实习生迅速了解了中心所有社工的情况，与他们建立了专业关系，也更快适应了环境。

二 同辈督导过程

同辈督导的执行需要一个完整、清晰的结构框架，以保证督导过程的顺畅进行，也有助于提升督导的成效。专业的督导结构有几种不同的方式和形式，这里主要介绍瑞典哥德堡大学社会工作系开发的九步模型，所需的时间大约为一小时。

同辈督导九步模型与传统的同辈督导相比，呈现更多的优势和不同。首先，九步模型通过一个清晰的结构，把每一个步骤的内容和做法都进行规范和梳理，使督导的流程更加顺畅和清晰，整个脉络让被督导者明确知道自己要做什么以及怎么做；其次，每一个步骤都相应设置了不同的时间，并且设置了计时员，这样更加有利于同辈督导过程中时间的把控以及主题的聚焦，在有限的时间内，参与者能够更高效地进行讨论；再次，九步模型同辈督导的过程中还设置了问题提出者暂时离开讨论圈这个环节，这个环节更有利于其他参与者说出自己的想法，不会因为问题提出者在场而保留自己的想法，比较容易形成开放式的沟通氛围；最后，问题提出者返回讨论圈的环节，能够促使他从大家讨论的不同角度思考同一问题，从而打破思维局限，提升问题解决的能力，也可对本次同辈督导的结果进行总结，便于其他参与者更好地理解和思考。

同辈督导九步模型的具体操作步骤如下（见表9-1）。

表 9-1 九步模型具体步骤

序号	分钟计时	督导步骤
1	5 分钟	每个参与者提交一个关于督导实习生过程中遇到的挑战/问题,并且用每人 1 分钟的时间向组内其他成员陈述
2	1 分钟	小组参与者选择一个挑战/问题进行讨论
3	1 分钟	选择一个小组成员负责计时,并确保接下来的环节小组成员能够遵守时间规定,计时员需要提醒组员注意时间
4	5 分钟	问题提交者将进一步介绍其挑战/问题
5	8 分钟	针对这个挑战/问题,每个人可向问题提交者提出任何问题,问题提交者进行回答和澄清,确保组员对该挑战/问题有一个清楚的认识(可能有若干回合)
6	8 分钟	问题提交者退出循环,坐在旁边,并写下自己的笔记。每个参与者写下自己认为的所述问题的实质,以及如果自己处于这种情况下会如何解决/攻克问题/挑战。在一个回合中,每个人向小组说出自己的想法、反思和问题
7	15 分钟	重点关注挑战/问题,小组参与者进行自由讨论(问题提交者不参与)
8	10 分钟	问题提交者返回循环,其他组员讲述他们针对问题给出的评论和建议,问题提出者反馈有何收获和反思
9	4 分钟	参与者讨论此次同辈督导情况如何,本次练习的收获是什么,你学到了什么

根据表 9-1,我们将这个过程与步骤具体论述如下。

(1)每人提出一个工作中的挑战/问题(5 分钟)。每个参与者提交一个关于督导实习生过程中遇到的挑战或问题,并且用每人 1 分钟的时间向组内其他组员陈述。这个问题可以在督导前告知各参与者,让大家提前充分思考与准备,这样能够确保每个人说出来的挑战和困惑是自己当下最需要解决的问题。由于这个环节只给每人 1 分钟的时间,所以需要告知参与者用最简洁的语言陈述。切记长篇大论,以保证时间集中在后面讨论的部分。

(2)选择共同挑战(1 分钟)。小组参与者根据之前每个人陈述的话题进行选择,选择一个大家都需要进一步讨论的挑战/问题。在选择的过程中,可能出现意见不统一的情况,可以根据投票的方式,少数服从多数,以多数人的需求为最终的选择。

(3)确定计时员(1 分钟)。选择一个小组成员负责计时,并确保接下来的环节小组成员能够遵守时间规定,计时员需要提醒组员注意时间。整个过程中,计时员需要在每个环节开始之前,告知大家本环节的讨论时间,并提醒大家还有几分钟,以便更好地把控讨论的进度。

(4)深入了解该挑战/问题(5 分钟)。为了让大家更加清晰地了解挑战/问题的具体情况，包括问题发生的具体原因、发生的具体过程，以及发生后如何处理、成效怎么样等，问题提交者需要进一步介绍其挑战/问题。这个过程中，其他参与者需要保持倾听、专注、接纳的姿态，不能随意打断问题提交者，更不能发表言论及提问。

（5）提问与回答（8分钟）。针对已经提出的挑战/问题，每个人可向问题提交者提出相关问题，问题提交者进行回答和澄清，确保组员对该挑战/问题有清楚认识。可以通过若干轮的提问与回答了解问题的来龙去脉，小组其他成员也可以就自己对刚才听到的挑战/问题进行简单的描述，让问题提出者了解大家是否都有了清楚的认识。

（6）问题提交者退出讨论（8分钟）。该环节需要问题提交者暂时退出循环，坐在旁边，先倾听大家的讨论，每个小组参与者先自己思考一下，写下自己认为的所述问题的实质，以及如果自己处于这种情况下会如何解决问题/挑战。写完后每个人向小组说出自己的想法、反思和问题，问题提交者写下自己的思考和收获。

（7）自由讨论（15分钟）。重点关注挑战/问题，小组参与者进行自由讨论。如果有一些不同的看法或者思考，可以在这个环节自由讨论，没有具体讨论的规则，可以随意发表。该环节问题提交者仍不参与，计时员注意时间的把控。

（8）问题提交者返回循环（10分钟）。其他组员讲述经过刚才他们分享和讨论，最终给予问题提出者的评论和建议，问题提出者反馈有何收获和反思，比如更好地认识了这个问题或困惑，接下来行动上有什么可以调整的计划和方向，情感上获得了怎样的支持和体验等。

（9）总结与反思（4分钟）。针对刚才的同辈督导环节，参与者讨论此次同辈督导情况如何，本次督导的收获是什么；总结与反思阶段可以从同辈督导的整个过程去思考进展是否顺利，有没有需要调整的地方，大家的感受如何。另外，也可以从督导的结果去思考是否达到了预期的目标，接下来针对讨论的话题，具体工作方向是什么，如何落实，等等。

在上述九步模型的使用中，有以下几点注意事项。

（1）矛盾和冲突的处理。在使用模型前必须讨论的问题是，如果没有进展，或小组成员之间有冲突，小组该如何做。由于大家的想法和经验不同，在督导过程中，难免会出现一些语言冲突，一般可以由问题提出者进行积极地协调，肯定双方在解决问题时的积极动机和正向的一面，也可以重申讨论的原则，营造和谐、积极、接纳的沟通氛围，还可以把当下双方的矛盾焦点暂且搁置，先让大家冷静下来，稍后在适当的时机再深入探讨。

（2）未达到预期效果的处理。由于同辈督导的参与者都是水平相当的同工，面对共同的问题或者困惑，有时候大家都遇到了瓶颈，没有讨论出预期的结果，使督导的成效不足。这时可以通过其他的督导方式（一对一督导、小组督导等）来帮助大家解决困惑，也可以给大家一些时间，让每个人通过不同的学习方法（向资深社工求助、翻阅资料、请教督导者等）找到一些解决的方法，等下一次开展同辈督导的时候再讨论。

第三节　同辈督导示例

为了大家更好地理解同辈督导的方法，我们收录了以下运用九步模型的同辈督导示例，以便大家在教学中可以更好地运用这个模型，发挥同辈督导的作用和优势。

同辈督导示例（一）

一、基本信息

督导时间：××××年×月×日（60分钟）

督导地点：社工部办公室

主带人：督导者A

观察员：观察员A

参与者：实习生A、实习生B、实习生C、实习生D、实习生E，共5人

督导目标：通过同辈督导九步模型的运用，共同讨论和解决社工实习生在实习中遇到的困惑和挑战，同时让大家掌握同辈督导九步模型的流程和方法。

二、准备阶段

督导者A首先对同辈督导九步模型的流程进行了简单介绍，同时介绍了基本原则，本次督导基于优势视角，以问题解决为导向，特别强调了非评判原则、时间控制和保密原则等，还进行了人员分工，由一人负责观察。

三、实施阶段

（1）每人提出一个挑战。针对本次同辈督导的主题——"社工实习生在实习中遇到的困惑或挑战"，每个人就之前想好的一个困境，在小组内分享。

实习生 A：刚来实习不久，在和患儿建立关系的时候有点困难。之前看到一名患儿一直躺在床上不说话，想去和他聊聊天，但是他不搭理我，也不愿意和我交流，我尝试问了他很多问题，但他一个都不回答我。现在很想知道：如何才能让他开口说话？

实习生 B：我服务一位患儿有两个月的时间了，现在她要出院了，她对我很依赖，我也很喜欢这个患儿，很舍不得她。她妈妈也觉得这两个月孩子开朗了很多，希望我能够继续和她女儿来往，并且希望能够留下微信，让孩子以后可以经常和我交流。留的话就违反专业伦理了，不留的话对她们是不是一种"伤害"？留与不留，我感到很困惑，很矛盾。

实习生 C：在 PICU 给患儿讲绘本的过程中，讲到"木兰从军回来，年迈的父母在家中等候"，小女孩的眼泪开始在眼睛里打转，这时旁边的监护机器响了起来，虽然当时及时向督导者反映，护士也说很正常，但并不知道自己讲绘本以及当时的反应是否正确。

实习生 D：下午督导者跟 PICU 患儿家长会谈的时候，观察到有外来者介入，他的介入也对我们的会谈产生了影响，一开始以为是陌生人，后来知道是服务对象的表弟（患儿舅舅），能够感受到他对我们专业的质疑，这也影响了患儿妈妈对我们原本的信任态度。遇到这种外来者闯入会谈的情况，应该如何处理呢？是要将该闯入者纳入会话还是忽视？

实习生 E：在开展家长小组活动的时候，有一位家长表示自己经常控制不住吼孩子，有时候甚至要打孩子，他觉得男孩就是天性顽皮，"棍棒底下出孝子"，没有什么不对的，而且他的方法也能让孩子很听话。作为社工我很不认同，没有办法很好地去接纳他，应该怎么办？

（2）选择共同挑战。经过投票（举手表决）和讨论，结果显示实习生 D 提出的问题更能引起大家的讨论兴趣，也都想对此问题进行进一步的了解。

（3）确定计时员。大家推选实习生 E 作为计时员，负责计时。

（4）深入了解该挑战/问题。实习生 D 阐述情况的具体过程：当天下午，原本我们在进行患儿家长会谈，聊得正投入的时候，有人闯入，开始我还以为是陌生人，后来那位家长说是她的表弟。他开始打断我们的对话，也打乱了我们的沟通进程，影响了会谈的开展，让我不知所措。

（5）提问与回答。督导者 A 邀请大家针对实习生 D 提出的案例相关细节进行提问，实习生 D 对大家的问题进行澄清，具体对话如下。

Q 实习生 B：是否第一次见到该外来者？

A：是的，也是第一次见到服务对象。

Q 实习生 E：怎么感受到该闯入者对我们的质疑？

A：从他的话语中"专业的问题问医生"，要求我们拍患儿的视频给家长看，等等。

Q 实习生 C：当时的感受是什么样的？

A：感觉是在质疑我们的专业性，因此在思考是否应该把他纳入聊天范围。

Q 实习生 B：当时是怎么应对的呢？

A：当时学姐（社工）更多的还是跟服务对象在交流，只是我比较疑惑应该怎么做。

Q 实习生 E：那当时学姐（社工）是怎么回应的呢？

A：当时对于他们提出来的给孩子拍视频的需求，督导者提出还是以医院制度为准，需要征求医生的同意。但是他又提出让我们偷偷拍，感觉是对我们的质疑吧。

Q 实习生 C：你觉得在这个过程中你的角色是什么？参与到会谈中的目标是什么？达成情况如何？

A：观察者。之前学习的时候看到现在个案、小组都有零碎化的趋势，并不是在一个固定的空间、固定的时间开展，比较好奇这是不是医务社会工作的一种开展方式。今天看过之后，觉得可能就是一种对传统个案工作的"改良"吧。

Q 实习生 C：如果你是社工的话，你会怎么做？

A：暂时没有思考，但可能会和这个表弟聊一下。

Q 实习生 A：你怎么评价督导者当时的处理方式呢？

A：我觉得挺好的，但可能有点忽略闯入者，但我也不知道具体要怎么沟通。

Q 实习生 C：为什么想要关注这个问题？

A：觉得闯入者可能给会谈带来很大影响，就感觉一开始我们跟服务对象是在一个房间的，他进来之后，我们跟服务对象就有隔阂了。

Q 实习生 C：闯入者具体带来了什么影响呢？

A：比如说要我们拍孩子的视频、带给孩子的贺卡，等等。

Q 实习生 C：你觉得闯入者对服务对象的影响大吗？

A：不确定对会话结果的影响大不大，但是我觉得对会谈过程是有影响的，改变了会话进程吧。

Q 实习生 C：之前提到了对我们穿白大褂权威性的质疑，你觉得权威性是什么？重要吗？

A：我觉得这是对专业的认可。

Q 实习生 C：为什么觉得他是闯入者？

A：当时在跟患儿妈妈交谈的时候，别人也会在那里进出，但是他就走过来停下了，也不表明身份，觉得不利于服务对象信息的保密。后来是服务对象介绍，我们才知道是她表弟。

(6) 问题提交者退出讨论。实习生 D 退出讨论，其他参与者从肯定被督导者的角度出发各自表达自己的想法和思考，并且分享了自己的一些看法，具体如下。

实习生 B：作为观察者能够思考如果是自己要怎么做的意识非常好。他能够在当时控制好自己，没有贸然行动避免了可能发生的冲突，而是更多地去观察和思考。一般来说都是督导者做什么我们在旁边学习观察，但是他能够在观察的同时对学姐的做法提出质疑，这种对权威的反思是非常可贵的。

实习生 A：虽然也参与了这一会谈，在当时只是觉得被服务对象信任，没有意识到闯入者对我们专业的质疑，说明他非常注重细节。同样是在现场看到了这一现象，但我自己没有意识到这是一个值得讨论的问题，相比来说他的观察更加敏锐，能够非常及时地对所观察到的现象进行思考。

实习生 C：平时我们都强调以服务对象为中心，他这个问题的提出让我思考非服务对象的利益是否会被我们忽略或者给多了。他还联系到了我们课堂学习中会谈的封闭性和开放性。

实习生 E：在之前没接触过服务对象的基础上，能够很快进入状态，在有限的时间里还原事件本身，善于观察和总结信息。专业性很强，能够透过现象对专业进行思考。另外可以看出他较强的专业使命感，迫切希望自己的专业得到认同。

(7) 自由讨论。自由讨论时间，各自发表自己的想法，想象如果我是他，我会怎么做。具体讨论如下。

实习生 C：如果我是社工，我也会比较克制，觉得自己处理这种问题的能力不够成熟，贸然沟通反而不能很好地处理这一问题。所以我会把这个情况记录下来，之后询问督导者，可能的话跟这位表弟进行一次简短会谈，让他了解我们的角色和我们在做的事情。

实习生B：我也会先在旁边观察，现场咨询督导后可能会跟表弟就所观察到的情况进行沟通。

实习生A：我可能会把他拉到一边，他有疑问的地方我就简要介绍一下，不要让他的话影响到患儿妈妈的心态。

实习生C：我可能是在旁边参与一下，因为完全把他拉开是比较困难的，但是我可以站到他身边跟他聊，这样给患儿妈妈和督导者留出交谈的空间。而且之后我也会去搜索一下文献，看看是不是有相关的经验可循。

实习生E：主要是看情况、看交谈的进度，态度要柔和，了解这位表弟更多的信息，也要考虑到患儿妈妈的感受，是不是家人的参与能让她更有力量。

实习生A：同意实习生E的观点，一开始我们四位社工跟患儿妈妈站在那里，她是相对弱势的，可能表弟的参与能平衡这种不对等，让她更有依靠。换个角度来说，这个外来者的加入也可能为我们提供新的工作思路；而且尽管偶尔表现出了对我们的质疑，但是一开始听到我们讲孩子状态很好、跟我们聊天、给她讲故事的时候还在一旁安慰妈妈，也给了服务对象一定的信心和情感支持。

实习生B：我之前实习的时候也有类似的经历，是在跟服务对象交流的时候她的婆婆出现了，这样话题就很自然地过渡到婆婆身上，然后又聊出了很多其他的信息，所以也觉得外来者的介入可能不是件坏事。

实习生C：我在现场也能够感到服务对象的弱势，当时她流泪的时候我都想去安抚一下她，但又不知道该不该。表弟的加入可以让她的气场更强大一些，给她一些力量和支撑。

实习生E：现在都是强调共同对抗疾病，这个闯入者天然的就是跟服务对象同一战线的。

（8）问题提交者返回循环。实习生D返回循环，针对刚才大家提出的想法，反馈反思和收获。实习生D在听了大家的讨论之后，总结出了他感触最深的几点。

①意识到自己当时感到不舒服是因为当时表弟一直让我们跟医生去沟通，让我们的角色转变成了医生一方。

②当时观察到这一问题应该及时向督导者反馈，在督导者的指导下与表

弟进行沟通。

③之后可以通过文献查阅来看是否有经验或依据可循。

④起初对问题的看法可能有较强的主观性，有点太过消极，经过大家的讨论也看到了可能存在的积极的一面，看问题更加全面了。

⑤在我退出讨论后，大家发表了自己的想法和对我的肯定，我感觉非常舒服，特别是大家对细节的关注和表达，让我感同身受，对自己更加肯定。

⑥在案例回顾的时候记不太清，想要请外援帮助。

⑦自己提出的问题得到大家的回应和讨论觉得非常开心。

（9）总结与反思。

最后，大家对本次督导过程进行了反思总结，具体如下。

实习生D：第一次参与这样的督导，觉得非常有意思，选择问题的环节有点尴尬，另外我回到圈里后，从大家夸到需要我反思有点转不过来，好像还在继续被夸一样。

实习生C：这种同辈督导是个非常好的集思广益的过程，本来听到今天我们讨论的案例也觉得是个消极的问题，但是经过大家的讨论觉得它也有积极的一面，帮助我们形成更加全面的认识。

实习生B：这种同辈督导的方式对于解决实习中的困难很有帮助。

实习生A：一开始信息收集不到位、案例说明不清可能导致评价上的偏颇。

实习生E：督导过程中的记录确实工作量比较大，有时会影响到讨论的参与。但是在记录的过程中也能够随时梳理已有的观点。

同辈督导示例（二）

一、督导背景

五位实习生是X医院的社会工作专业实习生，来到机构的时间在1~3周。实习生A在熟悉、探访重症监护病房的过程中，目睹了患者救治无效的过程，该过程中大部分时间督导者陪伴在旁。回到社工部后，督导者第一次带领五位实习生使用同辈督导的方式一同帮助实习生A处理刚才的经历。

参与者：督导者M；实习生A、B、C、D、E。

二、介绍流程和规则

M：今天我也去了病房，我觉得和A经历了一件非常重要的事情，对我来说，我也不是经常经历这样的场景，我觉得还是有很多东西要去处理的。而且因为A是经历者，可能对他个人来讲也是很需要去处理这件事，所以我

第九章 同辈督导

们尝试用这种同辈督导的方式来看一下能不能处理一下这个事情好吧？可能就是过程中 A 需要比较多地去向大家描述一下这个场景，或者回应大家的一些问题等。我们也借这个机会了解一下同辈督导这个工具，以后大家可以一起用。

（组员表示赞同）

M：首先，我把这个（印有朋辈督导流程及规则的纸张）给你们，我们等一下尽量按照这上面规划的时间来。前面 5 分钟的时间我会跟大家做一些介绍，从刚刚我说话就开始了。还是很感谢大家一起来参与的，尤其也要感谢 A，这也是很突然的一个事情，我们也不知道这么聊下去会怎么样，但是我很开心能跟大家一起经历这个过程。

另外就是我们今天谈的这些事情可能也仅限于此了（保密），我也不确定待会我们会谈到什么。最后的时候我们会征求一下大家每个人的意见，我们谈的东西到底可以到什么程度，好吧？

另外就是从这个表格里面你们会看到每一个步骤是有时间限制的，我们尽量严格地按照时间来，所以我想请你们 4 位中有一个人可以帮忙做一下计时员。

（C 认领计时任务）

M：C，等时间快到的时候，或者说还有几分钟要到了，麻烦你提醒我们一下。如果时间还没有到，我们要继续进行这个环节。如果时间到了，我们就不再往下进行了，就进入下一个环节了，所以提醒一下我们时间，谢谢。

另外，哪一个伙伴可以帮忙做一下记录，记录的人在过程中也要参与讨论的。

（B 认领记录任务）

M：后面的 10 分钟是大家确定要讨论哪个案例，今天我们可能就略过这个步骤，确定要讨论刚才这个案例了。

第一，需要 A 用 10 分钟左右的时间去帮我们说明一下刚才发生的这些事情，以及任何跟这个事情有关的我们的困惑或者感受等。

第二，接下来的 15 分钟的时间，我们需要所有人向 A 提问。今天我们暂定 A 是被督导者，我们一起来就他提出的这个困扰进行讨论，我们每个人要向他提问，提问的目的是澄清，为了更多了解相关的细节。

第三，再下面的 10 分钟是我们每个人要花时间用语言来肯定我们的 A。

第四，再接下来的 15 分钟的时间，A 就不参与讨论了，我们其他的伙伴来讨论一下，反思一下这个案例，你觉得你可能会怎么样？

第五，还有 5 分钟，因为如果前面是在听的阶段，我们最后 5 分钟还是还给 A，让 A 和大家分享一下整个结束之后的一个收获或者自己的想法，这是我们接下来要开始的每一个步骤。这个大家清楚了对吗？

（众人确认以上内容清楚）

M：好，目前，我是这个活动的带领者，但是我和大家一样会参与讨论。我们都按照刚才说的这个步骤来。

三、被督导者陈述困扰事件

M：我们开始，用 10 分钟的时间，请 A 帮我们把刚才这个案例来阐述一下。

A：今天的事情对我来说算是个意外，但在 ICU 里面确实是常态。我是第二天来，昨天刚跟 M 老师一块去看了一眼。今天我们刚刚到 ICU 的时候，不知道你们有没有印象——应该有印象，一号床位前围了很多人，正在抢救。那个时候的情况我不了解，我很好奇，我想看一看，后来因为我们要见 Z 老师，就直接找 Z 老师了（M 老师离开，让我在里面试着陪病人聊聊天）。之后，我和 Z 老师简单聊了两句，我就去跟 19 号病床那个病人——就是摔倒的那个病人聊，他今天下午就转出去了。

A：但这不是今天的重点，重点是一号病床的病人。他是个小孩子，我后来去看的时候就发现那里围了很多医生，都是 ICU 里边的主治医生，也包括主任医师都在那陪着，还有护士长什么的。主要是做心肺复苏，一直在给他心脏按压，而且一开始的程度是比较剧烈的，就是一直在按压按压按压，然后他的生命体征基本上一直处于报警状态。报警器就不断地在报警。就是嘀嘀嘀嘀，整个 ICU 他那里报警得最剧烈，关都关不掉，就是关完之后没两分钟他又这样，那就说明他基本上都是命悬一线的状态。

A：然后我在那看一直看到 11 点多，我就想正好到下班时间了，想着看看怎么走。结果我正好到门口，准备跟阿姨说我要走了，就发现门口有一个眼圈一直红着在哭的家长——其实是他母亲，但是一开始我并不知道。她就哭着问我一号病床情况怎么样，我一听我就感觉到应该是他妈。因为他的状态明显不对，但是我确实不知道，我也不是医生，我就跟她简单说一下，我说目前不太好，医生在抢救。后来妈妈一听我说的状态就比较焦急，就开始望着病房。

A：我本来想离开，但是我一想，算了，我不离开了。我也不能做些事，安慰她也没啥用，这个时候我就想陪着她。然后在陪她的过程中她跟我交流了一些问题，大概都是她觉得上天不太公平，因为这个孩子是她家里边老大，她有两个孩子，这个孩子才3岁，第二个孩子不知道多大，但肯定是更小。她妈妈、她爸爸、外公外婆都很喜欢这个孩子，这个孩子是家里边人最喜爱的孩子。但是这个时候孩子正命悬一线。

A：这个孩子的问题，我刚才也没有说这个问题，当时我看病历的时候就发现了他被诊断为基底节病变，我也不太懂这个。其实他的问题，简单来说，就是昨天上午的时候，10点多，在沙发上玩，然后突然不知怎么从沙发上掉到地上来，他家有很多那种软垫子，其实摔得不疼，没什么事，中午还能正常吃饭，但是到下午1点，孩子突然就嘴歪眼斜瘫了，一半身体瘫痪。

A：因为这种情况不对，马上送到医院，送到医院之后发现问题没那么简单，他有先天性的心脏病，然后又突发脑梗之类，肺部还有问题，后来通过了解也发现她孩子其实从出生就有问题，就来X医院住过院。他在ICU里面住了40天，在普通病房住了10天，他妈妈都是全程陪护的。

A：后来我听门口的医生说，他第一次出院的时候，就不是医院说是你身体没问题出院了，而是说没办法，但是住着也没有意义，就以这样的形式出院的，其实随时都有生命危险。但是他们家里人却认为既然我出院了，就说明我的病在好转，所以就觉得自己可能度过了一道坎，但是没想到隔两年多，又来了，但是这次来就是永别了。

A：因为今天到了下午可能是一点左右，他妈妈才第一次有机会进去看她的孩子，因为一直不让他们进去，ICU不能随便进。妈妈见到孩子的第一面非常崩溃，你可以想象这个画面，孩子在床上浑身插的都是管子，手脚冰凉，妈妈一边哭一边鼓励自己的孩子，甚至她自己想上手帮他按压。

A：她其实也知道，因为她也是名医生，所有治疗方法能用的都用了，她非常清楚。但是因为她是妈妈，所以情绪比较激烈，这是第一次探访。后来出去之后，整个过程还是一直在想办法会诊、抢救，但是最后的结论其实早就已经可以预见，她的孩子基本上这次是没法救的。因为本来上午主任是想让妈妈中午12点左右才过来，但是到了上午8点的时候就让她过来了，因为主任可能凭他的经验已经判断这一次的希望不大。

A：他妈妈、爸爸在门口非常绝望，直到刚才2点多，他们最后一次进到病房看孩子，但是进病房看孩子的时候我们距离比较远，据我的观察，孩子生命体征已经很微弱了，基本上是脸色已经完全黑下来，嘴唇也已经紫了。

A：我后来问M老师，求证了。当时第二次去的时候就是问她心脏复苏要不要停掉，因为心脏复苏从上午就一直按到下午，护士之间不停地轮换着按，一直就这样按，按累了就换人、换人，其实完全是依靠人的手工在帮他维持心跳。这很显然的，不可能永远维持，对吧？所以，2点多的时候就相当于宣告抢救无效了，孩子不行了。

A：孩子不行的话那就按压什么的都停了，停了之后就让父母开始准备，这个时候M老师带着孩子妈妈去自己的办公室准备衣服。孩子爸爸就开始打电话联系家人、亲戚、朋友，就想着怎么样安抚情绪。因为孩子在家里边是外公外婆的掌中宝，他外公外婆现在还不知道情况，怕承受不了，没法跟他们说。因为老年人承受力可能不好，是心头肉，万一说了，怕受不了。

A：在M老师没来的时候我陪着孩子妈妈，她说孩子外婆心理承受能力不好，如果知道孩子这样，她肯定第一个疯掉，这是他母亲的表述。其实当时我在那里，我想着既然我是医务社工，我就想陪陪她，然后我就想着我能不能去跟她说些什么，其实那个时候我发现说不了什么，因为主要是她在倾诉，那个时候人的状态不适合我跟她讲道理说怎么样，没什么意义。我就只能听听她想说啥，听听她想表露啥，然后说一些在我看来能够起到一点作用的话，但是那个时候她的心里是非常崩溃的。其实那个时候我跟她说什么就类似于哀伤辅导了。后来M老师走了之后，他爸爸就开始打电话，一边打电话一边哭。

A：其实爸爸压力也很大，因为这个问题一出现，下一步就要安排，让亲戚朋友知道，还有准备后事，准备火化，这就是必要的环节。

A：我想再说一点，其实我今天是第二次来（实习），而且我之前没有进过ICU，我只是以前曾经某次去医院就诊的时候，然后就听到ICU门口传来一些绝望的声音，我就有一些不好的感觉，我就知道ICU里边肯定生老病死是常态，没想到今天就直接经历了。而且是我上午亲眼看着那个孩子在一直被抢救，最后没有抢救过来。所以说我的心里，到最后那个时候，我的大脑是一片空白。你要说我绝望我也不至于绝望，那你要说我伤心，我、我只能说他父母肯定是最伤心的。他妈妈现在情绪不知道是啥样,因为我们已经走了,但是我感觉他妈妈的情绪可能就好不了了,因为他妈妈就一直白天黑夜,宁可饭不吃,班也不上就要陪着孩子。

A:这不是我第一次看到、经历生离死别,因为之前其实我家里头经历过这种情况,然后这次就让我联想到这种画面,我就感觉心里边很不适。

M:时间到了吗?

C(计时员):还有44秒。

A:我想一想还有啥问题要跟大家说,我就感觉反正我的想法就是一开始我就特别极力地想联系专业理论,看能不能有什么话可以给她说一说,帮她稳定情绪等,但是在这个关头我就发现专业理论我想不起来,因为我自己浑身都是麻木的。所以这其实就可以体现出社会工作者要面临很大的压力,你要如何调整自己?

A:在面对这个问题的时候,我们社会工作者是需要安慰她的,我们是作为安慰的一方,如果我们自己都没有承受住,我们怎么去安慰别人呢?我们又怎么跟别人同理呢?对不对?所以说这一点我当时就受到很大的影响。

四、向被督导者提问

M:好,我们这一部分就到这里,也感谢A跟我们描述了很多当时的情景,下面的15分钟时间,我们每一个人都要向A提问,提问之后,A只需要围绕着他的提问,更多地去描述跟这个事情相关的、自己的感受或者与此有关的一些东西。

M:大家在提问的时候只需要提问,不需要去做一些自己的解释或者表达自己的想法,你只需要把这个问题问清楚就可以了。我们有大概15分钟的时间,如果到最后大家确实觉得没有更多的问题了,我们再进行到下一个环节。

M:提问的话,主要还是为了更全面地去了解,并且去发现一些很重要的、也许他刚刚在阐释的时候没有表达到的一些点。但凡跟这件事情有关,并且有助于我们更好应对这个问题,都是可以提的。

M:那我们就开始先想一想有些什么问题,好。你们需要按顺序来问吗?

C:不用的。

M:那想到了就说吧。

C:我想问一下,当时你不是正要出门,然后孩子妈妈就问你一号床的孩子怎么样?当时你说目前还不太好,医生正在抢救,是直接就这样讲出来了吗？

　　A：其实这个问题我也遇到了一些尴尬，是因为出来之后，她问我这个问题的时候，我下意识的反应是我不知道该怎么说。因为我很清楚病人的病情是应该由医生来说的，我也不是医生，我也不是专业医生。但是当时我看到他母亲担心的那个样子，我就只能说一些我感觉是事实的东西。最起码我说的确实是事实，我可以保证，他的孩子确实正在抢救，但是情况怎么样我不知道。我就只能告诉他，现在孩子正在抢救，然后都是里面最好的医生在抢救孩子。这样至于好还是不好，我也不太懂，我也没跟她说。但是我跟她说他在抢救的时候，妈妈也知道她孩子情况不好，因为抢救就意味着情况不好。这是我的回答。

　　M：如果再给你一次机会经历这个场景，她问你这个问题的话，你会怎么回答？

　　A：其实这个东西在我看来，我感觉最理性的状态是应该找一个医生来讲。但是当时我就想或许也不适合去找医生，因为医生都很忙，对不对？这是第一个矛盾。第二个矛盾就是，我如果不说，我觉得也不太好。所以回答是必须得回答，不说的话就显得我从里面出来，我不管她，会造成一些不好的影响。我就只能跟他说一些我看到的事实是什么，我不懂的不能说，一些模棱两可的也不能说，就只说肯定的、真实的事情。所以可能他再问我这个问题我可能还是得这样回答。因为确实一号床从位置上比较明显，你进出ICU都会看到，我也不能说我没看到，那也不可能，所以我就正面回应了。

　　D：他的父亲是什么时候来的？

　　A：父亲应该一直都在，但是他父亲没有进来。ICU是有一道门，他妈妈是在门里面等着，我们进去以后在登记穿鞋套的位置等着，在那等，他爸爸是在门外坐着。

　　E：小孩子大概几岁？

　　A：3岁。

　　C：他爸爸情绪也很激动吗？也像妈妈那样向你倾诉吗？

　　A：爸爸的情绪，整个过程中，绝大部分时间，爸爸的情绪看上去还是比较能稳住的。他的情绪肯定不好，但他的情绪不至于像妈妈那样失控。应该是在第一次妈妈看完孩子之后，他爸爸跟妈妈两个人在一个房间里边，可能是在相互安慰，因为他妈妈看孩子的情况，自己估计心里边也有数了，知道孩子可能救不过来了。然后我就听到他俩在讨论，爸爸在鼓励他妈妈，大概意思就是如果我们垮掉的话，我们家里怎么办？爸爸其实还是在安慰，妈妈最脆弱，爸爸相对来说好一些。但是爸爸的情绪其实相对正常来说也差太多，状态都不好。

B：他妈妈那种情绪崩溃激动，你能再说得具体一点，比如说有没有失声痛哭，还是你看她就是在哭？

A：哭。在进病房之前就一直在门口哭，声音能听到，不是简单的流泪，就是在抽泣。然后进去看完孩子之后，看的过程中，后来是比较剧烈的，因为昨天孩子进来了，一直没看到孩子，应该是今天第一次看到孩子，她担心，难以控制自己的情绪。然后这个过程结束之后，当时是主任把妈妈拉出来了，就不能在那一直看了，拉出来之后他妈妈的情绪就更加崩溃了，感觉那个时候的状态在房间里的时候失声痛哭，持续了一段时间，估计是累了，又回到了小声抽泣。直到第二次看到孩子，然后可能知道孩子确确实实已经没救了，不抱希望了，这时候再出来，我就没听到哭声了。她就非常理智地从ICU里出来，那个时候是医生让她去给孩子找衣服，她就给孩子出去取衣服，这个过程中没有怎么哭，那是M老师陪着去的。她路上哭了吗？

M：没有。

A：路上没哭，还要冷静，知道事情已成定局了（陷入沉默中，约35秒钟）。

M：你有想哭的时候吗？

A：我真的想哭，我直接哭了。我上午就想哭，中午是真哭了，下午也很难受。因为我虽然是个男生，但还是对感情比较敏感。上午看到这个画面就很难受，我其实想到小时候，有一次我也是由于一些原因住院的。当时我昏倒了，半夜我妈妈非常着急把我送到医院，好在第二天我醒了，没事。然后我可能就在这个时候想到了当时我的情况，如果我躺在这一直被抢救，我的爸爸妈妈会是什么心情？现在因为我慢慢年龄大了，也会设想自己如果当了父母会是什么样的心情，我非常难过。

A：当看到他妈妈第一次进来时候，看到孩子后崩溃的样子，其实我是完全认同的，难以控制这种情绪。根据我的观察周围护士都哭了。

B：所以我们看到这种非常难过的情景，也会联想到我们自己以前发生的事情，是不是？

A：会联想到的。如果说你有类似经历的话就很容易调动起来。你比如说我联想到了我自己，联想到了我之前亲人去世的情景。

B：所以你开始的时候还能忍住，然后想到发生在自己身上的事情的时候，想象那个画面，没有忍住哭了吗？

A：嗯，对，这个画面主要想的时候是在上午那个时候，他父母还没有来，我只是自己在那看，那时候我没哭出来。然后中午等他的父母真正来的时候，我脑海里就一片空白，就控制不住眼泪往下掉，脑子都没法想东西了，因为那个时候当我直接面对生死的时候，那种感觉确实是很沉重的压力。

C：在和孩子的妈妈说话的时候，你哭了吗？

A：是这样的。在爸爸妈妈进去看孩子的时候，他爸爸妈妈在床边，爸爸在妈妈后面。左边是护士在这按压，右边是妈妈拉着手鼓励自己的孩子，然后我是在病房后面看，我是在病床一米左右的距离来观察，然后看那个画面，妈妈不断地鼓励孩子，不断地祈求，老天不要这么不公平，希望你快点好起来，希望你能坚强。就这种话语。

D：你之前想到自己小时候住院，想哭的经历时还没有和这个妈妈接触，是吗？

A：对，是的。我当时先想的是我爸妈什么情绪，然后等我出去的时候发现他的爸妈就在这，紧接着他爸妈崩溃，我自然而然地就控制不住自己。每个孩子都是父母的掌上明珠。他们孩子3岁，有先天性心脏病、也有脑梗，这种病其实我听主任说发病是非常低的，确实很低。

D：他妈妈应该知道概率低。

A：对，概率很低。后来我是觉得这个过程不知道为什么，我真是感觉不知道为什么他妈妈自己是医生，孩子居然生这么重的病，而且这么小，说实话我也感觉到老天不公平。

B：你为什么这样觉得？是因为他比较小，然后多种并发症在一块，还是说还有一些别的事情？

A：我想最主要的原因是我觉得太可怜了，他只是3岁，3岁。

B：所以你觉得这么残酷的事情发生在一个3岁小孩的身上，觉得很不公平，是不是？

A：对，而且是一而再再而三地。对家里人无疑是非常沉重的打击。对我们来说看的是难受，当时门口阿姨也有这种感慨，大概就是天意，然后世事难料。

D：你是什么时候觉得应该把 M 老师叫过来。

A：中午，因为中午我要离开的时候，我看到了他妈妈在门口等着。在我决定陪他妈妈的时候，我不知道接下来应该以什么样的方式陪着，就感觉专业技能上的欠缺，不知道该怎么办，我就赶紧想办法把 M 老师叫过来。叫 M 老师的时候，事实上我已经陪了她 20 分钟，听她倾诉了一会儿。

A：但是现在我想感慨一下，社工不是说非得特别专业，碰到什么样的情况你都要坐那侃侃而谈，把专业知识运用到专业服务，依据一些理论去怎么样说等。其实在这种时候我们都是人，面对这样的局面，我们都会有一些压力。所以社工其实在这个过程中，我觉得对我来说，今天最大的感觉就是社工很多时候是陪伴，不见得非得说啥。就是你的陪伴或者帮他干一点事，让他觉得心里很温暖。下午我陪他父亲坐了半个小时，他父亲脱鞋套，我帮他整理，然后有什么事我提醒他，他父亲就觉得心里舒服一点。如果我不陪他的父亲，可能只能在这掩面而泣。我感觉陪伴会有一些用，而且我陪着他，也有好处，就是不让周围的人围在他身边看。

M：你最开始和妈妈在一起的时候有说过什么？具体一点。

A：我回忆一下，好像是说过的，确实说过。具体内容我想不起来了，大概内容就是，他妈妈在说她孩子这么聪明，3 岁就很聪明，是她的心头肉，怎么会这样。我就说有时候确实是世事难料。谁能想到会这样呢。就说了这个。

M：你觉得说这些话有帮助吗？

A：可能比没有人跟她交流会好一些，但是不至于帮助特别大。

C：你陪他父亲是默默地坐了 30 分钟，还是没有什么交谈。

A：没有主动的交谈。因为他父亲那个时候正在不断地打电话，他打电话是通知家人。我听他的电话主要是通知自己的亲人朋友，通知亲人就是通知一些家里的亲戚，让他们先提前安慰一下孩子的外公外婆。因为外公外婆还不知道，他们都很担心外公外婆突然知道情绪受不了，可能老人就忽然间崩溃，所以就想着让家里边的亲戚先提前过去，集体安慰一下。另外就是打给一些办手续的，比较忙，我看他比较忙，在找电话，我也没有主动跟他说啥。他父亲不太爱说话，而且他父亲我感觉是从整体情况来看，还是比较注重面子，打电话的时候都是低着头，捂着电话说的。

C（计时员）：好。到了时间。

五、肯定被督导者

M：下面有10分钟的时间，我们每个人都用自己的语言来对A表示肯定，因为我们自己是社工，对于夸人和肯定人这件事情，我们还是要用一些方法的，要尽量具体地来表达说我认为什么样的事情让我感觉到他哪一点做得非常的好，希望大家能具体一点地去表达。这个过程中，A就先不发言了，你来听大家的表述就可以了。10分钟，开始。

D：我首先觉得A在一开始看到他的母亲哭泣，刚刚接触的时候就决定去陪伴她，这个决定非常好。如果我想象，如果我因为畏难或者一些其他原因，走开了，没有继续坐下陪她的话，我会觉得，即使回到办公室我也会在想这个事情，心里埋下一颗不安的种子，我觉得陪伴这个决定是非常好。不管用处大不大，这两天接触很多病人下来觉得陪伴确实不是解决问题导向的，但它是一个很好的事情，不要太过于自我的否定，或者说绝对没有用，我觉得挺好的。

C：其实我也想表达，你能做出陪伴的决定，真的说实话，如果是我的话，我可能真的做不到，你做了这个决定，我很佩服。然后还有一个我刚才听你说你陪了他父亲30分钟，就在他父亲身边，我觉得这个决定也很好。因为他那个时候你在他身边的话就是不会有人围着他，也会让他安静地去打电话，他不会被外界嘈杂的环境所影响的，会让他安静地待一会，我觉得这就很重要了。在那样的一个情绪当中，我觉得你做得很好。

B：好，陪伴我就不说了，大家好像都是很有共识的。第一，我觉得你其实是一个相对理性的人，非常好，我是属于那种比较感性的人，你刚刚在说的时候有好几次我哽咽了，也包括你刚进来的时候，告诉我们说抢救无效了，我当时就脑补了那个画面，立马就哭了。C看见我哭了，她说是看到我哭了然后她哭了。所以我觉得在这一方面真的应该向你学习。

B：第二，我觉得你去描述现场的时候让人觉得好像那个画面一直在那儿，我刚刚也有记录，你说了一句，你们可以想象一下孩子全身插着管子手脚冰凉，然他妈妈在他旁边——你描述了他当时没有生命体征时的样子，他妈妈在旁边站着。我觉得很多时候，我们没有办法很好地讲述自己所看见的，我们会按照我自己的意愿去表达，很少让倾听者去想象这个画面是怎样的，你做到了，我觉得非常好。让我们身临其境，感同身受，真的去想象那个画面。我就分享这两点吧。

E：我觉得如果是我遇到这个事情的话，我回来可能都不知道要怎么样跟大家说。我觉得你讲得非常清晰，大家都了解了。其实，很多时候遇到事情，哪怕什么都不做，就是坐在旁边陪着，我也会觉得很好，所以你可以陪伴，我觉得真的特别好。

M：我觉得除了理性之外，从 A 身上能看到的是刻板印象里男性理性以外感性的这种东西。当然有可能大家都有感性，但是表达出来不是很容易的。最开始 A 微信联系我的时候，并没有说"M 老师你过来吧"，他跟我说的是"我有点难受""我也很难受"。我觉得这种愿意去表达自己内心的想法，其实是在我之前的预设之外的。我觉得这个很不容易，是突破了自己性别或者社会性别给我们带来的一种固定模式，而且从这个过程里面迁移到自己的一些经历，其实是本身具有同理心的一种表现。而且也能看到通过这个过程会让自己更有同情心，因为听到你说你的爸爸妈妈和你小时候那些事情的时候，我也感觉到通过这个事情，我们对爸爸妈妈的看法和感受和以前有了一些不一样。其实经历实习，可以给自己带来一些个体的变化，一些成长，我想这个经历其实真的是对你很有意义，你讲给我们听，让我们反思，也是很有意义的。

M：我还想到一点，A 刚才说他在当时的情境下，努力地在想自己学到的哪些知识可以用在当下，虽然结果是没想到，但是我觉得你在这个时候能够想到要尝试用专业的方法来帮助她，让我看到你其实对专业还是比较认同的，你相信专业是能够帮到我们的。虽然那一刻我们最终似乎没有用到，但是这种思维模式很好，我觉得这一点特别好。

D：我还有一点要说，在我专门问母亲哭泣程度的时候，A 可以把他几个阶段都描述得很具体，我认为他虽然自己大脑一片空白，但是他还能随时保持着一个评估的视角去看这个情况。对于妈妈的情绪把握得很具体。

B：我觉得 A 还有一点做得比较好，刚刚 C 也问了他，你哭是当着他妈妈的面哭吗？他说他是在一个角落里面。我觉得遇到这种事情的时候，虽然我们确实应该去陪着她，但是如果说我们自己情绪没有办法平复好的时候，就不要把自己的情绪带给他人，再去强化他母亲的那种情感，我觉得是比较好的。虽然我不知道是不是真的就应该不让他母亲看到。

C：其实我还想说一点，你刚刚说，原话我不记得了，你说你当时想不出用什么理论来安慰她，我觉得就像我今天去查房或者和小孩沟通的时候，在想我应该怎么说才能获取到他更多的信息，但是我觉得可能也要抛开自己是一个社会工作专业的实习生，而是要用另外一个身份——我确实是想和他沟通，想要去陪伴他，我才去找他的。我觉得这个也是很重要，有的时候被这个专业锁住了，也就把自己给困住了。

A：我也觉得，如果我不是穿白大褂的话，我感觉我表现的会更加主动一些，但一旦穿上这个衣服我就感觉我是个社会工作者，我需要按照我的专业模式去帮助人。

C：对，我不知道自己怎么讲，总是感觉自己专业学的还不太好，常常就不知道怎么说了，但今天他这种说法启发了我。

六、讨论更多解决办法

M：我们下面有 15 分钟的时间，这个时间 A 还是以听为主，你可以在这个过程中去梳理一下自己的思维，因为最后你是有 5 分钟的时间要再重新说一下经过督导之后，你对这个事情的看法和你的收获。

M：这 15 分钟的时间还是尽量每个人都有表达。我们可以这样，你可以去说如果我是 A 的话，我会怎么样？以及你通过刚才这些表达，还有一些其他的相关的问题想要和大家讨论，也可以提出来，我们更多地从非批判角度，来讨论一下这个案例。

E：我觉得刚刚 A 说他出了病房，然后遇到孩子妈妈，然后问他她孩子情况，我觉得如果是我的话，我不知道要怎么样跟家属去说这个情况。

M：就是如果出去的时候，家长问你孩子怎么样的时候，该怎么去说这个问题，大家觉得会怎么样？

C：如果是我的话，刚刚 A 在说的时候我就在想，如果是我的话，我应该怎么说？我不知道这样说可不可以：我不是临床医生，我刚刚是去看另外一个病患的，一号床这边的情况我没有注意到，不好意思。这样讲我觉得可以。

B：我刚刚也在思考这个问题，我觉得如果是我的话，我会告诉她说医生还在抢救中，我在这边陪你一起等一会儿。

D：我看了一些医疗剧，医生从手术室里出来，他们有时候手术很长，十几小时，做到一半也会有医生出来告知家人的一个情况。他们是据实讲，不会有夸张或者一些不切实际的许诺，去给他一些希望，说我们可以治好的，相信我们，等等。这个肯定大家也都知道，他们告诉事实，因为即使是不好的事实，到最后结果总归也是要知道的，不如前期给一些心理铺垫，比未知的恐惧要好。我会把我知道的情况据实相告，不添油加醋，我觉得 A 这里做得很好，他说确实情况不是太好，也说了医生正在抢救。我觉得 B 刚刚说得也很好，再加半句，不光是行动，把行动转换成语言让她接受，也是挺好的，因为她现在在悲伤的情绪当中可能不太有正常那种观察力，我陪你等一会儿这句话说出来是很好的。

M：而且我刚才也记了一下，刚才 A 也说到他在做这个决定之前，他其实有考虑的，他第一个考虑觉得应该找个医生来告诉他，但是他又考虑到医生很忙，现在正在里面抢救，把他叫出来的话好像也不是很合适，他也说了如果我不说的话好像也不合适，所以他只能选择说他看到的事实，其实我觉得基本上我们是能达成一致的。而且如果是我的话，我也是一样的会去讲我看到的事实，可能稍微不太一样一点的，我不会说我看到他们正在抢救，我可能会告诉她，我是社工部的，我不是临床医生，我进去是看那边几个大孩子的，我在安抚他们的情绪，但是我出来的时候，我看到你们一床那边围了挺多医生、护士的，大家都挺忙的，都在关注那边，但是具体的医疗东西我也不太懂，我也不能说什么。后面这句我觉得 B 提醒的是对的，就是告诉她我陪你坐一会儿。可能我也差不多是这样的一种表述。

M：我们可以继续讨论一下，觉得这个案例给自己一些什么样的启发，或者如果我是 A，或者下次我遇到这种问题的话，我可能怎么看待它或者怎么解决问题。

D：我想了解的是，如果过去陪她以后，母亲就开始倾诉了。倾诉一些家里的状况，是吗？这一点，如果我是 A，当时可能想不起来什么专业知识，包括现在可能也不知道专业上应该怎么去回应。那有没有专门的合适的方式？

M：也就是说如果妈妈当时向你倾诉她家里的一些情况的话，我们应该怎么回应？

D：对，比如你是应该以在病床上的孩子为焦点去回应，还是对她讲的所有的情况做一些类似于回忆什么的，回忆的程度应该是怎么样？是往好的，希望的，积极的方向还是？我觉得我也讲不好，如果回应不到，可能会有很多坑，比如妈妈说孩子以前很聪明，然后你正常回应的话可能会在你不知道的情况下制造一些希望之类的，就是一个未来的美好的构想，但是你又不知道这个孩子是不是会被抢救出来。

B：我觉得有的时候我们不一定就非得用语言去回应他，因为我今天上午同样也遇到。一个小朋友外婆在跟我讲他们家孩子事情的时候，讲发生的那个过程，把他送到医院，然后从跟医生开始辩驳，"我们家孩子不可能得这个病（白血病）"，讲到后来医生告诉她说你们家孩子百分之七八十就是这个病。你想一下，他母亲给医生跪下的时候，他外婆真的在哭，控制不住自己的情绪。我当时对她没有做什么语言上的回应，我可能就是点点头，表示你说的我听到了，我当时给她回应是抱了抱她，就这样安抚她，我觉得因为有的时候很多事情我们没办法去帮她，或者说做一些什么澄清，因为我们也不是非常了解，所以我就只能以一些行动上或者说肢体语言上的关怀去表达，让她觉得我们在听，在陪着她。因为我没办法说这件事情没事没关系的，我也不能说一定会好的或者怎么样，我就只能这样了。

D：我又想起C之前说的，当我们固守着在社工身份时，反而禁锢了我们自己的一种正常能力。其实如果我不是社工，我不考虑那么多能力，可能碰到她跟我说一些事情的时候，作为一个普通很热心肠的人，我是有一种冲动想要去跟她聊她在经受的事情。对，我在想我的这种冲动情绪该怎么去化解，还是以后牢记住这一点，不要这么做，还是要有一个什么界限。

C：D的第一个问题是说在A和他妈妈交谈的时候，他妈妈一直在说她孩子聪明，或者在陈述一些事实的时候，我在想我们除了拍拍她之类的，可不可以重复一下她说的事实，说孩子很聪明，然后让她继续讲，我们可不可以这样？

B：或者说我理解的C的意思是对他母亲表达的一些积极的事情给予重复，比如说在夸自己孩子聪明的时候给予回复，肯定孩子积极正向的方面，还是说只能说事实……

C：我的想法是，她在讲什么东西，我们再重复一下，或者说总结一下她说的一些事实，好让她继续讲下去。

M：所以不一定只是重复她讲的积极的东西。

C：对，是她讲的所有的事实，我们可以用简短的话去陈述一下，然后让她继续去讲。因为除了这个也不知道怎么说。

M：D，你说的想要跟她聊她讲的具体的东西的冲动，具体是说聊哪些方面，怎么个聊法？

D：比如说我个人可能看到一些我人生经历范围内的事情，我很想把我自己的一些事情拿出来说，然后去开导她（这个时候），比如说到是在抢救。我就可能会联想到我的外公去过医院，然后就把我当时怎么想的，在门口怎么等的，这些想法拿来分享，就是作为常人而不是作为社工。我会有这样分享的冲动，但是作为社工又在想会不会这样的分享不尊重对方，因为现在被抢救的是她的孩子，她可能并不想听我讲我外公的事情，就是这样的。

E：我觉得我如果遇到这个事情，我可能会给她一点希望，但是其实这是错误的。我刚也在反思，就是说孩子一定会好起来的，这一块应该是不可以这样说。对，我刚才也在反思。

M：你是从哪个点觉得你不应该这么说？

E：因为刚才说要如实相告，如果结果不好的话，（这样说）她会有心理落差。

M：刚才D说的这个问题，我很想跟她讲一下，我其实也有同样的感受，我有类似的经历，我想跟你讲我的经历。

C：我觉得这种话要分情况来讲，如果是在普通的做手术的外面，她心情可能会很焦急，这个时候我觉得可以说一下自己的经历，让她有一个比较，就是你也经历过这样的事，她可能心情会好一点。但是今天这样的情况，我觉得就没有必要讲了，因为这个是生死，我觉得很大的一个事情，正常来讲是没有心情听你讲这个话的，听你去讲你的经历，因为她自己这都很不确定，她怎么会想要去听你的想法呢。

D：我觉得可能你说的对，我也是这么觉得，然后可能还有一些不会讲到那么细，但我还是会有想要去类似于说些安慰的话。但是这个冲动我不知道应该说到什么级别。

B：因为刚刚我也在思考这个问题，我觉得我可能理解了D的意思，我想表达我的同意，我就是想说一下，我确实也遇到过这种情况，我也非常的难过，但是他也并不想把这整个事情描述清楚，不会去描绘那个画面。

D：就是分享我自己的事情，可能这个程度是刚刚C说的，重复事实，总结事实，倾听，我说的话仅限于我总结她的事实。

M：或者你可以试着把想说的话说出来。

七、被督导者整合收获

M：我们虽然越讨论越激烈了，但是就先到这里了。我们请 A 往前一步，然后最后 5 分钟的时间，我们请 A 来总结一下各个环节下来他对这个事情的看法，我们其他人就不在这个环节发言了。

A：好的，我刚才简单想了几点，也是有点东西跟大家说的。我觉得第一点，从这个事情的开始，我们就必须明白一个问题，我们社会工作者也需要拿出主动性，在碰到这个情况的时候，我们到底要不要帮她？这个问题是一念之间的。如果说我们有畏难情绪，感觉这个问题可能比较复杂，还是别处理了，那么后面的环节就没有了，也就不会有今天这个讨论。但是这肯定不是我们正确的态度，我觉得在碰到问题时，我们还是应该勇于接受问题。我们会有顾虑，比如说我们觉得不会，觉得自己没信心，这很正常，但是如果没信心，我们可以接受之后去求助老师，求助同学，去问，而不是从一开始觉得自己可能处理不好，然后就放弃了。所以我觉得这一点需要反思，在实习过程中我们更要主动找事情做，不能等着医生给我们分配任务，不会，我们必须得自己有这个意识，才能找到应该做的事情，对吧？

第二点，刚才我们一直讨论的一个问题，专业现在对我们来说可能已成为一点束缚。虽然医务社会工作者不是真正的医生，但是我们确实需要谨言慎行，不可能跟患者家属说一些我们没有把握的话。即使是安慰的也不行，因为给她希望，最后她却失望了，我们绝对会内疚。所以说我们必须得一切都要围绕事实说话，不说的时候就不说，但一说必须得是事实、实话、确定能把握的话，否则就不说了，对吧？

另外一个就是，我觉得我们可能还需要进一步地去提高能力，因为专业确实有伦理，它要求的我们不能否认，但是我们还要在这个基础上想如何在尊重伦理的基础上，提高自己的沟通技巧，不至于是跟病人没法聊，或不敢聊，关键时候不敢说，这不行。该说的还是要说，我觉得这可能是我们能力需要进一步提高的地方。

第三点，我觉得我们还是得有责任心，一旦你接受这个任务，你就得拿出你真正的责任心去负责到底。说到底不是说从头到尾你完全一步不落，只是说在每个环节都要尽到我们社会工作者能做到的。比如说在这个问题上，我们不可能替她救死扶伤，这是不可能的，我们能做的就是陪伴。她需要说的事情我们倾听，她需要帮助的时候，我们帮她。我们愿意主动陪伴，至于她要不要你陪或者以后怎么样，这是以后的事情，反正眼下的话我们就要做我们能做的，要有这样一个态度。

第四点，我们确实也应该积极调整一下心态。因为我今天跟 M 老师讨论一个问题，我说我是第一次在医院经历生离死别，然后心情比较压抑。M 老师就跟我说，她理解，但在医院生离死别很多，并且在 ICU 这种地方护士都说了，这种事情基本上会经常发生的。所以说，我觉得我们应该有个心理准备了。

以后如果面对一些情况不好的或者怎么样的，我们要做的是，我们毕竟穿的是白大褂，不可能每次都像我今天中午一样，情绪那么压抑，这样也不可能很好地帮助别人。我们应该积极调整好自己的心态，调整不好也要想办法，因为我们还需要给患者做出一些表率。尽快调整好自己的状态，才能更好地去面对服务对象，给他们一些安慰。如果我们自己状态不好，那怎么帮助别人，对吧？

最后我想说一下，可能与这个事件没啥关系，经历了生离死别，可能我觉得人生很多挫折跟生离死别比也不是啥大事。因为真正在医院里边，父母不管多优秀，在社会上是精英人士也好，或者不是精英人士也罢，只要孩子在医院或者人在医院，什么社会地位都没有意义了，你的挫折什么的都是沧海一粟，对吧？所以，既然我们在医院实习看到这种情况，我们既要更加注意自己的身体，同时我们又应该觉得生活学习压力什么的确实有，我们很烦，但是跟这件事情比不是什么大事，至少我们身体健康，至少我们还能够穿着白大褂去服务别人，我觉得这个真的就是一个启发。

八、组员整合收获

M：要给你们一点时间吗？你们觉得今天我们后面一起谈完这些之后，你们自己有什么样的收获？或者你们觉得这样的团队督导的形式怎么样？因为现在是我带大家一起来做，可能中间有很多我的观点的参与，但是之后的话，可以你们自己来带，我完全是一个参与者，或者完全你们自己来都有可能。你们可以看一下。

C：那我先说，其实我有一个最大的收获，今天 A 在 ICU 门口选择了陪伴，这是对我很大的一个，也不能说冲击，冲击这个词不太好有点负面，但是真的是对我一个很大的启发，怎么讲，触动吧。因为如果是我的话，我虽然学了社会工作专业好几年，但是我好像还没有办法做到这样，所以说真的是我的一个榜样，今天的这件事情，谢谢你，也是我今天最大的收获。

B：我最大的感受就是我们真的还要再勇敢一点，因为我想象中就是A回来可能会表现得非常的压抑难过，可能甚至还会掉眼泪，但是我看到的A是非常坚强的。他在那里，虽然他在吃饭，但是我觉得他可能吃饭的速度比以前更慢了一点，但是我整个人觉得他状态是比较理性的，就是不要把这种情绪搞得太过于悲伤，要理性一点。

B：然后我再说一下刚刚对这个小组的看法，我觉得可能是我们第一次参加，还有那么一点点的不适应，因为我就觉得有那么一点点不适应，因为我们中途有很多沉默的尴尬状况，我自己觉得那个状况我并不是说我是陷入了沉思尴尬了，我是真的自己尴尬了。然后我觉得要向M老师学习，就是M老师她可能看到我们这种情景，然后M老师自己抛出一个问题，然后我就发现M老师抛出一个问题之后，接着D、C，我，然后我们又仿佛开始了新一轮的讨论，我觉得这种形式蛮好的。然后我们自己的话也要好好地去适应这个过程，然后从不同的小伙伴身上学习不同的观点和看法，我就分享这么多。

D：我觉得比较可惜的是我们刚刚问题没讨论完，或者我是觉得我那个问题的澄清，可能占了很多时间，然后别人如果有问题就提不出来。然后对于时长规则，我觉得可能也避免沉默的尴尬，没到时间就没到时间，然后到了时间就把当前这个问题说说。有可能没到时间，不结束可能是比较陌生的一个团体，他们不好意思说，然后用这种沉默去促使他们开口，但是我们这个团体好像还算可以。

E：因为我之前也没有遇到过这种，然后我觉得如果是我遇到这种，给我最大的启发就是，我觉得社工自己的心情，别人已很难受了，然后我们心情再难受也跟着影响服务对象了，这一点给我最大的启发，因为我觉得如果我处于那个环境可能就跟对方一起哭了，这样的话她可能就更难受了。对，所以我以后也要好好控制自己的情绪。

九、同辈督导后的督导者回应

M：我们最后没解决的问题是什么？

D：就是我们应该回应到什么程度、同理到什么程度。

M：你们现在对这个问题有没有……

D：还有在专业上，有没有一些伦理指导？好像似乎觉得是有的。或者说我们今天讨论的结果，比如说给予适当的重复总结，然后不给过多的希望，这是我们今天讨论下来的结果吗？

M：还有啥嘛？

C：不知道讲啥啦。

M：因为到了这个阶段，我们本身的定义是一个同辈督导，更多的还是想通过大家的分享交流，然后一起来解决问题。但是到了后面其实有一些讨论的时候，你们全是看着我的，对吧？就是你们总会希望从我这里得到直接的答案，但是我的目标是，在这个过程当中，尽量还是往一个同辈督导的一个方向去做，所以这个问题如果我们不去打断你，后面的也许也没有办法完全解决这些问题。

M：因为现在给你们时间在这讨论，讨论出来的问题，可能也只是说我觉得可能怎么样，你也不一定能找到最后的一个结论，所以我就考虑我还是打断了。还有就是时间永远是有限的，问题是永远讨论不完的，所以也许他提的这个问题很重要，下次同辈督导的时候就可以作为一个集体讨论的话题，而且以后我们去带领小组也好，去做个案也好，都会面临时间有限的问题。就像A，今天我们为了陪这个孩子，N床的孩子，我们没关注，他一直在里面哇哇叫，可能你前面去的时候他在做治疗，但是这边抢救，那边他一直在哇哇叫，N床的孩子，我们上午的时候觉得他状况很不好，一直在哭一直在喊疼，结果我们在那观望一床的时候，他被推回普通病房了，情况转好了，可以见他爸爸妈妈了。这个孩子，我们没有继续跟进。

M：一样的，周围还有很多其他的孩子，包括我们今天走的时候有一个比较乖的孩子出院了，但其实他在住院的过程当中，他是清醒的。我们在看一床的时候，那个孩子在四五床那边，他能看到一群大人围在那边，在那很着急的那个样子，包括别人的妈妈、别人的爸爸突然进来了，在他身边跟他说话，那这个孩子有没有一些什么反应，他需不需要我们的关注呢？

M：我们必须面对现实的问题，我们自己的时间是有限的，而且作为社会工作者来说，我的时间就是他的资源，我把所有的资源都给到了这一个家庭，那对其他的人来说就不公平。而且换一个角度来说，这个世界上他们的世界里面本来就没有我们，我不在那里的话，他的日子照样过，他的事情照样往下发展。

M：我在那里我给了他力量，前面我们一直都讲的是我在那里就是在给他力量。但是我要泼冷水了的时候,我在那里是给了他力量,但是这个力量有多大,是不是说我不在那里,他一切就完蛋了,事情还是会有它发展的脉络的。有时候我们要很重视自己的意义,但是另一个如果做一个社工,你不能够承认自己的话,后面会越来越难做的。

M:我们只能在自己能力范围之内,我在保证自己的健康、保证自己的正常生活的前提下,力所能及地提供一些帮助。不管是做什么样的助人的工作,都要认识这一点。

M:我想爸爸总的来说问题不大,从他前面的表现来看他是镇定的,他内心有很多的悲伤,但这个悲伤不是我们一天之内能去处理完的,他要很长的时间的。而且很多的悲伤,悲伤是一件自然的事情,如果你家里出了那么大的事情,你真的非常的冷静,这个才是有问题的。这是正常的。

M:而且从他们两个夫妻的这种表现来说,他们也是可以一起渡过难关的。因为他们一直就是两个人一起,后来是两个人一起坐在谈话室里面。然后医生跟他说完的时候,开始是我跟妈妈在里面聊,后来医生过来之后我俩就在外面了,然后把爸爸叫进来两个人一起在里面谈,到了后面进去看完了出来,是爸爸和妈妈一起在里面待着,妈妈在哭,爸爸就这样(抱着她的胳膊看着她),就这样看着她安慰她就够了,对吧?我本来还想如果爸爸在旁边一直跟她说"你不要哭了,这个时候哭什么",如果是这样的话,我可能还凑过去,说爸爸抱抱妈妈吧,我可能也就这么说。但是他们是在相互安慰、相互支持的。我们只是起到一个陪伴的作用,或者说我们不放心,我们在那里看一看,但是没有必要再继续下去了。

A:我今天本来是想着,要不然就陪到最后,该检查检查,然后收拾收拾,最后直到他走了我再走。我的设想。

M:你现在遗憾吗?没按照你的计划把事情做完,你会觉得遗憾吗?

A:我有点遗憾,说真的,说句心里话,我还是想做到底。确实挺累的,不能否认,但毕竟我就是累,但他们却是绝望。

M:不过,如果那样的话就不知道到几点了,而且我们也没有时间再去处理这个事情。她们(同学们)会更担心,A怎么还不回来,然后等她们离开回去的路上,想,哎呀做的是什么事情,这个周末过不了,对吧?那就这样……

同辈督导示例(三)

同辈督导的九步模型可以用于实习生之间,也可以用于督导者之间。督导者在平日督导实习生或者同工的过程中，也会产生很多的困惑和压力，但也会积累很多宝贵的督导经验，可以通过同辈督导九步模型，给予彼此支持。如果督导者来自不同的领域，那么就可能产生更多思维的碰撞。

下面的这个案例来源于中欧督导培训项目，参与该项目的有来自各高校的学校督导，也有来自各机构的机构督导，大家共同体验同辈督导九步模型的过程。在学习的过程中，针对"督导过程中遇到的困惑和挑战"这一话题进行了一次同辈督导的实践。

具体督导过程如下：

（1）每人1分钟的时间分享一个挑战（6分钟）。

①实习生认为困境儿童学业辅导不是专业服务。

②实习生对职业/专业认同度不够。

③实习生思维混乱，无法聚焦专业。

④实习生团队中出现人际矛盾和冲突。

⑤实习生缺乏实践与文献检索相结合的意识。

⑥实习生想做的服务与机构安排的事情有冲突。

（2）讨论确定本次同辈督导要讨论及处理的问题（1分钟）。

组员共同确定问题1与问题6是较为类似且普遍发生的问题，因此确定"实习生对服务的认识与机构对服务的认识不同"为本次讨论的问题。

（3）确定本次同辈督导的计时员（1分钟）。

组员共同确定本次同辈督导的计时员，确保接下来每个环节能够按规定时间进行，并且做好本次督导记录。

（4）进一步阐述问题或挑战（5分钟）。

①实习生在接受社会工作教育的过程中，学习到的主要是个案工作、小组工作和社区工作三大服务方法，其他方面涉及较少，这与现实中的社会工作服务有差异。因而，实习生在实践中，容易受限于教育的框架，缺之实际情境的变通。

②机构的工作和实习生的实习任务需要有效结合，而非割裂。如何将实习计划通过具体的工作情境和服务对象而实现，需要学校、机构和实习生三方提早协商，可以减少不必要的误解、分歧和矛盾。

③实习生认为给困境儿童辅导功课的服务属于一般性的志愿者服务，是对专业服务的狭隘化认识。与服务对象建立关系需要具体的情境和时机，辅

导功课是否就是这样的机会？该如何从专业视角看待这项工作？实习生是否有反思，是否有督导者做引导？

（5）互动讨论议题呈现出的问题本质（8分钟）。

①机构的要求与实习生对专业理解有差异。机构督导认为给困境儿童辅导功课也是与服务对象建立关系的重要方式，专业服务要基于专业关系的建立，也需要满足服务对象当下的需求，实习生认为专业就是三大方法的运用。

②专业服务缺乏界定标准。什么是专业服务？可能每个人的理解都不一样，但是没有一个权威的答案，来明确专业服务的界定标准，所以角度不同，可能最终的答案也会不同。

③理论（学校）与实务（机构）在专业上的互动/分享不足。学校里学到的以知识和理论为主，机构比较多的是侧重于实务技巧和工作方法等，在理论与实务之间存在一定的差距，需要更多的互动和分享，才能减少这些差距，让理论与实务更加贴近。

④实习生的思维存在局限。有些实习生认为，只有治疗性服务才是专业服务，在实务中过于追求技术的运用，忽视了以服务对象利益最大化为先的多元服务。

⑤学校的课堂教育重方法，思辨性训练不足，对于社会问题、多元人群的生态状况等，了解不足，实务案例讨论多为虚拟/角色扮演/视频等，缺少真实的案例过程，无法对技术学习的有效性及适用性进行检验。

（6）问题的提出者退出，其他成员讨论问题应对的方法（20分钟）。（该环节其实为九步模型的第六步及第七步，此处将两个步骤合并了）

注：问题提出者退出至1米以外，可以独立思考自己所提出的问题，也方便其他成员可以在不用顾及问题提出者面子的情况下，更为自由地讨论问题，并给出建设性意见和建议。

①提前识别/双方确认可做的专业服务内容。由于每个人对于专业服务的理解不同，就更加需要提前沟通，双方可以表达自己的不同观点，在沟通中达成一致，再进行实务工作的安排。

②机构及学校可以共同对专业服务进行界定。机构和学校对于专业服务可能也存在不同的理解，也需要通过沟通理解彼此的界定和想法，尽可能通过多种方法来满足服务对象的需求。

③调整实习生对专业认知，实习前应明确对服务的理解，并对所要进入

的机构以及服务的人群进行系统的学习，比如提前一个月做相关人群及其所处环境的文献阅读，提升文化敏感性。

④实习生在实习前准备应充分。在进入实习前，实习生需要掌握多元的专业知识，以及进行心理建构。

⑤机构与学校应进一步加强持续沟通，做好实习生的实习安排，如实习内容、具体安排以及如何评估等。

⑥实习生的双向选择。可以结合实习手册的内容和要求，提前安排实习生进行机构参访，同时机构也可以进行实习生面试，通过双向选择的方式，来更好地匹配实习生和机构，满足双方的需求，做出最优的选择。

⑦非专业部分的"适度"处理。实习过程中很有可能确实存在非专业部分的工作，可以设置一定的比例，如规定行政工作的比例，在这个比例下，实习生可以参与机构的部分非专业工作。

⑧学校里的教育部分应更多元化、知识应更丰富，尤其是MSW在读的本科非社工专业的实习生，应考虑其可能在基础知识及实务训练上有所缺失。

（7）问题提出者聆听其他成员讨论并总结出的对策与建议，随后选出自己认为有用的建议。

本组问题提出者获得的认为有用的建议是（15分钟）：

①增加面试环节。给予机构选择的权利，让机构通过面试选择与机构项目及理念更加匹配的实习生。

②实习生应有事先准备。提前一个月对服务人群有系统了解，了解不同人群的特征以及需求，从需求出发，去设计专业服务。

③机构与高校应保持持续沟通。机构与高校之间应该逐步形成沟通机制，针对实习生的实习情况，定期进行沟通，了解彼此的想法和要求，并且达成共识。

④实习生的认知准备（心理建设）。实习生在进入实习前，需要做好充分的心理准备，可能实习的过程中会存在很多其他情况，需要去克服很多困难，解决与服务对象的各种问题，通往专业的道路并不一帆风顺，但是每一步都非常重要。

⑤专业服务的空间可进行拓展及划分。对于专业服务的理解可以更加广泛，可能不仅仅局限于治疗或者三大服务方法，也可能是如何与服务对象建立关系，或者专业价值理念在实务工作中的呈现等，一些看似不起眼的工

作，也可能是专业服务中重要的一环。

⑥实现双向选择。让实习生有选择机构的权利，也让机构有选择实习生的权利，在这个双向选择和沟通的过程中，达成一致目标，这样也有助于实习的开展。

⑦学校在实习前应加强对实习生的专业敏感度训练。实习生对于服务对象的需求，可能不一定能够很快感知到，这个能力需要在学校的课程中进行训练，以提升实习生的专业敏感度，为实习做好充分的准备。

⑧在实习前或实习教育期间，可加入多形式的专业训练，如推荐书籍、影片讨论等。

（8）分享收获与感悟，每个成员自己写，写完可在组内分享（4分钟）。

①感受到了督导者在实习教育中的重要性。实习生缺乏实习和服务的经验，因此出现一些问题和困惑是可以理解的，这个时候督导者的角色就非常重要，可以帮助实习生答疑、解惑，给予情感上的理解和支持。

②多元背景的督导者做同辈督导者互动效果更好。本次督导由于大家是来自不同的领域，有学校督导，也有机构督导，所以能够从更多的角度去思考同一个问题，想到的办法和思路也更加多元化。

③压力在互动过程中得到释放，情绪得到了支持。在同辈督导过程中，督导者的压力也得到了释放，因为大家遇到了相似的问题，获得了彼此的理解和接纳，在倾诉的过程中，负面情绪得到了缓解，获得了同辈的支持。

④获得了更多解决问题的方法，有效缓解了现实困境。整个过程督导者最终得到了解决的办法，看似困难的局面在大家的探讨中找到了很多出路。

⑤同辈督导过程中，问题的提出者是收获最大的，感谢所有组员给予的支持和建议，跟大家在一起探讨问题解决问题的过程很幸福。

同辈督导九步模型在督导过程中，每个环节或者说细节都非常重要，直接影响督导的成效和开展的过程，有一些通过实务督导过程总结的经验和注意事项需要大家注意。

①话题要聚焦，表达要简洁。九步模型的每一个环节都有严格的时间限定，为了提高沟通效率，要始终能聚焦主题，每个人的表达都需要简洁、清晰、直观，就问题本身而谈，减少发散性的表达，保证每个问题都可以得到充分的讨论和挖掘，否则就会出现拖延、讨论不充分等问题。例如有一次在社工之间的同辈督导中，大家讨论"在服务中会遇到哪些困惑"，由于话题

太大，有的人在说与服务对象沟通时遇到的困难，有的人在说和合作方谈项目时没有主动权，有的人在说不知道如何评估自己的服务是否专业……实际上，大家说的都是不同维度的困惑，需要经过讨论聚焦在某个范围内，否则很难取得有建设性的共识。

②计时员需要承担更多功能。时间管理对于督导的重要性不言而喻，而计时员在整个过程中的重要价值毋庸置疑。计时员的提醒和引导十分关键，一方面需要把控每个环节的时间，另一方面也需要适当把控讨论的主题，注意是否偏题或者是否聚焦，随时提醒组员。被推荐为计时员的组员务必要重视自己的作用，在督导过程中行使好自己的权利。

③督导内容需借助工具记录下来。同辈督导的过程基本是口头表达，每个人都参与其中，不方便在进行中做记录，以免影响参与的投入度、整个小组的完整性。为了避免重要信息的流失，方便组员之后的回顾和反思，可以在组外安排一名记录员，通过观察督导的过程，记录重点信息；如果能获得大家同意，也可以采用录音的形式，组后可以通过转录保留督导的全部信息。

④同辈督导的结构可不断优化。比如通过多次实践，发现在问题提出者退出讨论，大家发表各自想法之前，增加一个鼓励和肯定的环节非常有必要。因为从问题提出者的角度来看，听到大家给予的积极正面反馈，可以增加他的自信心，学习一些做得好的方法和经验，同时营造一种正向的沟通氛围。接下来大家再表达自己的想法时，也更加容易被问题提出者所接受，防止产生一种大家都在评判我做得好不好的不良感受。

本章主要介绍了同辈督导的内涵、优势和局限，以及具体操作原则和过程，最后重点介绍了哥德堡大学研发的同辈督导九步模型和实务案例，但其实还有很多同辈督导的具体操作方法，需要大家在督导实习生或者同工的过程中不断去思考和探索。不管使用什么流程和步骤，不变的是从被督导者的需求出发，以人为本，在同辈督导的过程中，不断发掘和探索他们的优势和经验。当前我国社会工作处于快速发展期，资深的一线社工越来越多，积累了众多的实践智慧。同辈督导可以最大限度发挥社工自身的主观能动性，使其贡献自身的服务宝藏，进而碰撞出更多接地气、本土化、特色化的智慧火花。

第十章 实习中的研究

社会工作实践研究是社会工作学科专业的特性,也是社会工作知识的本质和研究取向跟其他社会科学的分野之处。但是,在中国内地,社会工作作为一门正在发展中的专业学科,其实践研究的特质没有被充分了解和认识,也由此带来社会工作学科内外一些有关社会工作学术的质疑和批判的声音。

——王思斌(2015)

对每一种专业而言,研究型思维与态度是专业自决的基础。自决能力与全面的专业认同密切相关。在所有专业研究中,帮助学生建立与研究型思维与态度相关联并以此为基础的全面专业认同具有重要意义。专业实习是帮助学生建立这种研究型思维与态度的重要过程,它不仅仅指在实践活动中检索、选择、应用已有知识,还包括生成新知识的过程。

第一节 研究对于社会工作发展的意义

社会工作要实现真正的专业化,就必须有科学依据。

一 社会工作学科发展中的研究

作为一门实践性学科,社会工作是一门与研究紧密相连的学科。

首先,从学科的性质来讲,社会工作既是一门学术学科,又是一个专业实践领域。作为一门学术学科,社会工作虽然强调实践性,但并不意味着它的专业发展要忽视传统科学研究和知识标准,相反,社会工作研究的方法论和认识论与任何社会科学研究都是相同的。而作为一门应用性学科，社会工作与社会学、政治学等无须特定专业资格的社会科学不同。社会工作研究的目的是产生与专业自省相关，并有助于专业政策和实践发展的知识。从这个意义上说，用研究支持的社会工作概念、知识与专业的充分性发展密切相关，而专业的充分性发展又与职业合法性的获得紧密相连。研究是其专业化、职业化的基础。

其次，从学科的特点来讲，实践与研究的结合是社会工作学科发展的本质特点。社会工作知识与实践紧密结合在一起，而如何获得这些实践知识，将这些知识再作用于实践，进而在实践中创造新的知识，是与研究直接相关的。2014年，世界社会工作者联合大会上将社会工作定义为：是以实践为基础的职业，是促进社会改变和发展、提高社会凝聚力、赋权并解放人类的一门学科；它的核心价值是尊重生命与人的尊严，维护社会的公平与正义；它的职责是致力于应对生活的挑战，倡导积极的社会政策、提供有效高质的社会服务以提升人类的福祉。从这个定义可以看出，社会工作不仅是专业从业者的职业活动，更是一种专业体系，包含价值、知识与技能，从政策到服务，沟通微观与宏观。作为一种专业体系，社会工作专业要不断地应对生活的挑战，将专业自省和发展的元素融入知识生产中，增加了对研究的需求。从本质上讲，根本问题是我们需要什么样的社会工作：一种以研究为基础的智力活动，还是其他并非基于研究的单纯的技能型活动？对此问题的答案与我们对社会工作性质、使命和职能的理解直接相关。在深层次上，它关系到我们对理想社会发展方向的看法，即我们想要建设什么样的社会，以及我们如何看待社会工作在其中的作用。

最后，从学科的发展来讲，社会工作研究并非纯粹为了研究而做研究，为了理论建构而建构理论，而是为了实践而研究。这正是社会工作知识的本质，与其他学科的区别之处。一般其他社会科学研究的目标主要是理解社会、描述社会现象以及解释社会的运作、社会问题形成背后的原因。虽然社会工作也同样从事这样的研究，但社会工作会更进一步探索解决社会问题的方法和路径（古学斌，2011）。因此，面对新问题，如何解决问题，解决问题需要提供什么样的服务，如何提供服务，怎样证明服务是有效高质的，成为社会工作学科发展的关键问题，而这些问题的回答也要求社会工作群体注重和开展社会工作研究。

因此，以研究为本的社会工作是指以科学思维方式为基础的专长，要求被作为一门科学学科来发展。作为一门研究相关性的专业和学科，社会工作将其本身定义为以科学教育为基础的独立专业和实践领域。

二 教育、实践与研究脱离的现实困境

国内社会工作恢复发展于20世纪80年代末，至此西方社会工作发展已有近百年历史，理论与技术相对成熟。在中国社会工作发展的初期，大量引进了西方的理论与技术，有些很快在现实中运用起来，带来了早期学科发展的繁荣。但是初期过后，问题就显现出来了：（1）引进来的理论和技术没有研究支撑，对其背后的体系架构、相互联系、运用逻辑缺乏深刻的了解，在使用过程中知识碎片化，实践只能蜻蜓点水，难以系统性解决问题；（2）引进来的知识没有经过实践研究检验，在不同的文化、政治、制度体系中运用，极易水土不服，在解决问题时也力不从心；（3）安于翻译和引进，没有研究和知识创新，在碰到新问题时一筹莫展，找不到解决策略和路径。

经过最初的迷茫后，学术界开始强调研究，但又出现了研究与实践脱离的问题。学术界对社会工作的研究通常由拥有研究技能的专家学者们垄断，研究者和实践的行动者在研究过程中是割裂的，学术研究生产出来的知识与实务界也是脱离的，其知识的生产并不能有助于实务界的实际工作；另外，政策制定者也很快发现学术研究脱离现实，并未能为政策制定带来实质性的建议。尤其近年来，随着政府购买服务制度的发展，许多社会工作服务机构需要更多地对自身服务进行评估，从而证明其服务本身的有效性；也需要对服务经验进行总结，产生指导下阶段服务的实用知识；还需要对捐款人和服务对象负责，报告介入成效，研究越来越重要，但现实的研究也越来越无法回应这些需求。

教育、实践与研究脱离的现实困境制约了中国社会工作的发展，从最初的教育先行到教育滞后于实践发展，没有研究支撑的教育无法引领实践的发展，实践亦无法回应现实的需要。一方面，培养的学生感受不到专业的魅力，难以产生专业认同感，要么选择不进入行业，要么进入行业的学生，在面对现实产生诸多无力感时，很快又无奈地选择离开；另一方面，政府和机构对社会工作的专业性充满期待，亟待他们提出可行的解决策略，但常常也无惊喜。

社会工作学术共同体内部不少具有反思和批判精神的学者开始提倡学术转向，他们致力于寻求与实践联结的研究方法，希望研究的产出能为政策提出实质性建议，能够为实践和行动带来指导意义，更希望知识生产活动（包括研究本身）能够更好地改善现有的实践，从而更好地服务社区和民众。

三 社会工作实务研究的特点

社会工作学科中的研究有一般社会科学研究的特点,强调研究的社会性、可观察性、可验证性,但社会工作研究也有其独特性。

社会变化引发需要创新式手段解决的社会议题。社会工作者则需要凭借自己对立法、政策、服务体系和复杂生活情境的分析和研究应对社会变化。因此,社会工作的研究直接与这种应对相关,不仅强调描述、规范问题,还要关注解决问题的具体过程,如识别问题、了解服务对象需求、探索适用的评估工具,开发兼具创新和远见的工作方法和流程、提供与本地文化相融合的服务等,每一步都与研究紧密相连。

因此,社会工作实务是关于如何通过对实务的研究挑战现有实践,以及根据我们在实务中亲身的经历发展出新知识和新想法的过程。它有两个重要的目标:一方面,研究者是在其专业角色的社会实践中进行研究,是为了改善实务工作和更有效的专业实践而做研究,并不是为了研究而投身观察其他行动者的社会实践;另一方面,社会工作是有浓厚价值介入取向的专业学科,实务研究本身也是一种社会实践,通过研究的过程,探究介入和改变社会的方法,消除社会不平等、实现社会的公平与正义。

第二节 以研究为导向的社会工作实习

作为一个专业体系,社会工作包含了研究、教育、实践三个要素。科学研究是指以科学教育为基础的智力活动,且与实践紧密相连。

一 社会工作实习中研究的意义

社会工作服务依赖以研究为本的知识,这些知识和与实践活动相关且是其所需要的。科学质疑、分析和论证能力是这种导向的普遍趋势,这些能力的培养是专业实习的核心目标。

在新的挑战不断出现的时代里,人们越来越期望社会工作者能为解决新的问题提供相关描述、解释、规范、预测,并参与知识管理、规划和福利策略制定过程。这显然需要以研究为本的知识生产能力。对此,必须将科学的思维方式、研究的方法技能和知识生产型工作导向专业培养的核心。

从教育的视角来看，这些核心能力的培养以及核心目标的达成既涉及课堂理论学习，也涉及在实习中的实践研究，并在实践中对这些能力的达成加以考核。研究、教育、实践是社会工作专业体系的三大要素。失去研究，教育无法培养具有主动性，能够进行科学性思维的学生，没有研究指导的实践，不但无法有效验证知识，更无法生产新的知识以推动实践的发展。

在实习中加入研究导向是教育和实践的双赢，是在课堂与实践之间架起的桥梁。对于机构来说，在社会工作发展初期，机构面临诸多发展瓶颈，很多新的问题需要应对，很希望高校可以助一臂之力，通过高校教师指导的实习生的研究帮助解决相关问题，推动机构和专业的发展；对高校来说，实习的一大障碍就是机构的专业化程度较低，无法帮助学生体验专业性，导致教育培养目标无法达成。而以研究为导向，机构与大学之间紧密联系，是提供高质量社会工作教育的重要途径。

二 以研究为导向的实习的主要特征

以研究为导向的实习实际上是借助大学和机构之间的合作关系为教育和实践发展提供机会。目前来看，最佳的以研究为导向的实习方式是实务者与研究者的协同，彼此可以互相学习。这是一种建构专业知识的整合方式，研究者一方面在实务中能更理解实务过程的复杂性，另一方面在实践过程中寻求更加有效解决问题的方式和方法。因此，在实习中的研究几乎都与专业决策相关，是学生习得专业决策能力的过程。

决策是一项基本的人类活动。决策过程与对问题解决和论证过程的科学理解密切相关，从确定研究问题开始，到生产有效知识结束（Saaty，2008）。社会工作处理的是复杂的社会现实问题，使决策变得相当复杂。社会工作助人关系的独特性就在于其服务对象的多样性和服务领域的差异性，需要在不同的组织背景下与不同的服务对象打交道，其职能和方法也因而出现差异。决策技能与服务质量之间的联系是显而易见的，但要界定合适决策的标准并不容易。显然，现实中，人们决策越来越少地通过证据证明，而越来越多地基于其他原因。在社会工作实务中，可能也很难找到基于证据的决策。但无论如何，有充分的理由相信，需要通过练习，让学生通过与专业决策相关的数据采集和逻辑分析来熟练搜索证据，以便于做出更适当的专业决策。

专业决策需要实习生针对特定服务对象提供从个案工作、小组工作到社区工作的各项服务，完成需求评估、策略决策、方案规划、专业介入等，这需要具备规划、判断和决策能力，其中包括了解影响专业决策的关键因素，界定专业判断与服务质量标准之间的关系，获得决策需要的技能等。

有效的推理和论证原则可能是进行专业判断和决策的有用起点。例如，Toulmin（2003）的论证模型提供了一个有用框架，其中强调了将证据作为合理论证的基本标准。判断、论证和决策是同一智力过程的相互关联方面，旨在得出一个有效结论。

由于人们的生活情况十分复杂，做出适当决策并不是一项简单易行的任务。提高学生决策能力的一个有效途径是让学生真正地参与决策、与他们讨论不同的推理过程并让他们参与结论和论证。具体的方法包括以下两个方面。

第一，虚拟情境法。决策的理论基础可从课堂中学习到，具体的运用则可使用真实或虚构的案例进行练习。用于审查专业决策过程的虚拟情境法是反思社会工作决策合理性的实用学习工具，为基于虚拟情境的练习提供了反思和比较不同推理和决策模型的机会。这种反思和比较可以作为一种方便的学习工具，用于提高学生对专业决策中的合理性变化和复杂性挑战的理解力。一般来说，在复杂的现实中，不仅有一种正确的判断和决定方法，而且还有几种或多或少较好的选项或者不适宜的推理。利用虚拟情境法的演练可以帮助学生了解不同的适用方法的利弊。此外，它还可能表明相关知识在适当判断和决策中的重要性。

第二，系统性学习法。系统性学习法为全面的知识支持型学习提供了一个适当框架。自这种方法在 20 世纪 70 年代被引入社会工作（Pincus & Minahan，1973）以来，众多学者试着从不同视角加以扩展，包括在特定情境中的学习。总的来说，需求评估、介入/干预、评估被认为是系统化工作程序的三个阶段，在社会工作实践中被看作是问题解决的基本框架（Compton, Galaway, & Cournoyer, 1999）。因此，有必要通过实习对这种系统化的方法进行学习和练习。针对具体领域，在社会工作的各个子领域从需求评估开始，对服务对象的生活状况、风险和需求进行全面了解，到获取相关知识，结合法律、政策和职业伦理进行专业介入和干预，再到利用不同模式和方法的评估，在每个环节培养学生的专业决策能力，为系统性解决问题提供机会。特别要强调的是，在系统性学习中，知识支持型推理是独立于工作领域的系统化方法的重要组成部分，是所有实践领域所需要的一种一般专业技能，在实地研究过程中，鼓励学生运用这种知识支持的推理能力系统化地解决问题。在运用系统学习法练习时，协助学生评估社会工作与其他职业之间的专业决策异同，让学生自己开展理性讨论和探索，并通过反思帮助学生通过关注其他类型的专业推理、论证和知识来更好地理解社会工作决策的性质。

在以研究为导向的实习中,督导者的任务是帮助学生进行数据采集和处理、开展知识支持型推理和论证,以及努力获得合理结论。这一经历可能会促进学生发展成独立从业者,并在专业决策和规划中增强其专业自信心。

三 社会工作实习中的研究类型

以研究为导向的实习架起了教育、研究与实践之间的桥梁。具体实习中学生采用的研究类型主要包括以下三个。

(1) 行动研究。行动研究是一个计划性问题解决过程,主要目标在于变化和发展。它旨在发现、调查并解决社会问题。Lewin(1946;1951)首创了行动研究的概念,将其描述为一种研究类型,包括旨在确定干预目标的螺旋式数据的采集过程,以及旨在实施目标和评估干预结果的行动,关注的是行动过程中什么样的动力和条件会带来什么样的结果和改变。行动研究的目的是改进社会实践,行动研究者希望找到社会问题的解决方案,推动更好的社会进步与发展。在行动研究中,研究者与参与该过程的所有其他各方之间的关系是合作和平等的(Bargal, 2014)。行动研究需要遵守八个重要的原则:①行动研究需要结合研究和行动;②行动研究是研究者和参与者的协同研究;③行动研究必须建构理论知识;④行动研究的起点是促进社会改变和致力于社会公平正义;⑤行动研究必须有高度的反身性;⑥行动研究要探索各种各样的实用性知识;⑦行动研究对于参与者而言是有力量的学习;⑧行动研究必须将知识的探究放置在更宽广的历史、政治和意识形态下(Somekh & Lewin, 2005)。在实习中学生既是行动者,也是研究者,通过一个系统化的决策过程参与解决社会问题。

(2) 开发性工作研究。开发性工作研究是一种创新型干预主义方法,用于研究和改造工作与学习。开发性工作研究是一种以活动理论为指导的研究类型,适用于工作、技术和组织领域。研究者和从业者共同调查、分析经验数据以及设计新的工作实践。研究者和从业者扮演着开发、变化和变革促进者的角色(Engeström, 1987; 2005)。开发性工作研究被视为促进工作场所创新的一项策略,研究实践的结果是产生了新的、普遍适用且有用的信息,这些信息通常涉及设计解决方案或变更实施过程。如在医院妇产科实习的学生在督导者的带领下,面临一个新的任务,开发一个以前没有的新的干预孕妇产前焦虑的项目,这个项目不但要减缓孕妇的产前焦虑,还要能对孕妇产后的抑郁有某种缓减作用。总体而言，开发性工作研究为工作场所情境中的创新解决方案创造了更有利的条件。对于这种方法，开发是主要目标，研究是次要目标。强调参与式开发，专家和从业者知识相互交流，专家知识直接指导变更进程（Alasoini，2005）。

（3）实践研究。实践研究目的是创造具有实用价值的科学知识，即通过实证研究产生实践知识。实习生将课堂所学知识运用于实践，但这不仅仅是单纯的实践，而是一种研究型的实践，它将在不同情境中的实践与社会科学中占主导地位的概念和理论之间建立了一种反思关系。在反思中推动知识的更新，甚至是新知识的生产。比如，实习生在成年残障者的服务中运用了"影像发声法"帮助他们倡导自己的权利，在这个过程中，实习生不但对"影像发声法"的本土化运用有了新的理解，而且对成年残障者的增能理论运用有了新的反思，最终结合两者创造了残疾人社会工作中一种新的介入视角和方法。实践研究强调参与原则，在这些原则中，不同的利益相关者（例如服务对象）参与社会服务的规划、实施、评估和开发。这种方法促进了社会工作知识和实践的"开放性"特质，其中研究者被看作是反思和对话的解读者（Julkunen，2011）。

在以研究为导向的实习中，督导者帮助实习生将实习过程变为一次"知识之旅"，在这场旅途中培养学生科学的研究思维，提高学生选择和运用适当研究方法的能力，将课堂知识与实践结合完成一次知识生产和再生产过程。

第三节 以研究为导向的实习的督导

督导者与学生的积极合作对于研究任务的成功完成至关重要。在本节，我们将特别关注督导在研究任务完成中的角色。研究不仅作为学生的学习任务，机构也会从研究中受益，在研究过程中产生的知识可供机构在未来使用。因此，在这个过程中，机构督导作为机构的雇员，不仅对自身工作采取研究型思维态度，而且还能在学生实践研究中提升工作的专业性品质，而学校督导作为研究者，研究本身就是实践学术理想，完成知识生产的过程。

一 督导前的准备

督导对于支持学生的研究过程非常重要。当然，关于研究的基本知识与技能是进入以研究为导向实习的必要条件，学生必须事先完成相关研究课程的学习。机构督导应当是受过良好专业教育的合格社会工作者，最好有相关的研究经验。因为研究涉及的可能比较广，集体原则被认为是有益的，即在某种程度上，除了指定的督导者之外，工作场所的每个人都可以参与指导。但是，由指定的督导者负责组织和规划整个督导过程。学生应在督导讨论中发挥积极作用，提出其感兴趣的研究议题。发现问题是实习生所要培育的一个基本能力。学生可以针对工作领域实践环节出现的问题提出议题，议题可以涉及以下主题：工作场所的组织、立法、伦理原则、所采用的实践方法，以及基于科学、研究和实践知识视角的社会工作知识改进和发展。学生最好在讨论前告知督导者其希望讨论的议题，并就该议题阅读了相关文献。

二 督导任务与职责

研究任务的完成是以研究为导向的实习的重要组成部分，研究过程各阶段的具体任务可能因研究任务的性质、选定的议题和方法，以及机构概况和机构文化的差异而有所不同。督导者在任务完成中的角色非常重要。在研究的每个阶段，对教师督导、机构督导以及学生的角色和职责描述如表10-1所示。

表10-1 督导与学生在研究不同阶段的角色

研究阶段	教师督导	实习督导	学生
论证	(1) 就理论和概念框架向学生提供建议； (2) 帮助学生了解与所选议题相关问题的最新研究知识	(1) 收集关于当地和机构需求（问题领域、愿景/任务/理想）的初步信息，但也需要收集机构员工和服务使用者的需求； (2) 将需求告知学生	(1) 就议题与督导协商，明确研究课题； (2) 进行专家访谈、概念界定、政策分析、文献综述、需求评估； (3) 创建研究框架
组织	(1) 联系机构及其管理层； (2) 审查研究计划并确保研究任务的范围符合课程要求； (3) 必要时与机构就资源问题进行协商	(1) 请机构相关人员参与研究活动； (2) 在管理人员批准后，通知并使相关机构和社区人员参与到研究任务中； (3) 确定所需资源； (4) 协助学生进行参与者/利益相关者分析	(1) 制订研究计划； (2) 确定机构内与研究任务相关的参与者/利益相关者； (3) 链接与研究任务相关的资源； (4) 选择合适的研究方法
实施	为学生研究任务的完成提供相关知识和技术的支持	在研究过程中支持和促进研究活动的实施	(1) 开展研究，包括数据收集和分析； (2) 记录实施过程； (3) 撰写日志以及正式备忘录和报告

续表

研究阶段	教师督导	实习督导	学生
评价	(1) 评价书面报告和文件； (2) 提供详细反馈	(1) 评价开发任务； (2) 提供关于每个步骤的反馈	(1) 收集评估文档，进行评估； (2) 撰写研究报告，详细说明所实施的活动
传播	支持学生为其结果建立一个抽象模型。	支持将生产的项目、模型、流程、知识落实到具体的实践中	将最终结果转化为简单的模型、程序、工具/手段、工作流程、手册、调查表等

资料来源：《中欧文校督导培训手册》。

1. 论证

督导者应与学生一起发现研究的议题。研究的目标是加强学生将课堂所学运用于实践，并在实践中加深对知识和研究技能的理解，预期结果将使机构受益。在此情境中，督导者在研究论证阶段的作用至关重要。首先，督导应了解机构在某一特定时刻所面临的主要问题，并意识到现实和理想情况之间的差距；其次，督导者希望带领学生应对这些问题。研究问题可以源于既有问题，也可以源于新发现问题，或机构的未来愿景，如机构未来想要开发的领域或项目等。

督导者通过提高对专业发展需求、案主问题的认识和了解，以及收集有关组织需求（问题领域、愿景/理想）的信息，为研究的规划做出贡献，并将开发需求告知学生。因此，与学生进行初步讨论和信息分享是关键步骤。重要的是，督导者能够为学生建议各种议题，以便学生可以从中选择。议题应当与学生的兴趣相匹配，以确保学生的积极性。

有关研究议题的提出需要督导有清晰的问题意识，对专业和日常工作采取反思和批判态度，并对更广泛的社会背景有所认识。从社会角度来看，论证阶段应增强对法律、政策、制度等社会结构的更广泛理解，以及对有关这些结构的传统态度和社会模式的理解（Beddoe & Harington，2012）。这种意识可能促成批判性反思问题的提出（Austin，Dal Santo，& Lee，2012）。督导者应当能够激励学生提出关键问题。但同时，他们也应当能够帮助学生将研究任务限制在与机构相关的现实和具体目标上。

2. 组织

现代社会工作强调证据为本，社会工作伦理也特别强调要促成专业的发展，因此，研究过程和研究结果的运用被视为社会工作者的责任，但研究任务的完成应当被视为一个组织问题，而不仅仅是个人责任（Beddoe & Harington，2012）。机构要利用研究来培养机构的研究型思维文化，并在开展社会工作实践中对研究的必要性达成共识，且管理层应当承诺将促进研究作为一个关键价值观（McBeath & Austin，2015）。督导者在向机构领导层陈述研究意义以获得支持，以及通知和促进工作场所的同事参与研究工作方面起着核心作用。通过加强组织支持，督导者可以在实践中促进研究友好型文化的发展和研究成果的转化与利用。

在此情境中，学生负责文献回顾以及制订详细的研究计划，督导则负责协助学生确定完成研究所需的资源。

3. 实施

作为一名具有研究意识的从业者，督导者在支持和促进研究实施的过程中发挥着关键作用。学生主要负责执行研究任务，而督导者则提供支持和指导。督导者可以设立所需的督导讨论次数，听取实习生报告任务完成情况，支持完成任务。在这一阶段，督导者应当监督资料记录过程。

在实施过程中，督导者负责就机构可用于执行任务的资源与机构管理层进行协商。非常重要的是，督导者要能够提出相关论据来论证研究可能给机构带来的益处。

促进其他机构参与研究任务也是至关重要的。它可能要求组织团队会议，并向其他员工通报研究过程，让其他员工意识到所计划的活动及其在活动中的角色。督导者也可以组织联席会议，以便学生能够介绍其想法，并从机构的同事那里征集意见。

4. 评价

督导者和学生一起拟定研究设计，并评估学生的研究设计，尤其是指导学生选择适当的研究方法。在评价情境中，督导者的角色是双重的。一方面，督导者协助学生评估研究过程；另一方面，督导者通过评估整个研究设计来评价学生的表现。督导者基于学生在实习期间的表现来评价研究任务。因此，必须区分对研究过程的评价和对学生的评价，尽管二者在一定程度上是相互交织的。在此情境中，研究不仅被视为学生的学习过程，也被视为督导者和机构的学习过程。

督导者的作用包括在研究中向学生提供反馈。由于各种原因，比如因为缺乏研究经验，给予批判性反馈有时非常困难；有时可能因为机构缺少足够的合格社会工作者或有项目需要完成，而希望学生能尽快在机构内以临时社会工作者的身份开始工作，使反馈没有有效开展。尽管如此，学生不仅有权获得关于成功的反馈，也有权获得关于其研究事项的反馈。成为一名专业人士是一个终身过程，所以学生可能在研究中有诸多不足和局限，但仍应尽可能以建设性方式给他们以反馈。在以建设性方式表达这些问题时，督导者将重点放在学生的能力和工作上，并力求把可以用不同方式完成的研究任务具体化。对督导者而言，反思自己的感受和可能态度也很重要。

4. 传播

最后，督导者的重要作用还体现在促成研究成果在实践中的转化利用。督导要使学生认识到撰写报告的重要性，并努力将研究发现以一种科学方式陈述出来。虽然有时传播计划往往与研究进程本身是分开制订的，但最好指导学生在制订计划时就将一些传播要求及影响因素考虑进去，并纳入最终的研究报告，比如创建一个展示主要结果的简化模型，或者形成一个指导手册等。督导者还可以协助学生在实习期结束时组织一次与机构员工的研究结项报告会，以分享自己的研究成果或指导研究成果的转化。

以研究为导向的实习是一个需要督导者和学生都全力投入的过程，督导的目标就是帮助学生协调各方资源，完成研究任务，达成研究目标，并共同推动研究成果的适当转化。

三　实习中优秀研究的标准

就以研究为导向的实习来说，一项实习中优秀研究的标准包括：（1）研究具有重要的现实意义，研究的议题对机构、专业发展、案主或社会是有价值的，有明确的需求评估；（2）研究问题已被确认和记录；（3）研究工作会使机构获益，且这种获益与该研究有内在的联系；（4）对议题相关研究文献具有广泛而深入的了解，并对以往研究知识进行了批判性评论；（5）对研究的基本概念进行了准确界定，选择的研究方法是适当的；（6）现有知识已被确定并在研究工作中得到了批判性应用；（7）研究结论被详细论证，在科学上是合理且令人信服的，并确定了供进一步开发的各种备选项；（8）研究的可靠性得到了深入评估；（9）研究报告撰写逻辑清晰，观点明确，科学严谨，且具有批判性和创新性。

第四节　以研究为导向的实习与督导示例

一　示例一：儿童保护的知识型规划与实践——一以研究为导向实习中的专业决策

一家机构正在实施一个困境儿童保护项目，但这是机构第一次接触困境儿童保护问题。正好有两位实习生在机构实习，对这一项目非常感兴趣，很想参与其中。机构总干事委托两名社会工作者作为督导者带领两名实习生组成小组，规划、判断和决策项目。

1. 社会工作特定规划

要帮助困境儿童首先要对其状况进行妥善评估。督导者要求实习生去查找相关文献知识，梳理国内外困境儿童评估和介入的知识和经验，包括量表、流程、技术，以及评估过程注意事项等。因为，评估涉及较多本土法律知识和政策，督导者联系资源，为实习生和项目组成员开设了两个工作坊，一个是关于儿童保护法律知识的工作坊，另一个是近三十年儿童保护政策变化的工作坊，帮助实习生和项目组成员获得相关的儿童保护的法律和政策知识。在文献知识梳理和工作坊之后，督导者请实习生将相关知识和经验汇总，就如何进行困境儿童评估和介入给项目组做了一个分享报告。项目团队反复讨论后形成了入户评估计划。

2. 风险评估

就项目而言，需要对儿童及其家庭进行预测风险评估，以确定那些由于中高风险而需要干预的儿童。评估的指标和方法有哪些？小组要负责制定风险评估的指标和方法的本地化版本草案。其中一名实习生想就该风险评估议题撰写硕士论文，以促进评估过程。督导者与实习生讨论该论文议题的理论价值和实践意义，以及需从哪些不同来源获取知识？什么样的硕士论文最能推进实践的发展，以及怎样研究使实习生可以更好地从中获益？讨论后确定了实习生的研究议题。

3. 跨学科规划

在对该地区困境儿童的状况与需求进行评估后，小组计划需要协调和建立一个跨专业团队完成计划的实施。该团队由机构社会工作者、一名儿童保护高校研究者、一名未成年人保护律师、一名心理学工作者、一名教育工作者和一名警察组成，以规划针对困境儿童的问题进行有效介入。督导者和实习生讨论，对以上各位成员在跨专业团队中的角色，以及在介入中可能提供的知识和专长进行梳理，特别明确了社会工作者在其中的专长，并规划团队如何从社会工作者的贡献中获益。

4. 基于虚拟情境的练习

规划后，小组安排了两次案例分析工作坊，从前期评估的案例中抽取部分有代表性案例进行分析，实习生发表意见，督导者给予回馈。案例分析后，对其中一个案例进行了介入的虚拟情境练习。一位困境儿童，女孩，7岁，母亲吸毒，未婚生子，父亲没有出现过，孩子生下来后也没有户口，半年前母亲因复吸被强制戒毒。孩子目前由外婆照顾。但外婆年事已高，有多种慢性疾病，表示自己已无力照顾这个孩子。孩子已过上学年龄，但因为没有户口，也一直没有入学。面对这个孩子，督导者和实习生一起模拟需要从哪里获取知识，如何与跨专业团队合作，需要链接哪些资源以便妥善介入。之后，实习生从个案管理的角度绘制了一份详细的困境儿童介入流程图。

5. 与行政有关的任务

机构总干事请小组为该项目的服务人员编制一份关于困境儿童保护的相关法律和政策的简报，以便让机构的社会工作者了解更多、更全面信息，在具体介入有更确定的参考。实习生在督导的帮助下编辑了一份最新的有关儿童保护的法律条文和国家、省、市有关困境儿童救助与保护的政策的汇编。

6. 策略规划

根据初步的评估，发现该地区有200余名需要介入的困境儿童，需要制定具体的困境儿童服务方案。规划小组决定将所有困境儿童根据评估分成高、中、低风险，然后根据分类分别介入。实习生在督导者的帮助下制定分类指标，完成分类，并根据每一类情况制定了相应的介入策略，并在每个策略中明确描述了社会工作者的角色。其中一名实习生在策略规划的过程中对这个议题越来越有兴趣，很想根据这个议题完成自己的毕业论文。督导和实习生详细讨论了该议题的研究意义、研究与项目开展的关系、选用哪一种研究方法更利于实习生收集资料、研究中可能碰到的难点和伦理问题，以及怎样的研究能更好地推动实践的发展。讨论后，再与学校督导反复商议，确定了实习生的研究议题。

7. 服务规划

在具体服务过程中，面对这些困境儿童，小组决定设计家庭支持计划，以增强这些困境儿童监护人的监护功能，增进儿童的福祉。实习生通过查文献，以及与督导沟通，寻找并明确哪些知识可能适用于这个需要被详细规划的服务中。最后，形成了一个较为详细的家庭支持服务计划。

8. 社区发展

在项目开展过程中，正好赶上11月20日的"世界儿童日"，出资方委托机构制订社区发展计划，以提升社区的困境儿童关爱和保护意识。督导者与实习生讨论，对于这项工作实习生可以从哪些不同来源获取知识，以便制订适宜的计划？社会工作者在必要的理论和知识方面可对规划过程做出何种贡献？实习生在与督导反复讨论后，拟订了一份详细的计划书。

二 示例二：戒毒效果影响因素研究——以研究为导向实习中督导的角色和职责[①]

一名社工本科学生在禁毒社会工作领域进行实习。实习过程中，实习生发现，戒毒人员的戒毒效果各有不同，她想要了解有哪些因素会影响戒毒人员的戒毒效果，向学校督导和机构督导提出了这个问题。督导者认为这是一个很有意义的问题，建议实习生针对这个问题进行深入的研究。

第一步，督导者鼓励实习生自行查阅与该主题相关的研究文献，并对影响戒毒效果的因素进行归纳。在浩如烟海的相关文献中，实习生感觉找不到条理和主线，向督导者寻求建议。

学校督导建议实习生从抗逆力理论入手，查找并阅读有关抗逆力的概念、作用模式、测量方法等资料。实习生查阅了这一理论的相关资料，学习到抗逆力是指个体面对生活逆境、创伤、悲剧、威胁或其他生活重大压力时的良好适应，它是一种面对生活压力和挫折的"反弹能力"或"缓冲能力"。进而她意识到，对于戒毒这一压力事件，抗逆力也许可以影响戒毒效果，于是进一步查阅相关资料。

在查阅了关于抗逆力在戒毒领域的研究资料后，该实习生发现，已有国外的研究表明抗逆力的提高对于防止出现药物滥用及戒毒有积极效果，同时也有许多研究发现了防止药物滥用和戒毒的保护因素和风险因素。国内也有研究表明抗逆力的提高可以增强戒毒所内的戒毒效果。

通过查阅文献，实习生了解了抗逆力的不同概念、研究范式、不同的测量方法，并针对具体的禁毒社会工作实务领域，归纳了抗逆力产生作用的相关研究结果，理论联系实务的能力得到提高。

实习生将这些文献回顾中的发现与督导者进行讨论，意识到如果通过研究揭示在禁毒领域中抗逆力的作用过程与机制，可以将研究结果应用于实务过程，通过培养和提高个体的抗逆力，进而帮助个体获得复原或应对压力事件，也就是成功戒毒。

督导者的第二步是帮助实习生进行批判性思考，目前已有的研究资料是否已经能充分解释我国禁毒社会工作实务中戒毒人员的不同戒毒效果。

---

① 该示例由中山大学卢玮老师提供。

在参与机构对于社区戒毒人员的服务项目的过程中，实习生了解到禁毒社会工作的相关规定及要求，意识到我国的禁毒社会工作的监管与服务双重属性。

在与机构督导讨论后，实习生认识到国内戒毒方式与国外戒毒方式的不同，国内戒毒由强制隔离戒毒与社区戒毒结合组成，而国外的戒毒多数是自愿的社区戒毒。抗逆力中的风险因素和保护因素的分析针对不同的人群、不同的情境、不同的发展结果有其特异性，同时也需要考虑文化背景的影响。因此，国外研究中的抗逆力因素不能直接应用于中国社会环境。同时，目前还没有针对国内社区戒毒人员的抗逆力研究。

通过这样的思考、讨论和文献回顾，实习生发现了在抗逆力对戒毒效果的影响中存在着研究空白。

督导者的第三步是与实习生一起讨论提出研究问题。通过讨论，实习生基于文献综述及实务思考提出研究的目标，希望通过研究找到社区戒毒领域的保护因素及风险因素，进一步通过社工服务提高抗逆力进而提高戒毒效果。督导者帮助实习生将研究目标具体化，提出了三个研究问题。

对于社区戒毒/康复人员，抗逆力能否帮助他们应对戒毒这个压力事件，对于戒毒效果产生积极影响？

抗逆力中的哪些保护因素及风险因素对戒毒效果产生影响？

社工服务能否对戒毒效果产生积极影响？

督导者的第四步是让实习生针对提出的研究问题设计一个具体的研究计划。

在设计研究计划时，实习生重新回顾了社会工作研究方法，针对研究问题，选取最恰当的研究方法。通过查阅相关文献及与督导者讨论，实习生学习到，既然已有的国外研究结果不可以直接应用于国内环境，那么需要先通过质性研究探索在国内的社区戒毒领域可能的抗逆力因素；然后再通过量化研究对这些可能的保护因素/风险因素进行验证。

督导者的第五步是让实习生参与研究计划的执行过程。该研究的研究问题及研究设计得到了学校督导及机构督导的支持，共同投入资源执行研究计划。由于实习生的实习时间有限，无法完整参与整个研究过程，于是只参与了研究的第一步，访谈。

督导者鼓励学生基于文献资料及实习过程中对戒毒人员的认识，设计半结构式访谈提纲,并在资深社工的陪同下,对社区戒毒人员进行深入访谈,探索社区戒毒可能的保护因素/风险因素。通过访谈,学生对于社区戒毒人员面临的困境有了更深入的理解,对于抗逆力因素有了新的思考,在不同文化中,抗逆力的因素及作用过程可能有不同的表现。

督导者的第六步是在实习期结束时与两位督导者进行最终讨论。实习生表示通过研究为本的实习过程,她对于知识、理论、研究与实务之间的关系有了新的认识。她提出,以往的实习中,容易想当然地去进行工作,或者基于本人或他人的经验进行工作,缺乏可靠的指引。通过这个督导过程,她认识到已有的理论知识可以指导具体的实务工作,提高了将理论应用于实务工作的意识和能力。

同时,通过批判性思考,她认识到,现有的理论知识也有其应用范围,研究结果的使用和推广要考虑其产生的背景及局限性,同时意识到,产生于国外的理论知识需要经过"本土化"的检验和调整。在实务领域的研究空白处可以不断通过研究产生新的知识,而新的知识也有可能在未来受到批判而产生新的研究问题。通过这样的螺旋式上升的过程,理论知识才能不断得到更新完善。

此外,她还深入理解了研究与实务之间的关系,通过研究,可以评估、验证已进行的实务工作的效果,同时,研究结果可以用于指导修正实务工作,或者形成新的实务工作手法。通过这样的过程,实务工作手法可以不断得到完善,效果得到提升,形成以证据为本的实务工作方法。

除了意识方面的提高,学生的研究能力也得到了很大的提升,她表示在这个过程中进行了严谨的文献搜索和回顾,学会了如何针对主题进行资料的查阅及归纳。如何针对具体的研究问题,选择合适的研究方法,为了解决这个问题,她对于社会工作研究方法进行了全面的回顾。而访谈的具体实践操作,让她进一步掌握了这一项重要的研究方法。

尽管在实习生实习结束时,这个由她开启的研究还没有结束,实习生在这个过程中的收获已让她的专业认同感得到提升。她表示,希望能进一步跟进研究的进展。在之后的从业过程中,将重视研究的意义,更多地在实务过程中开展具体的研究以及研究为本的实务工作。

三 示例三：针对有围产期情绪障碍潜在风险的女性的干预计划——研究过程与督导过程的互构

近年来，在大城市医院的围产期保健科，孕妇的情绪障碍问题呈持续上升趋势。科室跨专业小组由医生、护士、心理学家和社会工作者组成，他们负责计划、实施和评估非药物干预措施，旨在帮助女性在不使用精神药物的情况下缓解产前压力、焦虑和抑郁。

步骤1：论证

由医务社会工作者担任实习生的督导，实习生与督导者一起将问题概念化，并收集了有关孕妇围产期情绪障碍的初步理论和研究信息。他们还咨询了医生、护士。此外，他们分析了科室的过往和现有案例，与孕妇及其家庭成员进行了面谈。

在启动会议上，督导者向相关人员强调了这一主题的重要性和意义，鼓励实习生运用课堂上学到的理论和研究知识来解决问题。在实习第一周，给实习生留出时间对主题进行思考，并与学校督导讨论。

学校督导建议实习生阅读一些有关围产期情绪障碍的书籍和论文。学校督导向学生推荐了一本书《围产期和产后情绪障碍：观点与保健医生治疗指南》（*Perinatal and Postpartum Mood Disorders: Perspectives and Treatment Guide for the Health Care Practitioner*, Stone & Menken, 2008）。学校督导还让该学生阅读有关该主题的一般性文章，并就如何将社会工作观点融入医院环境中的发展任务向学生提出建议。

实习生开始查阅与该问题相关的文献。他了解到，在全球范围内，焦虑是孕妇普遍存在的心理健康问题，发生率明显高于一般成人群体。产前焦虑可能会给母亲和孩子的未来带来严重的负面影响。焦虑是造成孩子发育轨迹不良的危险因素（Dennis, Falah-Hassani, & Shiri, 2017）。

在阅读相关文献的过程中，实习生对该主题的兴趣明显增大。他希望采访相关领域的专家。医院的一位心理学家接受了访谈邀请。基于收集的信息和查阅的文献，实习生制订了发展任务计划草案，并向学校督导和机构督导做了说明。

步骤2：组织

机构督导将实习生介绍给跨专业团队，并让实习生参与发展过程。实习生与团队成员分享了文献查阅的结果，着重介绍了以下发现：正念为本的干预措施特别适合用于围产期女性。接受正念干预的妇女在心理健康状况方面表现出总体改善。团体性的正念干预可增强支持感和与他人的联系感，提升有经验的社会和情感支持水平，让思维模式更为积极并强化了应对机制（Lavender, Ebert, & Jones, 2016; Goodman et al., 2014）。

根据研究论文中提供的证据，团队制订了在医院环境中实施正念为本的干预计划，确定了试点发展项目的范围，并将该计划呈交至医院管理层。机构督导负责确定实习生在计划中的角色以及发展任务的内容。学校督导审查并批准了这项计划。医院管理层为科室开展的发展活动提供了所需的资源。

步骤3：实施

干预措施基于MindBabyBody计划（Woolhouse et al., 2014）进行设计，包括6次正念团体治疗课程。跨专业小组中的一名社会工作者在接受了正念干预的方法培训后，担任孕妇团体会议的主带，实习生参与，成为副带。会议期间，向参与者介绍了正念干预的方法和策略，包括正式和非正式的正念做法、正念运动和认知练习。每次课程持续两个小时，于每周五下午举行，为期六周。在六周课程开始和结束时，参与者需填写自陈问卷。共有17名女性参加了该课程。此外，有11名女性同意接受深度面对面访谈，以评估她们在该计划中的经历和获益。实习生参与访谈，同时进行观察并做了详细记录。每次会议后，实习生会向机构督导提交报告。实习生妥善记录了发展项目的所有步骤。学校督导就数据分析方法以及最终报告的结构和内容向实习生提供了意见。

步骤4：评价

实习生撰写最终报告，对发展任务进行总结。最终报告中包括了对正念干预结果的评估。实习生描述了发展过程、数据收集和分析，并给出了结论。由于实习时间有限，报告内容并未包含计划在分娩两个月后开展的后续调查分析。成效评估基于前后测数据，怀孕者自我报告问卷和访谈结果。根据前后测数据、参与者报告，正念练习显著提升了女性在怀孕期间的幸福感，同时改善了人际关系、睡眠规律、情绪和生活质量。实习生提出建议，认为干预应在怀孕更早期开始。基于所见成效，他强调需要跨学科工作来进一步发展干预措施。两位督导者都鼓励实习生围绕这一主题撰写硕士论文。

步骤5：传播

在最终报告中，实习生单独列出一节就如何传递干预措施积极结果的信息做出阐述。他建议开展以下活动：(1)组织科室工作人员开展信息交流会议；(2)制作传单，分发给围产期保健科的看诊孕妇；(3)联系并告知社区社会工作者，请社会工作者在女性怀孕早期就与她们接触；(4)制作围产期孕妇干预手册；(5)联系医院管理层，让管理层了解干预措施及其好处。

参考文献

彼得·考夫曼，2016，《穷查理宝典》，李继宏译，中信出版社。

蔡佳，2013，《同辈三角循环团队督导模式的理念建构及实践探索》，硕士学位论文，江西师范大学。

蔡屹，2016，《"能力为本"社会工作实践学习模式》，华东理工大学出版社。

蔡雨娟，2018，《社会工作专硕学生在专业实习中的角色冲突及其调适》，硕士学位论文，华东理工大学。

陈辉、吴双江、徐加新，2016，《浅议学习的内涵、过程和意义》，《大东方》第3期。

陈锦棠，2012，《社会工作督导 经验学问导向》，华东理工大学出版社。

陈茂、林霞，2019，《后现代主义视阈下社会工作实习督导老师的角色研究——从被督导者的角度》，《北京城市学院学报》第5期。

陈秋红、张雪主编，2017，《社会工作专业实习与督导教程》，清华大学出版社。

陈盛淦，2015，《基于AGIL模型的社会工作实习督导探析》，《武夷学院学报》第2期。

戴维·罗伊斯（David Royse），2012，《社会工作实习指导》，何欣译，中国人民大学出版社。

丹尼尔·西格尔，2018，《心智成长之谜》，祝卓宏、周常译，中国发展出版社。

樊富珉，2003，《我国内地社会工作教育：实习与督导的现状与发展》，《转型期的中国社会工作——中国社会工作教育协会2001年会论文集》，华东理工大学出版社。

范明林，2003，《试论反思性教学及其基础和条件》，《上海大学学报》（社会科版）第 3 期。

费梅苹，2012，《"学校－政府－机构"合作互动的社会工作实习教学模式探讨——以华东理工大学社会工作系实习教学经验为例》，载马良、叶少勤主编《社会工作实习教育与发展——本土化视角》，社会科学文献出版社。

复旦大学社会工作学系，2018，《社会工作专业实习手册》（内部资料）。

高丹，2012，《系统视角下社会工作实习督导"理想模式"的构建探索》，硕士学位论文，华中师范大学。

高万红，2009，《社会工作专业教育与社会服务机构的冲突与调试》，《北京科技大学学报》（社会科学版）第 1 期。

高艺多，2017，《社会工作督导关系的情感联结：一项扎根理论研究》，硕士学位论文，华东师范大学。

龚孟伟、陈晓端，2008，《后现代主义知识教学观：价值与局限》，《课程·教材·教法》第 10 期。

龚晓洁、丛晓峰，2012，《社会工作专业实习督导探究》，《工会论坛》第 18 卷第 6 期。

古学斌，2011，《三重能力建设与社会工作教育》，《浙江工商大学学报》第 4 期。

顾美俐，2017，《由美英课程以核心能力为基础的模式浅谈我国社工教育课程之核心能力》，《小区发展季刊》第 155 期。

郭金龙，2011，《社会工作专业小组实习教学模式探索——以民工外展服务小组为例》，《社会工作》（学术版）第 1 期。

郭伟和，2018，《迈向反身性实践的社会工作实务理论——当前社会工作理论界的若干争议及其超越》，《学海》第 1 期。

郭银，2016，《社会工作专业学生成长机制分析——以 HNDX 社会工作专业为例》，《濮阳职业技术学院学报》第 3 期。

何慧卿，2014，《由学生观点反思社会工作实习课程制度的规划——以某校社会工作系为例》，《玄奘社会科学学报》第 12 期。

何雪松、赵环、程慧菁，2009，《英国的社会工作实践学习：模式、运作与启示》，《华东理工大学学报》（社会科学版）第 24 卷第 4 期。

何泽凡，2019，《同辈督导方法在社会工作实习督导中的应用研究——以济南 S 高校为例》，硕士学位论文，山东大学。

华东理工大学社会工作系，2017，《社会工作专业硕士（MSW）毕业实习手册》（内部资料）。

华东医院医务社会工作部，2017，《华东医院医务社会工作部实习带教安排》（内部资料）。

华东政法大学社会工作系，2017，《社会工作专业硕士（MSW）实习手册导引》（内部资料）。

黄艳、郑立羽，2019，《功能视角下的医务社会工作实习联合督导实践》，《福建医科大学学报》（社会科学版）第20卷第4期。

黄耀明，2019，《整合与超越：社会工作督导发展困境与本土化路径》，《社会工作与管理》第19卷第6期。

籍莹，2009，《人本主义学习理论影响下的教师角色转化》，《教育与教学研究》第12期。

贾博雄，2015，《台湾高校社会工作专业实习制度研究》，硕士学位论文，中央民族大学。

姜地忠、曲岩，2019，《社会工作专业实习的实施样态、客观约束与完善路径》，《教育教学论坛》第33期。

姜丽清，2017，《后现代主义教育观与学生自主学习能力的培养》，《中国多媒体与网络教学学报》第5期。

李爱芹，2009，《社会工作专业实习教学面临的困境与出路》，《天津职业大学学报》第1期。

李晶晶，2009，《班杜拉社会学习理论述评》，《荆楚学刊》第10卷第3期。

李树文、鞠欣逸，2018，《浅谈学习理论在社会工作专业实习中的应用》，《知识经济》第8期。

李树文、王丽云，2014，《浅析社会工作专业实习中的伦理困境——基于高校与学生之间相互影响视角》，《沈阳工程学院学报》（社会科学版），2014，10（04）：561-564。

李伟梁、库少雄主编，2012，《社会工作实习与督导》第2版，华中科技大学出版社。

李晓凤、黄巧文、马瑞民，2015，《社会工作督导的历史演进及其经验启示——以美国、中国深圳社会工作督导实务为例》，《社会工作与管理》第6期。

李新旺，2011，《教育心理学》，科学出版社。

李艺炜，2014，《社会工作实习教育模式探究》，硕士学位论文，中国青年政治学院。

林诚彦、卓彩琴，2012，《对社会工作专业本科教育核心能力本土化的实证探索》，《社会工作》第 7 期。

林崇德，2003，《心理学大辞典》下卷，上海教育出版社。

林琳，2009，《基于 J2EE 架构的实践性教学平台的设计与实现》，硕士学位论文，厦门大学。

刘斌志，2006，《香港社会工作实习教育的经验与启示》，《重庆城市管理职业学院学报》第 3 期。

刘斌志，2013，《社会工作专业核心能力及其培养》，《教育评论》第 5 期。

刘斌志、符秋宝，2018，《论医务社会工作者的核心能力及培育策略》，《重庆工商大学学报》（社会科学版）第 35 卷第 5 期。

刘斌志、梁谨恋，2018，《论儿童社会工作者的核心能力及培育策略》，《青年探索》第 4 期。

刘斌志、沈黎，2006，《社会工作督导反思：学习成为有效的社会工作督导老师》，《社会工作》第 9 期。

刘斌志、郑先令，2018，《我国老年社会工作者的能力建设：现状分析与核心指标》，《广州大学学报》（社会科学版）第 17 卷第 9 期。

刘春燕、李丹，2009，《关于社会工作专业实习教学的思考》，《广东技术师范学院学报》第 4 期。

刘晋红，2009，《人本主义学习理论述评》，《黑龙江生态工程职业学院学报》第 5 期。

刘宣文，2002，《人本主义学习理论述评》，《浙江师范大学学报》第 1 期。

刘志华、李金碧，2004，《学习理论与教学设计理论关系的探讨》，《教育理论与实践》第 2 期。

逯晓瑞，2009，《社会工作实习现状及其影响因素研究——基于武汉市社会工作本科专业大学生的调查》，硕士学位论文，华中农业大学。

吕青，2004，《社会工作专业实习的意义、困境与出路》，《无锡教育学院学报》第 2 期。

吕庆，2018，《禁毒社会工作者需要哪些能力"装备"》，《中国社会工作》第 349 卷第 25 期。

吕新萍，2019，《增能取向的社会工作督导过程：提升自我效能与促进专业复原力》，《社会工作与管理》第 6 期。

罗观翠，2013，《社会工作实习教育与指导手册》，社会科学文献出版社。

马宝元，2004，《人本主义学习理论及其对我国基础教育改革的启示》，《鞍山师范学院学报》第 4 期。

马丽庄、吴丽端、区结莲，2013，《社会工作跨境专业督导———山东经验》，社会科学文献出版社。

马良，2011，《构建"实习、教学、研究"三位一体的社会工作实习基地研究》，《浙江工商大学学报》第 4 期。

毛齐明，2016，《建构主义学习理论的基本原理与学习模型》，《福建基础教育研究》第 1 期。

莫雷、张卫，2005，《学习心理研究》，广东人民出版社。

彭宁，2014，《以服务项目为依托的社会工作专业实习的伦理困境研究》，硕士学位论文，中国青年政治学院。

彭秀良，2014，《民国时期的社会工作实习（一）：理论阐述》，《中国社会工作》第 7 期。

乔世东，2004，《浅析当前中国社会工作教育发展面对的问题和挑战》，《长沙民政职业技术学院学报》第 4 期。

全国社会工作者职业水平考试教材编写组，2015，《社会工作实务》中级，中国社会出版社。

上海大学社会工作系，2017，《社会工作实务手册》（内部资料）。

舍恩，2008，《培养反映的实践者：专业领域中关于教与学的一项全新设计》，教育科学出版社。

舍恩，2018，《反映的实践者：专业工作者如何在行动中思考》，北京师范大学出版社。

沈黎，2012，《本土社会工作实务的伦理困境与伦理抉择——基于上海青少年社会工作实践的质性研究》，《社会工作》第 2 期。

沈黎，2011，《能力为本的社会工作教育——基于本土社会工作专业能力建构的视角》，《社会工作》（实务版）第 5 期。

沈黎、刘斌志，2011，《社会工作核心能力与专业教育——能力为本的社会工作教育——基于本土社会工作专业能力建构的视角》，《社会工作》第 9 期。

沈黎、邵贞、廖美莲，2019，《助人工作领域督导关系的研究进展与展望——基于 2000－2018 年的文献研究》，《社会工作》第 2 期。

沈黎、王安琪，2013，《本土社会工作督导运作状况研究——基于上海社会工作实务界的探索性分析》，《社会工作》第 1 期。

史柏年，2011，《中国社会工作专业实习教育与发展笔谈》，《浙江工商大学学报》第 4 期。

史柏年、侯欣，2003，《社会工作实习》，社会科学文献出版社。

斯蒂芬·D. 布鲁克菲尔德，2017，《批判性思维教与学》，钮跃增译，中国人民大学出版社。

宋陈宝莲，2001，《从行动研究到社会工作教育理论建立：促进有经验工作者学习新实务方法的理论模式》，《社会工作学刊》第 8 期。

孙静琴，2009，《论能力为本的社会工作教育模式构建》，《社会工作》（理论版）第 2 期。

孙立亚，1999，《中国社会工作教育发展之反思》，《中国青年政治学院学报》（社会工作教育专刊）。

孙凌寒、蔡宜旦，2003，《社会工作实践教育中的专业建设取向与就业取向》，载王思斌主编《转型期的中国社会工作——中国社会工作教育协会 2001 年会论文集》，华东理工大学出版社。

孙艺超，2016，《浅谈高校督导工作促进学生学习的效果》，《西部皮革》第 38 期。

孙元，2011，《社会工作专业实习教育探讨》，《教育评论》第 2 期。

孙振军、杜勤、薛莲、梁爽、安秋玲，2018，《医院社会工作实习督导的实践与思考》，《中国医学伦理学》第 3 期。

檀传宝，2015，《教师职业道德》，北京师范大学出版社。

童敏，2006，《中国本土社会工作专业实践的基本处境及其督导者的基本角色》，《社会》第 3 期。

童敏，2008，《社会工作实务基础——专业服务技巧的综合与运用》，社会科学文献出版社。

童敏，2019a，《社会工作督导的价值理论与原则》，载张洪英主编《社会工作督导理论与方法》，中国社会出版社。

童敏，2019b，《社会工作督导基础知识》，中国社会出版社。

王娇佼、程晨，2019，《为社会工作督导规范发展指明航向——安徽省〈专业社会工作督导规范〉解读》,《中国社会工作》第9期。

王丽、王志中,2016,《医务社会工作实习督导之困境及其模式创新研究》,《医学与法学》第4期。

王思斌,2006,《体制转变中社会工作的职业化进程》,《北京科技大学学报》(社会科学版)第1期。

王思斌,2014,《社会工作在创新社会治理体系中的地位和作用——一种基础—服务型社会治理》,《社会工作》第1期。

王思斌,2015,《社会工作实践研究专题》,《浙江工商大学学报》第4期。

王思斌,1999,《社会工作概论》,高等教育出版社。

王晓慧,2017,《体验学习理论在社会工作专业课程中的应用研究——以小组工作课程为例》,《高校实验室工作研究》第3期。

王源,2014,《民间社工服务机构实习督导制度研究》,硕士学位论文,山东大学。

吴洁珍、张文方,2003,《社会工作专业学生实习模式初探》,载王思斌主编《转型期的中国社会工作——中国社会工作教育协会2001年会论文集》,华东理工大学出版社。

伍新春,2004,《儿童发展与教育心理学》,高等教育出版社。

向荣,2000,《中国社会工作实习教育模式再探索——建立与完善实习基地及其督导制度》,《云南高教研究》第2期。

项国雄,2005,《后现代主义视野中的教育》,《外国教育研究》第7期。

肖萍,2006,《社会工作实习教育模式的本土性探讨——资源概念的引入》,《南京社会科学》第3期。

肖谦、徐辉、罗瑜,2011,《基于建构主义的kolb体验式学习模式研究与实践》,《大家》第7期。

谢敏,2015,《社会工作督导者与被督导者契合研究——基于广东省社会工作实践的质性研究》,《社会福利》(理论版)第3期。

谢泽宪,2017,《"反思性实践教学模式"的理论与应用:以广东财经大学十年社会工作教育为例》,《社会工作》第4期。

熊跃根,2006,《论中国社会工作本土化发展过程中的实践逻辑与体制嵌入——中国社会工作专业教育10年的经验反思》,载王思斌主编《社会工作专业化及本土化实践——中国社会工作教育协会 2003-2004年论文集》,社会科学文献出版社。

徐莉等，2017，《我国社会工作硕士实习督导制度探析》，《教育教学论坛》第 2 期。

徐莉、曾冰丽，2016，《我国社会工作硕士实习教育模式的困境与提升路径》，《考试周刊》第 54 期。

徐明心、何会成，2003，《社会工作督导脉络与概念》，香港基督教服务处（内部资料）。

徐明心、邹学银，1998，《社会工作督导的渊源：历史检视》，《中国社会工作》第 5 期。

徐荣，2018a，《社会工作实习教育研究》，华东理工大学出版社。

徐荣，2018b，《日本医务社会工作实习教育对我国的启示》，《社会福利》（理论版）第 2 期。

徐迎春，2013，《本土处境与现实策略——近十年来社会工作实习教育研究文献综述》，《社会工作》第 5 期。

许爱花，2008，《社会工作专业实习教学模式研究》，《南京财经大学学报》第 2 期。

许皓宜，2013，《督导关系与督导成效：实务工作中的启发》，《辅导季刊》第 48 卷第 4 期。

薛新东、雷琪慧，2015，《美国高校社会工作专业硕士人才培养模式研究——以韦恩州立大学为例》，《社会工作》第 4 期。

严樨，2013，《赋权视野下的社会工作督导研究——以 J 基金 2 个项目为例》，《西南民族大学学报》（人文社会科学版）第 11 期。

杨恒，2020，《社会工作实习教育研究综述》，《现代职业教育》第 13 期。

杨维东、贾楠，2011，《建构主义学习理论述评》，《理论导刊》第 5 期。

姚进忠，2010，《社会工作实习督导模式的本土建构——批判教育学理念的引入》，《华东理工大学学报》（社会科学版）第 3 期。

叶鹏飞，2021，《超越工具理性：社会工作实习教育三重困境的反思》，《黑龙江高教研究》第 39 期。

游洁，2007，《对社会工作实习教学的反思》，《湖北财经高等专科学校学报》第 4 期。

余瑞萍，2008，《中国本土处境下社会工作专业实习督导方法与学生的专业成长——基于厦门大学级社会工作专业学生的专业实习过程》，硕士学位论文，厦门大学。

余瑞萍，2015，《叙事治疗方法在社会工作实习督导过程中的运用》，《社会福利》（理论版）第 4 期。

臧其胜，2012，《"技术规制"抑或"反思生成"：社会工作实践教学模式探析》，《社会工作》第 11 期。

曾冰丽，2015，《论我国社会工作硕士（MSW）实习教育的完善》，硕士学位论文，中南民族大学，2015。

张洪英，2012，《中国社会工作实习督导模式的发展》，山东人民出版社。

张洪英，2011，《中国社会工作实习督导模式的发展——以山东济南为例》，博士学位论文，香港理工大学。

张洪英，2017，《中国社会工作督导研究的回顾与展望——以 1998—2015 年 CNKI 期刊论文为样本》，《社会工作与管理》第 4 期。

张洪英、赵万林，2019，《社会工作跨文化督导的本土含义与实践策略》，《浙江工商大学学报》第 6 期。

张丽丽，2011，《朋辈辅导的社会工作模式探讨》，《山西青年管理干部学院学报》第 24 卷第 4 期。

张琪，2008，《浅析建构主义学习观和教育观》，《黑龙江教育学院学报》第 4 期。

张瑞，2019，《社会工作督导队伍增能研究——基于中欧督导共建项目上海市督导培训》，《2019 中国社会学年会新时代的变迁与挑战：社会工作与社会政策新使命论文集》（会议论文集），286-295。

张曙，2012，《我国社会工作实习教育整体性合作模式探讨》，《南京理工大学学报》（社会科学版）第 1 期。

张婷婷，2011，《督导在社会工作专业实习教育中的本土化实践——以某次实习督导经历为例》，《社工教育》第 20 期。

张网成、蔡葵，2012，《同辈督导在社工实习中的应用》，《中国社会工作》第 12 期。

张威，2015，《社会工作督导的理论与实践分析：国际发展与国内现状》，《社会工作》第 3 期。

张威，2016，《专业性社会工作督导对助人者自我成长的推动作用——以华仁社会工作发展中心的小组督导为例》,《社会工作》第 5 期。

张威,2017,《社会工作科学化:反思性社会工作理论的思想与启示》,《社会工作》第 3 期。

张威,2019,《督导对专业助人者的心理支持功能》,载顾东辉主编《社会工作评论》(第三辑),上海人民出版社。

张馨之,2015,《班杜拉社会学习理论在青少年德育中的应用》,硕士学位论文,鲁东大学。

张执南、张国洋、朱佳斌,2020,《基于 Kolb 体验式学习循环的创新设计能力培养》,《高等工程教育研究》第 1 期。

赵成蓉,2010,《后现代视域中的大学生心理健康教育课程建构研究》,硕士学位论文,山西师范大学。

赵芳,2012,《社会工作专业教育实习中实习、督导制度的建立与完善》,载《2006-2010 中国社会工作教育协会年会论文集》,北京大学出版社。

赵伟,2004,《建构主义学习论的理论渊源及其对教学改革的启示》,《西北成人教育学报》第 4 期。

赵燕,2017,《心理咨询督导关系及其影响的因素综述》,《教育观察》第 6 卷第 24 期。

郑广怀、周钰,2020,《专业化与行政化:实习督导关系从合作到冲突的转变》,《社会工作》第 3 期。

郑杰榆、张莉萍,2014,《台湾社会工作实践与督导培养探析》,《社会工作与管理》第 14 卷第 1 期。

钟涨宝、陈红莉、万江红、逯晓瑞,2010,《社会工作专业实习教育现状分析与思考——基于湖北武汉高校的调查》,《社会工作》第 11 期。

周成海,2011,《基于行为主义学习理论的教学:主要特征与信念基础》,《教育理论与实践》第 31 卷第 32 期。

周丹红,2005,《地方高校社会工作专业实习基地建设途径的探索》,《广西工学院学报》第 S2 期。

周蜜、贾晓明、赵嘉璐,2015,《心理咨询督导关系中的权威特征》,《心理治疗与心理咨询》第 29 卷第 12 期。

朱爱华,2015,《从专业实习到社会服务:走向承认的社会工作专业教育》,硕士学位论文,中南民族大学,2015。

朱眉华，2000，《在理想和现实间的徘徊——社会工作专业实习教育的反思》，《华东理工大学学报》（社会科学版）第1期。

朱眉华，2013，《美国社会工作专业硕士项目的经验与启示——以北卡大学教会山分校为例》，《研究生教育研究》第1期。

宗苏秋，2016，《社会工作专业实习教育的困境与对策研究》，《黑河教育》第1期。

Alfred Kadushin & Daniel Harkness，2008，《社会工作督导》第四版，郭名倞、寇浩宁、汪蓓蕾等译，中国人民大学出版社。

Garthwait, Cynthia L. 2015，《社会工作实习》，吕静淑、何其多、王笛等译，华东理工大学出版社。

Jane Wonnacott，2015，《社会工作督导》，赵环、魏文倩等译，华东理工大学出版社。

J. M. Bernard & R. K. Goodyear，2005，《临床心理督导纲要》，王择青译，中国轻工业出版社。

Kadushin, Alfred & Daniel Harkness，2008，《社会工作督导》，郭名倞、寇浩宁、汪蓓蕾等译，中国人民大学出版社。

Marion Bogo & Elaine Vayda，2011，《社会工作实习督导实务：理论与过程》，曾家达等译，社会科学文献出版社。

Mary Gail Frawley-O'Dea & Joan E. Sarnat，2011，《督导关系》，李芃、傅文青等译，中国轻工业出版社。

Ralph Dorgoff，2005，《社会工作伦理实务工作指南》，隋玉杰译，中国人民大学出版社。

Alaggia, R., Gadalla, T. M., Shlonskty, A., Jenney, A., & Daciuk, J. 2015. "Does Differential response Make a Difference: Examining Domestic Violence Cases in Child Protection Services." *Child & Family Social Work*, 20 (1): 83-95.

Alasoini, T. 2005. Workplace Innovations as a Focus of Research-Assisted and Programme-Based Development: On the Dual Role of the Finnish Workplace Development Programme. In T. Alasoini, E. Ramstad, & N. Rouhiainen (Eds.), *The Finnish Workplace Development Programme as an Expanding Activity: Results, Challenges, Opportunities*. Reports of the Finnish Workplace Development Programme, 47 (pp. 43-70). Helsinki: Ministry of Labour.

参考文献

Anat Ben-Porat, Shelly Gottlieb, Tehila Refaeli Shachar Shemesh, & Ronit Reuven Even Zahav . 2020. "Vicarious growth among social work students: What makes the difference?" Social Care in the Community, 28 (2): 662 – 669.

Anderson, P. W. 1999. The Eightfold Way to the theory of complexity: a prologue. Perseus Books.

Atkins, S. &Murphy, K. 1993. "Reflection: a review of the literature." Journal of Advanced Nursing (18): 1188 – 92.

Atkins, S. & Murphy, K. 1993. "Reflection: a Review of the Literature." *Journal of Advanced Nursing*, 18: 1188 – 92.

Austin, David, M. 1986. A History of Social Work Education. School of Social Work, The University of Texas at Austin.

Austin, L. 1957. Supervision in Social Work, In R. H. Kurtz. Social Work Year Book. New York: National Association of Social Workers, 569 – 573.

Austin, L. 1952. "Basic Principles of Supervision." *Social Casework*, 33 (12) : 163 – 217.

Austin, M., Dal Santo, T., & Lee, C. 2012. "Building Organizational Supports for Research-Minded Practitioners." *Journal of Evidence-based Social Work*, 9 (1 – 2): 174 – 211.

Bargal, D. 2014. Lewin, Kurt. In D. Coghlan, & M. Brydon-Miller (Eds.) *The SAGE Encyclopedia of Action Research*. London: SAGE Publications Ltd, 501 – 503.

Beddoe, L. & Harington, P. 2012. "One Step in a Thousand-Mile Journey: Can Civic Practice be Nurtured in Practitioner Research? Reporting on an Innovative Project." *British Journal of Social Work*, 42: 74 – 93.

Belardi, N. 2002. "Social Work Supervision in Germany." *European Journal of Social Work*, 5 (3): 313 – 318.

Ben – Zion Cohen. 1987. "The Ethics of Social Work Supervision Revisited." Social Work, 32 (3): 194 – 196.

Ben-Porat, Anat, Shelly Gottlieb, Tehila Refaeli, Shachar Shemesh, & Ronit Reuven Even Zahav. 2020. "Vicarious Growth among Social Work Students: What Makes the Difference?" *Health & Social Care in the Community*, 28 (2) .

Ben-Zion Cohen. 1987. "The Ethics of Social Work Supervision Revisited." *Social Work*, 32 (3): 194 – 196.

Bernard, J. M., & Goodyear R. K. 2005,《临床心理督导纲要》,王择青、刘稚颖等译,中国轻工业出版社。

Bogo, M. 1993. "The Student-field Instructor Relationship: The Critical Factor in Field Education." *The Clinical Supervisor*, 11 (2): 23 – 36.

Boud, D., Keogh, R. & Walker, D. 1985. *Reflection Turning Experience into Leaning*. Kegan Page, London.

Boyd, E. M. & Fales, A. W. 1983. "Reflective Learning Key to Learning from Experience." *Journal of Humanistic Psychology*, 23 (2): 99 – 117.

Brechin, A., Brown, H., & Eby, M. A. (Eds.). 2000. *Critical Practice in Health and Social Care*. Sage.

Cai, Yi, AI Bo, & Suh Chen Hsiao. 2018. "Emerging Social Work Field Education Trends in China." *Journal of Social Work Education*, 54 (2).

Charles S. Levy. 1973. "The Ethics of Supervision." *Social Work*, 18 (2): 14 – 21.

Charles S. Levy. 1972. "The Context of Social Work Ethics." *Social Work*, 17 (2): 95 – 101.

Cleaver, H., & Walker, S. 2004. "From Policy to Practice: the Implementation of a New Framework for Social Work Assessments of Children and Families." *Child & Family Social Work*, 9 (1): 81 – 90.

Coghlan, D., & Brydon-Miller, M. (Eds.). 2014. *The SAGE Encyclopedia of Action Research*. Sage.

Compton, B. R., Galaway, B., & Cournoyer, B. R. 1999. *Social Work Processes*. Brooks/Cole Publishing.

Cordeiro, L., Soares, C. B., & Rittenmeyer, L. 2017. "Unscrambling Method and Methodology in Action Research Traditions: Theoretical Conceptualization of Praxis and Emancipation." *Qualitative Research*, 17 (4): 395 – 407.

Cordell, K. D., Snowden, L. R., & Hosier, L. 2016. "Patterns and Priorities of Service Need Identified through the Child and Adolescent Needs and Strengths." *Children and Youth Services Review*, 60 (Jan): 129 – 135.

Coyle, I. R., Halon, R. L., Campbell, T. W., Thomson, D. M., & Woskett, J. 2006. "Alice in Recidivism Land: The Queens logic and Child Protection

Workers' Assessment of Sexual Dangerousness." *Americal Journal of Forensic Psychology*, 34（1）: 5 – 36.

D'Cruz, Heather, Philip Gillingham, & Sebastian Melendez. 2007. "Reflexivity, Its Meanings and Relevance for Social Work: A Critical Review of the Literature." *British Journal of Social Work*, 37: 73 – 90.

Dennis, C. -L. , Falah-Hassani, K. , & Shiri, R. 2017. "Prevalence of Antenatal and Postnatal Anxiety: Systematic Review and Meta-Analysis." *The British Journal of Psychiatry*, 210: 315 – 323.

Devine, L. 2015. "Considering Social Work Assessment of Families. "*Journal of Social Welfare and Family Law*, 37(1): 70 – 83.

Eby, M. A. 2000. Understanding Professional Development. In A. Brechin, H. Brown and M. A. Eby (eds.), *Critical Practice in Health and Social Care*. London: Sage.

Egan, Ronnie, Jane Maidment, & Marie Connolly. 2016. "Trust, Power and Safety in the Social Work? Supervisory Relationship: Results from Australian Research." *Journal of Social Work Practice*, 30: 1 – 15.

Elias, J. L. & Merriam S. 1980. *Philosophical Foundations of Adult Education*. Huntington. N. Y. Robert E. Kreiger Publishing Company.

Engeström, Y. 2005. *Developmental Work Research: Expanding Activity Theory in Practice*. Berlin: Lehmanns Media, LOB, de.

Engeström, Y. 1987. *Learning by Expanding: An Activity-Theoretical Approach to Developmental Research*. Helsinki: Orienta-Konsultit.

Falconer, R. , & Shardlow, S. M. 2018. "Comparing Child Protection Decision-Making in England and Finland: Supervised or Supported Judgement?" *Journal of Social Work Practice*, 32（2）: 111 – 124.

Fisher, C. & Setterlund, K. 2015. "Vignette Based Skills Assessment in Social Work Field Education: Evaluating Student's Achievement of Professional Competency. Field Educator." *Simmons School of Social Work*, 8（1）: 1 – 15（online）.

Franklin, A. , Brown, S. , & Brady, G. 2018. "The Use of Tools and Checklists to Assess the Risk of Child Sexual Exploitation: Lessons from UK Practice." *Journal of Child Sexual Abuse*, 27（8）, 978 – 997.

Gervais, Jennifer. 2016. "The Operational Definition of Competency-Based Education." *The Journal of Competency-Based Education*. 10. 1002/cbe2. 1011.

Ghaye, T. 2000. "Into the Reflective Mode: Bridging the Stagnant Moat." *Reflectice Practice*, 1 (1): 5 – 9.

Gibbs, Graham. 2013. *Learning by Doing*. London: Oxford Centre for Staff and Learning Development.

Gillingham, P. 2016. "Predictive Risk Modelling to Prevent Child Maltreatment and Other Adverse Outcomes for Service Users: Inside the 'Black Box' of Machine Learning." *British Journal of Social Work*, 46 (4): 1044 – 1058.

Goodman, J. H., Guarino, A., Chenausky, K., Klein, L., Prager, J., Petersen, R., et al. (2014). "Calm Pregnancy: Results of a Pilot Study of Mindfulness-Based Cognitive Therapy for Perinatal Anxiety." *Archives of Womens Mental Health*, 17 (5): 373 – 387.

Gray, M., Plath, D., & Webb, S. 2009. "Evidence-Based Social Work: A Critical Stance." London: Rouledge.

Gredig, D. 2011. "From Research to Practice: Research-Based Intervention Development in Social Work: Developing Practice through Cooperative Knowledge Production." *European Journal of Social Work*, 14 (1): 53 – 70.

Haanwinckel, B. Z., Fawcett, B., & Garcia, J. A. B. 2018. "Contrasts and Reflections: Social Work Fieldwork Supervision in Brazil and England." *International Social Work*, 61 (6): 943 – 953. https://doi.org/10.1177/0020872817695395.

Harris, J., & White, V. 2013. National Occupational Standards for Social Work. In a Dictionary of Social Work and Social Care. Oxford University Press.

Henry, C., Liner-Jigamian, N., Carnochan, S., Taylor, S., & Austin, M. J. 2018. "Parental Substance Use: How Child Welfare Workers Make the Case for Court Intervention." *Children and Youth Services Review*, 93 (Oct): 69 – 78.

Hess, A. K., Hess, K. D., & Hess, T. H. 2008. "Psychotherapy Supervision: Theory, Research, and Practice." John Wiley & Sons.

Hämäläinen, J. 2011. "Social Work as a Research-Based Profession: Opportunities, Prerequisites and Restrictions." *Sociology Study*, 1 (7): 473 – 483.

Hämäläinen, J. 2014. Tiedontuotanto Sosiaalityön Rakenteellisena Kysymyksenä. In

A. Pohjola, M. Laitinen, & M. Seppänen (Eds.), Rakenteellinen Sosiaalityö. Sosiaalityön Tutkimuksen Vuosikirja (pp. 64 - 86). UNIpress.

Holland, S. 2011. *Child and Family Assessment in Social Work Practice.* Sage.

Holloway, E. L. & Neufeldt 1995 Clinlcal supervisians appoach (M) Thevsand Oales: Sage.

Ingalls, J. D. 1973. A Trainers Guide to Andragogy (Rev. ed.) (U. S. Department of Health. Education and Welfare Publication No. 73 - 05301). Waltham, Mass.: Data Educatiun, Incorporated.

Inman, A. G. & Ladany, N. 2008. "Research: The State of the Field". In A. K. Hess, K. D. Hess, & T. H. Hess (Eds.), *Psychotherapy Supervision: Theory, Research, and Practice* (2nded). Hoboken, NJ: Wiley.

Ixer, G. 1999. "There's No Such Thing as Reflection." *British Journal of Social Work*, 29 (4): 513 - 27.

Jarvis, P. 1992. "Reflective Practice and Nursing." *Nurse Education Today*, 12: 174 - 181.

Jenkins, L. E., Sheafor, B. W. 1982. An Overview of Social Work Field Instruction. Quality Field Instruction in Social Work. New York: Longman.

Julkunen, I. 2011. "Knowledge-Production Processes in Practice Research-Outcomes and critical Elements." *Social Work and Society*, 9 (1): 60 - 75.

Kadushin, A. & Harkness, D. 2002. *Supervision in Social Work* 4th ed. New York: Columbia University Press: 9 - 16.

Karvinen-Niinikoski, S. 2005. "Research Orientation and Expertise in Social Work-Challenges for Social Work Education." *European Journal of Social Work*, 8 (3): 259 - 271.

Killick, C. & Taylor, B. J. 2020. *Assessment, Risk and Decision Making in Social Work: An Introduction.* SAGE Publications.

Knowles, M. S. 1970. *The Modern Practice of Adult Education.* New Yurk: Association Press.

Knowles, M. S. 1980. *The Modern Practice of Adult Education: From Pedagogy to Andragogy* (2nd edition), New York: Cam-Bridge Books.

Kutzik, A. J. 1977. *The Medical Field.* In F. W. Kaslow, et al. Supervision, Consultation, and Staff Training in the Helping Professions. San Francisco, CA: Jossey-Bass: 1 - 24.

Lavender, T. J. , Ebert, L. , & Jones, D. 2016. "An Evaluation of Perinatal Mental Health Interventions: An Integrative Literature Review." *Women and Birth*, 29: 399 - 406.

Lewin, K. 1946. "Action Research and Minority Problems." *Journal of Social Issues*, 2: 34 - 46.

Lewin, K. 1951. *Field Theory in Social Science*. New York: Harper.

Lähteinen, S. , Raitakari, S. , Hänninen, K. , Kaittila, A. , Kekoni, T. , Krok, S. , & Skaffari P. 2017. Social Work Education in Finland: Courses for Competency. SOSNET-National University Network for Social Work. https://www.sosnet.fi/loa-der.aspx? id = a10e5eeb-3e9f-47dc-9cae-6576b58a4a6e.

Logan-Greene, P. & Semanchin Jones, A. 2018. "Predicting Chronic Neglect: Understanding Risk and Protective Factors for Cps-Involved Families." *Child & Family Social Work*, 23 (2): 264 - 272.

Lourie, N. V. 1971. State Administration of Public Assistance. National Association of Social Workers. Encyclopedia of Social Work. 16th ed. New York: National Association of Social Workers: 1046 - 1056.

McBeath, B. & Austin, M. 2015. "The Organizational Context of Research-Minded Practitioners: Challenges and opportunities." *Research on Social Work Practice*, 25 (4): 444 - 459.

Merrifield, P. R, Guilford, J. P. , Christensen, P. R. , & Frick, J. W. 1962. The role of intellectual factors in problem solving. Psychological Monographs: General and Applied, 76 (10), 1 - 21. https://doi.org/10.1037/h0093850.

Mezirow, J. 1981. "A Critical Theory of Adult Learning and Education." *Adult Education*, 32 (1): 3 - 24.

National Association of Social Workers, 2017, Standards for Technology in Social Work Practice.

Nyathi, N. 2018. "Child Protection Decision-Making: Social Workers' Perceptions." *Journal of Social Work Practice*, 32 (2): 189 - 203.

O'Donoghue, Kieran & Rebekah O'Donoghue. 2019. "The Application of Ethics within

Social Work Supervision: A Selected Literature and Research Review." *Ethics and Social Welfare*, 13 (4) . 340 – 360.

O'Hagan, K. , 2001, (Eds.) . *Competence in Social Work Practice*. Jessica Kingsley Publish-ers. Ltd

Pehkonen, A. 2010. The Role of Theoretical Knowledge in Social Work Practice and in the Mentoring Process. In A. Pehkonen, M. Arola, O. Zvyagina, & A. -M. Grouev (Eds.), *Mentoring and Social work*: *Mentoring Handbook* (pp. 33 – 41) . Helsinki: National Institute for Health and Welfare. https:∥www. julkari. fi/bitstream/handle/10024/80078/31ed8f03-8e0b-4925-89c0-8ba244b68354. pdf? sequence = 1& isAllowed = y.

Pincus, A. , & Minahan, A. 1973. Social Work Practice : Model and Method. Itasca, IL: Pea – cock Publishers.

Polanyi, M. 1957. *The Study of Man*. London: Routledge & Kegan Paul.

Reynolds, B. C. 1965. *Learning and Teaching in the Practice of Social Work*. New York: Russell & Russell.

Royse, D. , Dhooper, S. , & Rompf, E. 1999. *Field Instruction-A Guide for Social Work Students*. 3rd ed. New York: Longman.

Saaty, T. L. 2008. "Decision Making with the Analytic Hierarchy Process." *International Journal services sciences*, 1 (1): 83 – 98.

Satka, M. , Karvinen-Niinikoski, S. , & Nylund, M. 2005. Mitä Sosiaalityön Käytäntötutkimus on? In M. Satka, S. Karvinen-Niinikoski, M. Nylund & Susanna Hoikkala (Eds.) *Sosiaalityön Käytäntötutkimus* (pp. 9 – 19) . Helsinki: Palmenia-kustannus.

Saurama, E. & Julkunen, I. 2012. "Approaching Practice Research in Theory and Practice." *Social Work & Social Sciences Review*, 15 (2): 57 – 75.

Sayer, A. 2010. "Essentialism, Social Constructionism, and Beyond." *Sociological Review*, 45 (3): 453 – 487.

Schon, D. 1991. The Reflective Practitioner, California: Jossey – Bass Inc.

Skivenes, M. & Stenberg, H. 2015. "Risk Assessment and Domestic Violence-How do Child Welfare Workers in Three Countries Assess an Substantiate the Risk Level of a 5-year-old girl." *Child & Family Social Work*, 20 (4): 424 – 436.

Somekh, B. & Lewin, C. 2005. *Research Methods in Social Sciences*. London: Sage.

Spetzer, W., Holden, G., Cuzzi, L., Rutter, S., Chernack, P. & Rosenberg, G, 2001, "Edith Abbott was Right: Designing Fieldwork Experiences for Contemporary Health Care Practice." Journal of Social Work Education, 37 (7).

Sørensen, K. 2018. "A Comparative Study of the Use of Different Risk-Assessment Models in Danish Municipalities." *British Journal of Social Work*, 48 (1): 195 – 214.

Stanley, N. & Humhreys, C. 2014. "Multi-Agency Risk Assessment and Management for Children and Families Experiencing Domestic Violence." *Children and Youth Services Review*, 47 (Part 1: Dec): 78 – 85.

Stone, S. D. & Menken, A. E. 2008. *Perinatal and Postpartum Mood Disorders: Perspectives and Treatment Guide for the Health Care Practitioner*. New York: Springer Publishing Company, LLC.

Taylor, B. J. & Whittager, A. 2018. "Professional Judgement and Decision-Making in Social Work." Editorial. *Journal of Social Work Practice*, 32 (2): 105 – 109.

Taylor, B. J. 2012. "Models for Professional Judgement in Social Work." *European Journal of Social Work*, 15 (4): 546 – 562.

Thornberry, T. P., Matsuda, M., Greenman, S. J., Augustyn, M. B., Henry, K. L., Smith, C. A., & Irelandd, T. O. 2014. "Adoscent risk factors for child maltreatment." *Child Abuse & Neglect*, 38 (4): 706 – 722.

Toikko, T. & Rantanen, T. 2006. Käytäntötutkimuksesta Kansalaislähtöiseen Kehittämiseen. *Janus*, 14 (4): 403 – 410.

Toikko, T. & Rantanen, T. 2009. *Tutkimuksellinen Kehittämistoiminta*. Tampere University Press.

Tolson, E. R & Kopp, J. 1988. "The Practicum: Clients, Problems, Interventions and Influences on Student Practice." *Journal of Social Work Education*, 24 (2): 123 – 134.

Toulmin, S. E. 2003. *The Uses of Argument. Updated Edition*. Cambridge: Cambridge University Press.

Towle C. *The Learner in education for the professions*. University of Chicago Press, 1954: 24 – 32.

Traube, D. E., He, A. S., Limei, Z., Scalise, C., & Richardson, T. 2015. "Predictors of substance abuse assessment and treatment compelition for parents involved with Child Welfare: One State's experience in matching across systems." *Child Welfare*, 94 (5): 45 – 66.

Trevithick, Pamela. 2008. "Revisiting the Knowledge Base of Social Work: A Framework for Practice." *British Journal of Social Work*, 38: 1212 – 1237.

Uggerhøj, L. 2011. "What is Practice Research in Social Work-Definitions, Barriers and Possibilities." *Social Work & Society*, 9 (1): 45 – 59.

Van der Put, C., Assink, M., & Stams, G. J. J. M. 2016. "Predicting Relapse of Problematic Child-Rearing Situations." *Children and Yourth Swervices Review*, 61 (Feb): 288 – 295.

V. E. Cree, M. Allan, R. Edwards, R. Forves, M. Irwin, C. MacGregor, W. Paterson, I. Brodie & R. Perry. Thinking 'Outside the Box': A New Approach to Integration of Learning for Practice. Pages 334 – 340 Published online: 11 Mar 2008.

Woolhouse, H., Mercuri, K., Judd, F., & Brown, S. J. 2014. "Antenatal Mindfulness Intervention to Reduce Depression, Anxiety and Stress: a Pilot Randomised Controlled Trial for the MindBabyBody Program in an Australian Tertiary Maternity Hospital." *BMC Pregnancy and Childbirth*, 14 (369): 1 – 16.

后　记

我和尤哈（Juha Hämäläinen）教授认识近 8 年，他是芬兰著名的社会工作专家，对社会工作教育有很多深刻的研究和独到的见解，同时他也是一位对中国文化充满浓厚兴趣和敬意的老人。他来过复旦大学很多次，一直希望可以为中国社会工作的发展做些事。于是在 2016 年，我在东芬兰大学做访问学者的时候，我们商量去申请欧盟的这个督导计划。经过长时间的艰苦准备，数易其稿，我们与瑞典哥德堡大学、英国哈特福德郡大学、中山大学、南京师范大学的各位同仁共同努力完成了这次申请，拿到了当年 BUIBRI 项目资助的这个为期三年的项目。

从 2018 年项目开始，我们和欧洲的专家一起努力将这个项目深入推进。从 2018 年到 2019 年在上海、广东和南京分别培养了 10 位，共 30 位督导者的培训者，这些培训者主要是高校社会工作系的教师，以及一线的资深社会工作者，他们都有过长期督导学生的经验。然后，这 30 位督导者的培训者经过培训，内化所学，参与三个月本土课程的设计，集体备课，反复打磨，又分别在三地培养了 100 位，共 300 位督导者，培训包括面对面的培训和事后完成作业、实践、反思、再培训的过程。2020 年，原本还要在三地再培训 300 位督导者，但除了广州以外，其他地区因疫情而暂缓，推迟到 2021 年完成。本书是上海团队结合本土情境，在接受培训、批判性学习、实践、反思的基础上完成的，是我们将欧洲的经验与本土实践结合的一次有效尝试。我们期待这样的尝试会对中国社会工作专业实习教育的开展有所帮助。

上海团队参与这次写作的作者是傅鹂鸣、陈岩燕（第一章，上海自强总社、复旦大学社会工作学系），张雪峰（第二章，复旦大学附属华东医院社工部），陈彩霞（第三章，上海大学社会学院社会工作系），张曼曼（第四章，上海市翼

后记

扬青少年社会工作促进中心)、裴大凤(第五章,上海市新航社区服务总站)、韩央迪(第六章,复旦大学社会工作学系)、卢玮、庄婕(第七章,中山大学社会与人类学学院、上海纽约大学)、马凯旋(第八章,上海交通大学医学院附属新华医院社工部)、张亦、马凯旋(第九章,上海乐群社工服务社、上海交通大学医学院附属新华医院社工部)、赵芳、尤哈(第十章,复旦大学社会工作学系、东芬兰大学社会科学系)。感谢这些同仁,前前后后历时三年,他们做了很多的努力,也贡献了很多真知灼见。

当然,本书得以完成,也得益于欧洲老师编写的《中欧六校督导培训手册》,欧洲很多老师为这本手册的编写付出大量心血,他们是 Juha Hämäläinen、Staffan Höjer、Steven Shardlow、Echo Yeung、Brian Littlechild、Warrener Julia、Lilja Cajvert、Timo Toikko、Minchun Ryhanen、Agnieszka Repo 等。本书的部分体例和一些资料来自该手册,我们在文中都有标注。我们对于他们的工作和分享,再次表示深深的谢意,并将此书献给他们,以表达对他们不远万里来到中国,帮助我们发展社会工作教育的谢意和敬意。

此外,项目和书稿还得到了中国社会工作教育协会副会长、北京大学马凤芝教授,以及中国社会工作学会副会长、复旦大学顾东辉教授的鼎力支持,他们给了我们很多宝贵的意见,在此也深表谢意。还有复旦大学的陈虹霖老师,中山大学的雷杰老师、卢玮老师,南京师范大学的杜景珍老师、黄晓珊老师,这是我们中方团队的主要合作伙伴。三年的时间,我们一起工作,非常愉快,谢谢你们的付出,有一段志同道合的相伴时光,大家一起努力踏踏实实做一件想做的、有意义的事,也是一份难得的美好。

最后,感谢编辑张小菲老师的辛苦编辑,非常感谢。书中有不当之处,也请各位同仁批评指正。

此书完成于 2020 年,这实在是极不平凡的一年,疫情改变了很多,但越是不确定,越是苦和难,社会工作的价值越会得到彰显。执笔此时,已是 2020 年的岁末,还有三天就是元旦,企盼新年的钟声,希望疫情过去,世界翻开新的一页。

赵芳

2020 年 12 月 28 日

图书在版编目(CIP)数据

社会工作实习与督导：理论与实务 / 赵芳，(芬)
尤哈·哈马莱宁主编. -- 北京：社会科学文献出版社，
2021.8
（社会转型与社会治理论丛）
ISBN 978 - 7 - 5201 - 8792 - 3

Ⅰ.①社… Ⅱ.①赵… ②尤… Ⅲ.①社会工作 - 实习 Ⅳ.①C916.2

中国版本图书馆 CIP 数据核字（2021）第 156604 号

社会转型与社会治理论丛
社会工作实习与督导：理论与实务

主　　编 / 赵　芳　［芬］尤哈·哈马莱宁（Juha Hämäläinen）

出 版 人 / 王利民
组稿编辑 / 杨桂凤
责任编辑 / 张小菲

出　　版 / 社会科学文献出版社·群学出版分社（010）59366453
　　　　　　地址：北京市北三环中路甲 29 号院华龙大厦　邮编：100029
　　　　　　网址：www.ssap.com.cn
发　　行 / 市场营销中心（010）59367081　59367083
印　　装 / 三河市东方印刷有限公司

规　　格 / 开　本：787mm × 1092mm　1/16
　　　　　　印　张：17.75　字　数：299 千字
版　　次 / 2021 年 8 月第 1 版　2021 年 8 月第 1 次印刷
书　　号 / ISBN 978 - 7 - 5201 - 8792 - 3
定　　价 / 69.00 元

本书如有印装质量问题，请与读者服务中心（010 - 59367028）联系

版权所有 翻印必究